2 0 1 5 年 主 题 出 版 重 点 出 版 物

依法治国研究系列

丛书执行主编
董彦斌

财税法治

RULE

OF

LAW

IN

FINANCE AND TAX

刘
剑
文 ▪ 主
编

侯
卓

耿
颖 ▪ 副
主
编

社会科学文献出版社
SOCIAL SCIENCES ACADEMIC PRESS (CHINA)

丛书出版前言

改革开放以来，中国既创造出经济振兴的成绩，也深化了治理方式的探索、筑基与建设。法治的兴起，是这一过程中的里程碑事件。法治是一种需求和呼应，当经济发展到一定阶段，一定要求相应的良好的法律制度来固化成果、保护主体、形塑秩序；法治是一种勇气和执念，作为对任意之治和权力之治的否弃和超越，它并不像人们所喊的口号那么容易，其刚性触及利益，其锐度触及灵魂，所以艰难而有意义。

中国法治现代化是万众的事业，应立基于中国国情，但是，社会分工和分工之后的使命感，使得法学家对法治的贡献不小。中国的法学家群体以法治为业，又以法治为梦。法学家群体曾经"虽千万人吾往矣"，呼唤了法治的到来，曾经挑担牵马，助推了法治的成长，如今又不懈陈辞，翘首以盼法治的未来。

文章合为时而著。20 世纪 80 年代，法治话语起于青蘋之末，逐步舞于松柏之下。20 世纪 90 年代以来，法治话语层出迭现，并逐步精细化，21 世纪后更呈多样化之势。法学理论有自身的逻辑，有学术的自我成长、自我演化，但其更是对实践的总结、论证、反思和促动，值得总结，值得萃选，值得温故而知新。

与世界范围内的法治话语比起来，中国的法治话语呈现三个特点。一是与较快的经济增速相适应，发展速度不慢，中国的法学院从三个到数百个，时间不过才三十来年。二是与非均衡的经济状况、法治状况相适应，法学研究水平参差不齐。三是在客观上形成了具有特殊性的表达方式,既不是中体西用,也不是西体中用。所以,法治话语在研究着法治和中国,而法治话语本身也属于有意味的研究对象。

鉴于为法治"添一把火"的考虑,又鉴于总结法治话语的考虑,还鉴于让各界检阅法治研究成果的考虑,我们组织了本套丛书。本丛书以萃选法治话语为出发点,努力呈现法治研究的优秀作品,既研究基本理论,也指向法治政府、刑事法治、商事法治等具体方面。文章千古事,得失寸心知。一篇好的文章,不怕品评,不怕批评,也值得阅读,值得传播和流传。我们努力以这样的文章作为遴选的对象,以有限的篇幅,现法治实践与理论的百种波澜。

各卷主编均系法学名家,所选作品的作者均系优秀学者。我们在此对各卷主编表示感谢,对每篇文章的作者表示感谢。我们更要对读者表示感谢。正因为关心法治并深具问题意识和国家发展情怀,作为读者的你才捧起了眼前的这本法治书卷。

目 录
CONTENTS

序 言 ………………………………………………… 刘剑文 / 1

一 改革全景下的法治财税

收入分配改革与财税法制创新 ………………………… 刘剑文/ 3
税制变迁与税收法治现代化 …………………………… 张守文/ 30

二 财政法治与预算控权

中国预算法实施的现实路径 …………………………… 蒋悟真 / 65
预算公开论纲 …………………………………………… 张献勇 / 92
预算法实施背景下预算权的配置 ……………………… 黎江虹 / 105
预算法定的困境与出路
　　——迈向实质意义的预算法定 ……………………… 陈　治 / 119
试论民生支出优先的财政法保障 ……………………… 华国庆 / 137

三 税制优化与税法改革

论税法量能平等负担原则 ……………………………… 许多奇 / 151

分配正义与个人所得税法改革 ………………………… 施正文 / 182

可持续的地方税体系之构建

　　——以税权配置为视角 ………………………… 陈少英 / 207

论营改增试点扩围与国民收入分配正义价值的实现 …… 张富强 / 237

正当程序理念下《税收征收管理法》的

　　修改 ……………………………… 朱大旗　胡　明 / 261

丛书后记 ………………………………………… 董彦斌 / 281

序　言

近年来，我国财税体制改革在量和质上均有很大提升，财税法治建设亦取得了有目共睹的进步，这无疑对国家治理体系和治理能力的现代化产生了诸多积极效应。试选取一些剪影：从中央文件来看，党的十八届三中全会指出"财政是国家治理的基础和重要支柱，科学的财税体制是优化资源配置、维护市场统一、促进社会公平、实现国家长治久安的制度保障"，既高屋建瓴又一针见血地阐明了财税在国家治理中的基石性地位；中共中央政治局随后通过的《深化财税体制改革总体方案》整体部署了财税体制改革的路线图和时间表，将改进预算管理制度、深化税收制度改革、调整中央和地方政府间财政关系列为建立现代财政制度的三个重点领域；党的十八届四中全会以依法治国为主题，四中全会《决定》与侧重于全面深化改革的十八届三中全会《决定》构成了"姊妹篇"，而财税法治自然是社会主义法治体系的题中之义和必由之路。从修法和立法的举措来看，《预算法》历经"十年磨一剑"的波折过程和反复博弈，终于 2014 年 8 月完成首次修订，并已于 2015 年 1 月 1 日起施行，新法在立法宗旨、预算编制、预算公开、地方债、预算法律责任等方面都有明显的完善；2015 年"两会"上修订通过的《立法法》明确规定了税收法定原则，并将税收法定和财政法定提到了比较靠前的位置，尽管新法对税收法定的表述相较于修正案二审稿有所倒退，但它能最终采行税率法定也是殊为不易的。如此种种，无不彰显出财税法治的重要性和必要性，也说明了我国的财税法治进程正因应时代所需，不断提速。

在国家治理模式转型的宏大背景下，经由规范、合理、科学的"理财"来更好地"治国"是一种极富新意和创造性的思路，财税法则在其中扮演着至为关键的角色。质言之，财税法通过配置财税权力（利）和义务、安排财税行为的程序、设定违法的责任，从而全面且强力地决定社会财富的分配结构，旨在实现公平正义和"良法善治"。具体地说，一方面，财税法深刻影响了政府与市场的界分，不管是财政收入还是财政支出，都首先需要回答国家财政这只"有形的手"适合在何时、何地、何种程度上干预私人经济的问题；另一方面，财税法直接关系到横向的人大、政府和法院之间的以及纵向的中央政府与地方政府之间、地方上级政府与下级政府之间的财政权力配置，于纵横交错中塑造了各层次、各具体主体的利益格局。当前，我国正处于改革发展的攻坚期和深水区，前行的阻力日渐加剧，难度越来越大，风险更加突出。立足于此，我们应当清醒地认识到，市场经济必须是法治经济，权益关系的改造必须在法治的框架下进行，新时期的各项改革也必须坚持法治的思维和方式。在这个意义上，全面推进财税法治已成为大势所趋，并将根本性地形塑整个国家形态以及经济、政治、社会生态。

如前所述，财税法治建设的机遇与挑战并存，既大有可为，更应当大有作为。在探索财税法治的进程中，财税法学者尤应充分发挥自己的学术智慧，融通理论和实践，为解决中国的财税法实际问题贡献力量。出于这个目的，本书编录了发表时间较近的 12 篇财税法论文，在甄选时综合考虑到涉及领域的广泛性、研究范式的多样性、发表刊物的权威性和文章作者的影响力，以期展现我国财税法研究的最新成果，助力当下和未来的财税法治建设。

刘剑文

2016 年春

一

改革全景下的法治财税

收入分配改革与财税法制创新

刘剑文*

引言

我国当前的收入分配不公已不仅仅是经济和民生问题，而且成为关系国家稳定的社会和政治问题。尤其是在个人收入分配领域，过大的、不合理的收入差距导致贫富分化呈现加速的趋势。这种状况将对社会稳定带来直接影响。因此，必须从战略全局的高度，深刻认识贫富差距不只是一个普通的经济问题，而且是一个突出的社会问题，进一步提高对解决贫富差距问题的重要性和紧迫性的认识。[①] 在2010年、2011年"两会"期间，收入分配问题成为排在首位的焦点问题，"收入分配改革"成为全社会关注的"热词"。可以看出，收入分配在我国正在成为一个影响社会稳定和秩序的问题。如果有越来越多的人感到收入分配的不公平以及由此带来的不合理的贫富差距，那么就会有越来越多的人因此而质疑和反对现行的分配制度乃至整个社会制度。这也是导致我国政府，尤其是地方各级政府"维稳"压力不断增大的原因之一。从短期来看，权宜性的措施或许能够发挥一定的作用，但是从维护国家与社会长治久安的远景来看，必须从根源上寻找解决

---

*　刘剑文，北京大学法学院教授、博士生导师。

①　胡联合、胡鞍钢：《贫富差距是如何影响社会稳定的?》，《江西社会科学》2007年第9期，第150~151页。

问题的办法，而这需要加大收入分配的调节力度，改革现行不合理的收入分配机制。

那么，收入分配改革在实践中应该如何推进？一般来说，在可供选择的路径或手段中，包括了经济、行政以及法律三种。其中，通过发展经济来改善分配能够达到一种帕累托改进的效果。也就是说，通过创造更多的财富来使得每个人都分配到更多的财富。我国改革开放以来一直通过经济增长来促进各类主体的收入增加。这就属于通过发展经济来改善分配的路径。利用行政手段来进行收入分配的做法也在我国的收入分配过程中发挥作用。在计划经济时代甚至更早的年代里，通过行政配给来解决分配问题是比较常见的方式。应该说，以上两种分配方式都具有其特定的作用。特别是在我国经济发展的初期，由于社会财富数量有限，人们往往关注的是如何通过生产来创造更多的财富。随着社会财富的增加，人们的注意力逐渐集中于大量的社会财富应当如何分配上。换言之，人们对分配问题的关注超过了对生产的关注。但是，我国收入分配改革长期以来没有取得实质性的进展，究其原因，则是对法律手段的忽视，在克服分配不公的手段上未能完成从主要依靠政策向主要依靠法律的转变。因此，无论是现在已经着手进行的收入分配改革措施，还是未来的收入分配改革方案的设计，都应当尽可能地将其纳入法治化的轨道。[①] 在诸多与收入分配相关的法律制度中，由于财税法与作为财富分配手段的财政税收之间具有紧密联系，其作用表现得最为直接和明显。我们认为，财税法治与制度创新有助于解决当前我国收入分配中存在的问题，实现分配正义的价值目标。财税法制创新与收入分配改革存在理论与实践上的内在联系，能够为收入分配改革提供有效的制度资源，与此同时，也为财税法的发展与创新设定目标。

---

① 李昌麒、范水兰：《正确处理收入分配改革中的十大关系》，《现代法学》2011 年第 1 期，第 18 页。

一　作为公平的正义：我国当前收入分配的价值探索

在经济学上，研究分配问题的一个重要概念是国民收入分配。国民收入分配主要包括两个层面：一是初次分配，即在创造国民收入的物质资料生产部门的各方面当事人之间进行分配；二是再分配，即在初次分配的基础上在物质生产部门与非物质生产部门之间、国民经济各部门之间、各部分人之间进行分配。财政既参与初次分配也参与再分配，但主要在再分配中发挥调节作用。在经济学的研究中，收入分配问题是永恒的主题也是永恒的难题，原因在于分配的规则难以确定，而规则的背后则是价值的冲突。

（一）收入分配的思想和理论中的价值归纳

在人类的经济思想史上，有关分配的思想可谓绵延不绝。从早期的空想社会主义分配学说到近代西方经济分配理论，都明显体现出对收入分配的关注。空想社会主义的奠基者托马斯·莫尔在其《乌托邦》中指出，如果不彻底废除私有制，产品不可能公平分配。在其设想的"乌托邦"社会中，全体居民均匀分配产品。[①] 法国空想社会主义者摩莱里主张实行平均的按需分配，这是一种朴素的公平分配思想，为后来的社会主义分配思想奠定了基础。[②] 在法国资产阶级革命和英国产业革命爆发后的 19 世纪初期，空想社会主义的分配思想逐渐有了务实的倾向。埃蒂耶纳·卡贝把平等理解为相对平等而非绝对平等。[③] 德萨米认为，合理的平等应该是"实际的平等"，是根据自己的能力、知识和特长参加共同劳动，并按照需要来享受共同的产品。[④] 圣西门的分配思想里开始出现对平均分配的质疑和否定，他提出了按

---

① 〔英〕托马斯·莫尔：《乌托邦》，戴镏龄译，商务印书馆，1982，第 44 页。
② 〔法〕摩莱里：《自然法典》，黄建华、姜亚洲译，商务印书馆，1982，第 109 页。
③ 〔法〕埃蒂耶纳·卡贝：《伊加利亚旅行记》第 3 卷，李雄飞译，余叔通校，商务印书馆，1976，第 274 页。
④ 〔法〕泰·德萨米：《公有法典》，黄建华、姜亚洲译，商务印书馆，1982，第 202 页。

照才能和贡献大小分配收入。① 傅立叶也提出在按劳分配的同时也要考虑按资本、才能进行分配。② 欧文认为理想的公平分配方式是按需分配。③ 总之，空想社会主义者的分配思想的核心是"平均"，这里既有历史贡献也有历史局限。其贡献在于，认识到分配差异过大的危害，而局限在于走向了极端的平均主义。

在马克思主义的分配思想中，极端平均的思想得到了纠正，而代之以"平等"的思想。马克思指出，要历史地看待资本主义分配过程中等价交换原则对社会主义公平分配理论的影响。"权利决不能超出社会的经济结构以及由经济结构制约的社会的文化发展。"④ 恩格斯强调公平与平等的区别，指出公平分配并不意味着平等分配。资本主义社会在私有财产的基础上，遵循资本家按资本分配、工人按劳动力价值分配的准则，其结果是出现了严重的两极分化，公平分配和平等分配出现了分歧。列宁把公平分配确定为社会主义的产品分配原则，肯定了公平分配的社会主义性质，承认商品货币关系是公平分配得以实现的前提。斯大林进一步丰富和发展了马克思的分配理论，把按劳分配基础之上的社会产品的公平分配推进到了一个新的阶段。列宁和斯大林采用国家调节、集中管理的模式来实践公平分配，在具有实践价值的同时，显然忽视了自由在分配中的作用，因而最终遭到失败。

在西方近代的经济思想中，古典自由主义认为分配的目的旨在保障自由和权利。其中亚当·斯密和萨伊都强调自由与平等的同等价值，倡导机会平等而非结果平等。福利经济学认为，增进社会福利的途径之一就是收入分配均等化，因此，福利经济学的公平观具有很强的平均主义色彩。但是其进步的一面体现在，以增进社会福利为目标

---

① 〔法〕巴札尔、安凡丹、罗德里格：《圣西门学说释义》，王永江、黄鸿森、李昭时译，商务印书馆，1986，第11页。
② 〔法〕《傅立叶选集》第2卷，赵俊欣、吴模信、徐知勉、汪文漪译，商务印书馆，1981，第124页。
③ 〔法〕《欧文选集》第2卷，柯象峰、何光来、秦果显译，商务印书馆，1981，第27~32页。
④ 《马克思恩格斯选集》第3卷，人民出版社，1995，第305页。

提出了"重视公平与效率关系"的命题。罗尔斯主义明确提出了"作为公平的正义"、"正义即公平"思想。他指出，分配正义的主题是社会基本结构和基本制度安排。在罗尔斯提出的平等自由和公平的两个原则之中，差别构成了公平正义理论的核心。"认可社会不平等和经济不平等，这些不平等在现代国家中对于工业经济运行是必需的或是能够极大提高效率的。"[①]

可见，从空想社会主义的平均分配到马克思主义的平等与公平分配，社会主义的分配思想所体现的价值取向尽管存在一些分歧，但总体上是一种民主化的分配思想。与之形成鲜明对照的是，资本主义的分配方式尽管也提出公平分配，但是自由与效率的价值取向十分明显。通过对上述两类比较典型的分配理论进行梳理，我们可以归纳出其中的一个重要线索，即在价值的层面上，平均、平等、公平、自由、效率等若干价值要素的较量。

（二）我国收入分配实践的价值提炼

从新中国成立到 1978 年改革开放之前，我国尽管一直提倡按劳分配，但实际上采用的是平均主义的分配方式。这种落后的分配方式尽管曾一度有利于经济恢复，却也隐含着阻碍经济发展的负面因素。从 1978 年开始，平均主义的分配政策首先在农村被突破。实行家庭联产承包责任制在分配上的一个变化就是贯彻按劳分配，克服平均主义。这极大地调动了农民的生产积极性，初步体现出对效率的追求。1984 年 10 月，中国共产党十二届三中全会发布《关于经济体制改革的决定》，指出平均主义是贯彻按劳分配的障碍，要求建立以承包为主的多种经济形式。随着城市经济体制改革的深入，城市分配制度改革开始推进。1987 年 10 月，中国共产党的十三大提出分配政策既要有利于善于经营的企业和诚实劳动的个人先富起来，合理拉开收入差距，

---

① 〔美〕罗尔斯：《作为公平的正义——正义新论》，姚大志译，上海三联书店出版社，2002，第 125 页。

又要防止贫富悬殊，坚持共同富裕的方向，在促进效率的前提下体现社会公平。1992 年 10 月，中国共产党的十四大把我国经济体制改革的目标确立为建立社会主义市场经济体制，在分配制度上以按劳分配为主体，其他分配方式为补充，兼顾效率与公平。1993 年 11 月，中国共产党十四届三中全会发布《关于建立社会主义市场经济体制若干问题的决定》，首次明确提出分配政策上的"效率优先，兼顾公平"，这一说法一直沿用到 2003 年中国共产党十六届三中全会发布的《关于完善社会主义市场经济体制若干问题的决定》文件中。2004 年 9 月，中国共产党十六届四中全会通过《关于加强党的执政能力建设的决定》，关于分配政策的表述变为"注重社会公平，合理调整国民收入分配格局，切实采取有力措施解决地区之间和部分社会成员收入差距过大的问题，逐步实现全体人民共同富裕"。2006 年 3 月，十届全国人大四次会议通过的《"十一五"规划纲要》提出："规范个人收入分配秩序，强化对分配结果的监管，努力缓解行业、地区和社会成员间收入分配差距扩大的趋势。更加注重社会公平，特别要关注就学、就业机会和分配过程的公平。"2006 年 10 月，中国共产党十六届六中全会发布了《关于构建社会主义和谐社会若干重大问题的决定》，提出"规范收入分配秩序"、"更加注重社会公平"。2007 年中国共产党十七大报告提出："初次分配和再分配都要处理好效率和公平的关系，再分配更加注重公平。"2011 年 3 月，十一届全国人大四次会议通过的《"十二五"规划纲要》延续了注重公平的分配政策，提出"努力缓解行业、地区和社会成员间收入分配差距扩大的趋势。更加注重社会公平，特别要关注就学、就业机会和分配过程的公平"。

从以上可以看出，我国的收入分配实践是沿着"平均——效率与公平并重——效率优先，兼顾公平——更加注重公平"的路径展开的，效率与公平的地位关系从"并重"的等量齐观到"优先"、"兼顾"的差别对待，再到"更加注重公平"。这既是经济规律作用使然，也是收入分配政策中的价值理念在实践中的不断转换。我们认为，在我国未来的收入分配政策与制度中要寻找到使效率与公平之间协调与平衡能得以充分体现的"黄金分割点"。就目前来说，至少要做到提高公平在分配过程中的地位，即重视和强调收入分配的公平性。

（三）分配正义的内涵及其价值阐释

从价值的层面来看，无论是人类历史上有关分配的思想或理论还是我国收入分配的政策与具体实践，各类价值要素都在其中占据各自的地位。在这些价值要素中，"平均主义"显然是一种不够成熟或者仅在少数特定环境下才有意义的选择。相对而言，平等、公平、自由和效率常常成为令人们纠结的选项，原因在于这四种价值要素均内涵于正义的理念之中，并与之具有复杂的联系。例如，平等往往构成人们衡量正义的最直接的感受。自由甚至被视为整个法律正义哲学的核心。"在一个正义的法律制度所必须予以充分考虑的人的需要中，自由占有一个重要的位置。"[①] 不仅如此，自由的重要意义还在于它在实际生活中已经被具体化为基本人权的内容。"在当今这个世界的许多国家中，法律都承认了公民的某些基本自由。这些基本自由通常包括言论自由权利、集会自由权利、迁徙自由权利、获得财产的权利和缔结合同协议的权利。上述权利往往得到宪法上的保护。"[②] 当然，自由作为正义的内涵之一也是受到限制的。"如果我们从正义的角度出发，决定承认对自由权利的要求乃是植根于人的自然倾向之中的，那么即使如此，我们也不能把这种权利看作是一种绝对的和无限制的权利。任何自由都容易为肆无忌惮的个人和群体所滥用，因此，为了社会福利，自由就必须受到某些限制，而这就是自由社会的经验。"[③] 效率在

---

① 〔美〕E. 博登海默：《法理学——法哲学和法律方法》，邓正来译，中国政法大学出版社，1999，第 278 ~ 279 页。

② 〔美〕E. 博登海默：《法理学——法哲学和法律方法》，邓正来译，中国政法大学出版社，1999，第 279 页。

③ 〔美〕E. 博登海默：《法理学——法哲学和法律方法》，邓正来译，中国政法大学出版社，1999，第 281 页。

正义的内涵中也被认为是不可或缺的。"效率与正义从根本上讲不是相对立的价值。归根到底，正义的制度、人际关系的公平最能发挥人的积极性与创造性，因而是最有效率的，非正义的制度、人际关系的不公平归根到底是低效率的。"[①] 但是无论正义的内涵与构成多么复杂，它在实践中最终表现为两类价值的冲突。如果用分类的研究方法来看，在平等、自由、公平和效率之中，平等和公平具有一定的同质性，可以构成一类"价值组合"，它们往往依赖外在的力量干预才能达到。[②] 而自由和效率也具有同质的一面，可以构成另一类"价值组合"，它们主要是自由市场竞争的结果。从机制上来说，市场竞争与国家干预的协调方式只能是法律制度。可见，两类价值组合必然基于法律这一协调机制而融合成更高层次上的价值形态，即正义的价值。而英国学者布莱恩·巴里曾把正义分为交换的正义和分配的正义，并指出分配正义才是真正的正义。[③] 在两类价值组合中，自由和效率更倾向于交换的正义，而公平和平等的正义更倾向于分配的正义。分配的正义显然具有对交换的正义进行矫正的效果。

　　正义作为法律制度的首要价值，需要具体的价值要素来支撑和实现。这些支撑性的价值要素所处的地位是决定正义如何体现的关键。上述两类价值组合都曾被认为是正义的核心价值或最高价值，这说明两类价值组合都具有其合理性。究其原因，在于不同的时期或者不同的社会，正义的内涵并不完全一致，可以随着社会的发展进行修正，学者也可能从不同的角度对正义进行个性化的阐释。因此，正义的内涵无非就是根据社会的物质生活条件对两类价值组合的权衡。但是"正义秉性的基本特征不会因为这些变化而改变，相反，这些基本特

[①]　周永坤：《法理学——全球视野》，法律出版社，2010，第 198 页。

[②]　公平与平等是有联系的，在许多场合，平等就是公平。但公平与平等也是有差异的。一般来说，平等特别注重的是特定当事人之间的利益关系，而公平更注重的是不特定当事人的共同评价。参见卓泽渊《法的价值论》，法律出版社，2006，第 413 页。

[③]　〔英〕布莱恩·巴里：《正义诸理论》，孙晓春、曹海军译，吉林人民出版社，2004，第 66－67 页。

征不仅构成人们在不同的社会里遵守不同的正义规范的共同动机，而且在一定程度上又限定了正义规范性内容的范围"。① 这就决定了正义的内涵需要通过一种相对稳定的社会机制来表达和实现，而这种社会机制就是法律。关于法律与正义的关系，历史上各学派争议不断，但是在收入分配的特定场景之下，"法律与正义的关系可以从维护社会稳定和发展的客观机制中去把握。这样，正义就不是一种虚无缥缈的东西，或者相对的无法确定，它犹如一道阀门或过滤器，处在社会的治与乱、国家的兴与衰之间，决定着国家权威的凝聚和流失"。②

从我国当下的经济和社会条件来看，社会对收入分配不公的不满情绪日益增加，而贫富分化的趋势也愈加严峻。以效率和自由的价值组合作为收入分配的正义内涵显然不能获得社会的普遍认同。在人们的理性预期中，效率和自由在正义内涵中的地位不断下降，而平等和公平的价值组合在正义内涵中的地位正在上升。故作为我国当前收入分配基本价值与目标的分配正义，其内涵应该是强调平等和公平的正义规范性，并在一定的经济和社会条件下达到一种与自由和效率均衡的状态。我国当前的收入分配不公，最主要的原因之一是对公平价值的严重忽视，这一问题已经导致我国收入分配偏离了正义的要求。改革的思路和方向应该是重新评估我国收入分配中分配正义的内涵构成及其位阶，提高公平价值在分配正义中的权重。

二　财税法的分配正义观

作为价值范畴的概念，无论分配正义的内涵多么丰富和复杂，从实践的需要来说，分配正义必须是可以具体化的规则与制度体系。也就是说，在一定社会历史条件下，分配正义必须具有客观和确定的标

---

① 慈继伟：《正义的两面》，生活·读书·新知三联书店，2001，第3页。
② 夏勇主编《法理讲义——关于法律的道理与学问》（上），北京大学出版社，2010，第252页。

准，这种标准表现为适合一定经济与社会客观条件的价值构成。我国当前的收入分配改革要追求的是强调公平分配的分配正义，也就是"更加注重公平"的分配正义观。只有在这一理念指引之下的收入分配改革，才能够获得更多的正当性依据。同样，作为现代法律体系重要组成部分的财税法也在寻找这样的一种正当性。就中国财税法而言，这一探索经历了法律部门从综合到相对独立、学科体系从建立到趋向完善的过程。

财税法是一个涉及众多法律部门的综合法律领域，它是宪法、行政法、民法、刑法、经济法、诉讼法、国际法等法律部门中涉及财税问题的法律规范的综合体，它不隶属于任何现有的部门法，而是一个采用独特划分方法、在某种意义上与现有部门法相并列的相对独立的法律领域。经过近十年的发展，财税法学逐渐形成自己独特的理论范畴和分析工具，独立的学科体系已经形成并且正趋于完善。正是在学科发展的基础上，财税法摆脱了"征税之法"的传统观念，形成了诸多的新思维、新理念和新方法。

在整个社会主义市场经济法律体系中，财税法是一个"顶天立地"的法律子系统。可以说，既是治国安邦的"为官之道"，也是保护人民的"为民之法"。所谓"为官之道"，是要求各级政府官员学会更好地善征、善用、善管纳税人的每一分钱，依照法律掌控好政府的"钱袋子"。在财政收入方面，要取之合理、合法、合宪；在财政支出方面，要用之公开、公平、公正；在财政管理方面，要管之有规、有序、有责。只有这样，才能逐步化解社会的各种矛盾，理性疏导和智慧地处理各种复杂的社会问题。所谓"为民之法"，是要求财税法规范、控制政府的权力，保护纳税人的权利，特别是保护纳税人的合法私有财产。

在公民财产权日益受到重视的今天，平衡与协调国家财政权与公民财产权的财税法，正在日渐面临进一步的变革。传统的观念认为，税收具有强制性，表现为一种对纳税人财产权的侵犯，而税法也就成为一种"侵权法"，成为政府合法地侵犯纳税人财产权的依据。这种对税法的定位会影响到整个财税法的属性，并极易引发纳税人与政府之间的对抗。因此，在建设和谐社会的进程中，必须从一个全新的角度来理解财税法，逐步消除其对抗性。要做到这一点，就必须突破纯粹从私法角度界定财产法的观念，关注财产法的公共之维，强调财产关系的纵向保护，进而将财税法纳入广义的财产法体系。其实，财税法中的许多理念和制度均体现出财产法的特征。例如，税法作为一种财产法，是从消极的角度保护纳税人私有财产的法律。尽管它确认了政府的课税权，但同时要求政府遵守税收法定主义和量能课税的原则，并通过法定的程序赋予纳税人抵制非法课税的权利，税法虽然不能从积极的角度增加纳税人的财产，却能实现对纳税人财产的消极保护。同样的道理，财政支出法作为一种财产法，为公有财产的处分提供一般的规则，而财政管理法即政府财产法。[①] 拓展财产法的公共之维，引发了财税法在基本理念方面的创新。现代财税法秉持"利益协调"的理念，最大限度地保障国家财政权、纳税人财产权和社会公共利益的实现。

从收入分配改革的角度来说，要正确地处理政府、企业和居民个人在各分配环节中的关系，就要理顺三者之间的财产关系。从财产法角度理解财税法，可以为此提供一条以分配正义为目标，实现财产关系在各类主体之间良性互动的和谐化思路。那么，如何将分配正义的价值追求注入财税法内在结构，从而使其发挥出"制约差距过大、保障平等与公平分配"的功能？从关联性的视角出发，按照"价值——功能——结构"的思路来探讨财税法制创新与收入分配改革的关系，可以发现二者之间的契合性。

---

① 刘剑文：《重塑半壁财产法——财税法的新思维》，法律出版社，2009，第1~8页。

（一）财税法与分配正义的价值关联

法律可以被理解为资源配置的手段，财税法在资源配置的过程中具有促进分配正义的价值。这种配置必须基于一定社会条件下的正当性要求方能实现其价值目标。"正义是社会制度的首要价值。法律和制度，不管如何有效率和有条理，只要它们不正义，就必须加以改造或废除。"[①] 作为社会财富的分配机制与社会关系调整机制，财税法同样必须以正义为最高价值。与其他法律制度不同的是，财税法与分配正义在价值上具有直接相关性。因为财税法本身就是在国民收入分配领域发挥作用的法律部门，对于促进分配正义的实现作用更为直接。

如前所述，在我国当前的收入分配中，分配正义的主要内涵应该倾向于平等和公平的价值组合。这既是我国当前收入分配改革的指导思想，也是财税法治与创新的目标之一。财税法中的很多原则或者法律规则都体现出这样的价值追求。例如，财政平等作为财税法的基本原则之一，被认为是财税法所追求的价值，能够直接促进分配正义的实现。财政平等包含着对正义的价值追求，在制度上体现为平等对待。财政平等也可以理解为财政公平，既包括形式公平，又包括实质公平；体现在财政收入领域，也体现在财政支出领域；同时，还表现为中央与地方财力的平衡与协调。在我国当前的收入分配中，收入差距过大、贫富两极化的趋势正是忽视财政平等原则的后果。因此，有必要强调财税法的这一原则对收入分配改革的重要意义。财政平等主义的确立和有效发挥作用，有助于从制度上缩小各种不合理的差距，从心理上增强人们对消除不平等现象的信心，有利于将社会的矛盾控制在人们的心理承受能力以内，创造一种平等和谐的竞争环境。[②]

在税法领域，税收公平被认为是税收的合理性基础，各国税法无不强调公平原则。马斯格雷夫认为，税收公平应该是：凡具有相等经

---

① 〔美〕罗尔斯：《正义论》，何怀宏等译，中国社会科学出版社，1988，第3~4页。
② 熊伟：《财政法基本原则论纲》，《中国法学》2004年第4期，第108页。

济能力的人应负担相等的税收；不同经济能力的人则负担不同的税收。即公平的概念包括横向公平与纵向公平两个方面。横向公平是指经济情况相同、纳税能力相等的人，其税收负担也应相等，如当两个人税前有相等的福利水准时，则其税后的福利水准亦应相同，即实行普遍纳税原则。纵向公平是指经济状况不同、纳税能力不等的人，其税收负担也应不同。在税法中对所得税适用累进税率进行征税，体现了纵向税收公平，其目的在于实现对不同等福利水平的人课征不同等的税收。可见，税收公平原则也有利于实现财税法的分配正义价值。

财税法具有促进分配正义的价值，这是运用价值分析法对财税法进行探索而得出的结论。财税法与分配正义在价值上的关联性说明二者之间具有逻辑上的内在联系和制度上的相互契合。这决定了财税法在收入分配改革中发挥作用的必然性。

（二）财税法的功能属性

财税法对分配正义的价值追求与其本身所具有的制度功能有着密切的联系。其实，从某种意义上说，财税法的功能属性也是财税法价值的一个方面。从"外在的主观评判价值"来看，分配正义体现了社会公众对财税法的认同和期望，而从"内在的客观功用价值"来说，调整收入分配关系并给予法治化的保障则构成财税法的功能属性。从工具性价值的角度来看，财税法具有的强大筹集财政资金和利益配置的功能，使法的工具性价值体系中的分配性价值在财税法中得到充分的体现。国家可以利用财税法的分配性价值，促进分配正义的价值目标的实现。[①] 可见，财税法的分配正义价值是财税法分配功能的延伸，换言之，财税法的分配功能构成其对分配正义价值的功能限定。

在现代社会，由于财政关系总是以财政法律关系的形式存在，因此，财政职能的实现过程与财政法的实施过程很多方面会出现重合。[②]

---

① 徐孟洲等：《财税法律制度改革与完善》，法律出版社，2009，第33页。
② 刘剑文主编《财税法研究述评》，高等教育出版社，2004，第18页。

因此，财税法的功能与财政税收的职能紧密相连。根据公共财政理论，由于市场本身的固有缺陷，分配正义的价值无法通过市场机制完整地表达出来。追求经济利益的最大化决定了市场经济其实是一种以效率为基本价值的机制。表现在分配方面，当出现分配程序不公正、分配结果不合理的时候，由于市场内部缺乏相应的纠正机制，分配也就可能偏离正义的要求。因此，必须有一种非市场的机制通过与市场机制形成对冲，来引导其回归分配正义的价值目标，这就表现为政府财税手段的运用。

由于政府本身也通过国民收入分配取得收入，不可避免地会倾向于自身利益的最大化，出现财政权力的滥用，因此这种财税手段必须通过法律的形式来实现。国民收入分配的过程本身也是参与分配的各方主体的利益博弈过程，有关收入分配的法律必须经由民主程序来制定。这也是财政法定原则和财政民主原则的基本要求。只有通过法律的形式才能够保障国民收入分配过程中的各方主体获得其应得的份额，从而保证社会全体成员分享经济增长的成果。正是从这个意义上，财政法应当从服务于财政的职能，转向对财政权力施加控制，具体表现为对财政权力的授予、规范和监督功能。[①]

因此，财税法的功能属性可以概括为以下两个方面：首先，财税法具有收入分配的功能，即通过财税的手段介入国民收入分配过程，在国家、企业和居民之间进行分配，在这个过程中，也实现了组织国家财政收入的职能；其次，财税法具有保障分配秩序的功能，即通过财政法定的形式来确保国民收入分配程序的公正性和分配结果的公平性。财税法的内核是财政与税收的经济机制，因而具有财富分配的功能；财税法同时具有法律的外在形式，因而具有保障分配秩序的功能。财税法所具有的这两大功能决定了其在收入分配中发挥作用的可能性。

---

① 熊伟：《财政法基本原则论纲》，《中国法学》2004 年第 4 期，第 103 页。

（三）财税法的制度结构

财税法的上述价值追求与功能属性从根本上说是由其制度结构决定的。财税法具有与其他法律制度相同的一般性结构，更具备独有的特殊性结构。对财税法制度结构的拆解和分析，有助于认识财税法与收入分配之间的联系。从一般性结构来看，财税法通过对参与国民收入分配的各类主体进行权力（利）、义务和责任的分配来达到调整分配关系和规范分配秩序的目的。在国家的层面包括对财税权进行横向和纵向的配置、对各级政府事权（即职能或义务）进行划分、对违反财政法的责任追究；在纳税人的层面包括对纳税人权利的认可与保护、对纳税义务的设定以及对违反税法的责任追究。财税法也具有实体法与程序法相结合的结构特征。在这一制度结构之下，分配正义的理念也得到了充分的体现。例如，在税法领域，可以认为公平正义至少包括四方面价值："分税公平，即体制性公平，指政府间的税收分配公平；定税公平，即制度性公平，指课税制度设计上的公平，包括传统理论所说的横向公平和纵向公平；征税公平，即管理性公平，指税收征收管理上的公平；用税公平，即权益性公平，指纳税人在税款使用中的监督权利与平等受益"。① 分税公平和定税公平可以被视为对公平正义的实体性推进，征税公平和用税公平则可被认为是公平正义的程序性保障，但无论其具体表现形式差异如何，均体现了税收法治的实质要件。

从特殊性结构来看，在税法领域中主要体现为对课税要素的设定，例如，纳税主体的选择、征税范围的划定、税目税率的设置等。在财政法领域主要体现为对财政权的授予、财政行为的规范以及财政法律责任的追究。财税法通过这些相互关联的制度要素组合成的特定制度结构来发挥其保障社会财富公平分配的功能。我国收入分配中存

---

① 林晓：《税收公平的四种体现与重塑我国的税收公平体制》，《税务研究》2002 年第 4 期，第 6 页。

在的不合理问题与这些要素及其结构未能发挥应有的作用有直接关系。从这个意义上说，收入分配改革与财税法制创新具有内在的一致性。

从整体主义的视角来看，财税法还具有一种体系结构。完善的财税法律体系，应当是一个具有完整的内容结构的有机整体，形成一个以财政基本法为统领，包括财政平衡法、财政预算法、财政支出法、财政收入法、财政管理法、财政监督法等内容的统一整体。各部分制度都对收入分配有着直接或间接的影响。财政基本法主要规定财政与财政法的基本含义、基本原则，财政立法体制和基本制度，财政法律责任基本制度等。财政平衡法主要涉及政府间的财政关系。财政预算法是政府财政行为科学、民主、公开、规范的重要制度保障，主要包括预算编制、审批、执行和监督等制度。财政支出法主要包括财政拨款法、财政采购法、财政投资法和财政贷款法。财政收入法主要包括税法、公债法、费用征收法、彩票法和资产收益法等。财政管理法主要包括国有资产管理法、国库管理法、财政许可法和会计法。财政监督法涉及财政监督机关的设立、职权，财政监督的途径与程序等。这些结构齐备、层次清晰、相互配合，构成逻辑联系的财税法律体系。可以说，我国的财税法律体系发展和完善的过程既是财税法制改革与创新的过程，也是发挥财税法分配与保障机能的过程，同时也是实现社会财富分配正义价值的过程。

其实，无论从哪个角度来分析财税法的制度结构，都可以发现其中所隐含的分配正义观，这种分配正义往往更突出地体现为一种实质上的正义。从我国收入分配现实中存在的问题来看，维护这种正义的最低限度是对基本人权的保护。我国当前的收入分配改革恰恰需要通过这些制度结构发挥作用来解决上述问题。例如，在平衡地区间财力方面，通过制定《财政转移支付法》实现中央和地方财力与事权的平衡与协调，确保不同区域的公民都能够平等地享受到基本公共服务，在地区间财政关系方面保障最低限度的财政均衡，保障每一个公民的生存权、受教育权等基本人权。从推进实质公平方面看，调整财政支出的比例，改革相关税收政策法规，加大对农村、弱势群体、落后地区的基础设施、社会事业支出和财政投资力度，实现教育、医疗、养老、住房等社会保障和公共服务的相对均衡度；税收方面根据纳税人税负能力的大小设计税制体现量能课税，并根据受益关联程度推进收费改革。

三　收入分配改革与财税法制创新的互动

财税法与收入分配不仅在理论上有紧密的联系，而且在制度和实践的层面也有着极强的互动关系。从财税法制创新来看，收入分配改革主要应当从理顺以下三个关系入手，实现分配正义的价值。同时，这也是财税法制创新的重要目标之一。

（一）国与民的关系：从国富民强到民富国强

国与民的关系历来是国家治理中的基本问题。我国古代的政治思想即强调"民为国本"。"以人为本"的理念在科学发展观中居于核心地位。可见，在国与民的关系上，强调"民"的重要地位符合国家治理与社会发展的基本规律。从分配正义的要求来看，"民富"比"国富"更具有价值上的优先性。社会财富的分配也应当遵循这一理念。从权利主体的角度来看，在一国范围内，国家往往表现为以政府为代表的财产权上的虚位主体，更具有形式上的意义。"民"则指与国家相对的社会主体，包括企业、居民个人等，更具有实质意义。在财税法上，"民"的范围可以包括全体纳税人。从国民收入分配的角度来看，所谓"国富"表现为政府收入所占比重较大或者增长较快；而"民富"则体现为企业和居民个人收入所占比重较大或增长较快。从公共财政的角度来看，"国富"体现为国家通过税收、国有资本经营以及其他活动取得较多的财政收入，具有较强的提供公共物品的能力,而"民富"体现为民间资本在市场经营中获得较多利润,同时也体现为通过受益于财政支出而享受到更多、更优质的公共产品。因此,实现民富国强的分配正义目标并不是简单的"减税",而是要实现政府收入和支出结构的合理化均衡。具体而言,从国富民强到民富国强的过程就是逐步提高企业和居民个人在国民收入分配中所占的比重,逐步提高民生性支出在财政支出中的比重,如加大对医疗、教育以及社会保障等涉及民生的公共领域的投入。同时限制财政支出在竞争性领域的过度扩张。这一过程反映到财税法上就是要在公共财政的基础上坚持财政民主、财政法定和财政平等原则。

从财政与税收的角度来看,国民收入在政府与纳税人之间分配的不公平主要体现在政府收入与支出的不合理。首先,在财政收入方面,国民收入分配日益向政府集中,政府在整个国民收入分配中的比重不断提高。也就是说,政府收入增长过快、比重过高。我国财政收入已经连续几年以超过 GDP 增长两倍以上的速度增加,而居民可支配收入扣除价格因素后的增长却一直低于 GDP 的增长。这种分配模式背离了公平正义的要求。尤其值得注意的是,在政府收入大幅快速增长的过程中,还存在收入结构不合理的问题。主要表现在两个方面:一是我国政府收入中的非税收入规模不断膨胀,其中包括大量的预算外收入、制度外收入等非规范性的收入,这使得政府可能凭借权力任意侵占国民财产;二是在国民收入分配格局里,政府收入在初次分配中所占比重偏高。当然,单纯地分析财富向政府集中并不能说明问题。如果政府在取得大量收入的同时,能够高效地利用这些资金来扩大其职能范围,提供公共物品,同样会带来"民富"的效果,那么这种集中就是合理和可以接受的,例如瑞典等北欧国家实施的"高税收、高福利"政策。问题在于,财富在向政府集中的同时,民众并未获得相应的公共物品。在财政支出方面,我国的财政支出结构也不合理,表现在经济建设支出比重偏高、行政管理支出不断膨胀以及教育、医疗、社会保障等民生性支出长期增长缓慢。可见，在国与民的关系上，不合理的财政收入加上不合理的财政支出，是造成收入分配不公平的重要原因。

要解决上述问题，必须对我国的财税法律制度进行完善。我国现行的财政收入法律制度中，除了税法具有相当的规模之外，国债、费用等领域，尚缺乏明确的法律规范。从财税法治的角度看，获取财政收入是公权力最容易侵犯公民财产权利的领域，应当尽快形成合理的财政收入法体系，主要包括税收实体法、国债法、行政收费法和特别财产收益法等。财政支出涉及财政转移支付、财政采购、财政投融资等内容，我国目前除了《政府采购法》之外，其余领域都明显缺乏法律的深度调整，财政支出的权力具有较大的自由裁量空间，且缺乏必要的监督。基于财税法所具有的保障分配秩序的功能，应当从合理设定财税法结构的思路来设计相关制度，通过规定财政收入与支出行为的前置条件、实体标准、程序要求和法律后果来体现财税法的制度创新，并实现财政收支的合理化。[①]

（二）央与地的关系：财权与事权相匹配

我国作为单一制国家，中央与地方的关系一直是国家治理中的关键。新中国成立以来长期实行的集权模式在改革开放之后逐渐被分权模式所取代。从1994年税制改革开始确立分税制以来，在国民收入分配领域，中央与地方的财政分权成为影响收入分配效果的一个关键因素。从财政学研究的结果来看，其中存在的问题主要是，中央财政占全部财政收入的比重过高，地方政府财力严重不足，中央转移支付占地方财政支出比重过大。这样的收入结构和转移支付的支出结构必然会抵消分税制的实施效果。财税法学的研究发现，实行分税制以来，中央与地方一直就财税关系进行着利益的博弈。这种博弈表现为财权逐渐上收而事权逐渐下放的过程，并导致财权与事权的不相适应的结

---

① 刘剑文：《走向财税法治——信念与追求》，法律出版社，2009，第129页。

果。其实，财权和事权的关系在财税法上可以归结为权力与义务的关系。所谓财权即财政收支的决定权，而事权则是一种向社会提供公共产品的义务。从分配正义的要求来看，权力和义务这两种法律资源在中央与地方之间应该获得公平的配置，即权力大者义务也多，权力小者义务则少。在我国，一方面，中央与地方政府间事权与财政支出责任划分不够清晰，另一方面，财政的收益权和财政立法权主要集中于中央，而政府间转移支付均等化程度又较低，这使得我国中央与地方财政关系处于失衡状态。由此带来的一个直接后果便是地方政府的财政压力及其引发的不规范收入，如地方政府变相发债、"土地财政"等问题。

中央与地方的财税关系属于财税法学上的财政权纵向配置问题。理想的财政权纵向配置应该遵循适度分权、事权与财权相结合、兼顾效率与公平的原则。在制度安排上，应该由财政收支划分法和转移支付法等制度来协调配合。财政收支划分法主要解决中央与地方的财政收支权限问题，它不仅关系到各级政府在整个国家政权机关体系中的地位，甚至关系到地方自治与国家结构、国家体制等根本性问题。对此，仅在《预算法》第 19 条和国务院颁布的行政规章中有所涉及，但是这些简单的规定无法实现对财政权划分进行系统、全面的规范。中央与地方之间收入支出的划分以及财政利益分配的权利完全掌握在中央政府手中，而且分配标准不明确、程序不完备、价值不明朗，地方财政自主权受到很大的限制。一些基层地方政府因为财力有限，连最基本的公共服务都无法提供，地区间财力失衡的现象比较严重。在财政收支划分的基础上，还需要规范转移支付制度。这是因为无论从理论上还是技术上，中央与地方之间的财权划分仍然会存在不足，无法完全达到恰当与合理的地步，难以实现效率与公平兼顾的正义价值。因此，财政转移支付制度就成为弥补上述不足的必要制度。在财政转移支付领域中，目前我国并没有统一的法律规范对其加以规制。

从制度比较的视野来看，各国的财政转移支付制度一般都具有较高的层级和效力，而我国中央与地方的财政转移支付的依据主要是由财政部颁布的部门规章。如此低层次的立法带来的问题是转移支付的随意性和不规范性。这也是收入分配不公平的原因之一。此外，我国现行的政府间财政转移支付制度仍然延续了旧体制的分配格局，无法实现地区间财力的平衡。可见，我国的财政转移支付在形式上难以满足财政法定主义本身的要求，在实体上难以发挥调节地区间财力差距的作用，在价值上更难以实现分配正义。

对于上述问题，财税法应当从财政平衡的理念出发，在较高的效力层次上加强财政收支划分、财政转移支付的制度建设，尽快形成财政收支划分法、财政转移支付法协调配合的制度结构解决中央与地方的财税关系法制化问题，实现国民收入的合理分配。具体而言，在财政收入划分方面，选择适当的财政权限配置模式，事权和财政支出责任适当下移，财政收益权和财政支出责任保持一定的匹配程度，财政收益权和财政立法权适当分离，财政收益权应向中央政府倾斜，并由中央政府行使主要的财政立法权。在此基础上，以促进基本公共服务均等化为原则，提高财政转移支付体系的均等化水平，通过规范、高效的财政转移支付制度来实现财政收入的合理化分配。

（三）贫与富的关系：藏富于民与限富济贫

在一个社会中，贫与富的关系问题主要体现为贫富差距和贫富分化。贫富差距具有静态的特征，而贫富分化则是动态的。贫富差距是在贫富分化过程中形成或加剧的。因此，对贫富关系的研究必须同时注意贫富分化和贫富差距。在现代社会中，贫富差距在任何国家都是存在的，也是被视为合理的。适当的贫富差距往往构成对经济发展和社会进步的激励。过度分化或两极化的贫富差距则违背了基本的社会公平，不利于社会的稳定和发展。因此，在贫与富的关系问题上，理性的解决思路应该是防止过度贫富分化和保持适度贫富差距。从经济发展的角度看，贫富分化更多地是与效率相联系，而对贫富分化的制约则更多地是与公平相联系。① 由于市场经济本身天然地倾向于对效率的追求，所以公平的实现则必须依赖国家的干预。就我国目前的情况来看，国家通过财政税收手段处理贫与富关系问题的关键在于调节过大与不合理的贫富差距。

从收入分配的过程来看待贫与富的关系会发现，如果说收入的分配是一种"货币流量"的分配，那么经过积累所形成的"货币存量"则构成财富的存在。② 正是这种作为"流量"的收入和作为"存量"的财富之间的差距构成了社会中的贫与富的关系。因此，贫富差距包括收入的差距和财富的差距，调节贫富差距也要从调节收入差距和财富差距入手。

从国民收入分配的主体来看，贫富差距主要体现在企业之间和居民个人之间。就我国的情况来看，企业之间的贫富差距主要体现在国有企业特别是垄断性国有企业与中小民营企业之间。调节的主要思路是完善企业国有资本收益及其使用制度，同时对民营企业施以必要的财政支持和税收优惠，提高其在国民收入分配中所占的比重。同时，通过财政投资法将政府投资的行业领域限制在关系国家安全、市场不能有效配置资源的经济和社会领域，并使国有资本逐步退出一般的竞争性领域，避免"与民争利"，做到"藏富于民"。我国出台了一系列政策措施支持国有企业改革和发展并取得显著效果，国有企业从总体上已经走出困境，步入正常的发展轨道。早在1993年国务院《关于实行分税制财政管理体制的决定》中就规定"逐步建立国有资产投资收益按股分红、按资分利或税后利润上缴的分配制度"，1994年财政部、原国家国有资产管理局、中国人民银行发布了《国有资产收益收缴管理办法》，把国有企业应上缴的利润纳入了国有资产收益的范围。

---

① 朱光磊：《中国的贫富差距与政府控制》，三联书店，2001，第32页。
② 萨缪尔森等：《经济学》下册，高鸿业等译，中国发展出版社，1992，第935页。

2007 年 12 月，经国务院批准，财政部会同国资委发布《中央企业国有资本收益收取管理办法》，规定纳入收益上缴试点范围的 116 家国有企业要按时完成 2006 年度国有资本收益的申报上缴工作，从而宣告了国有企业不上缴利润这一历史的结束。2008 年 10 月全国人大常委会通过的《企业国有资产法》第 18 条第 2 款规定："国家出资企业应当依照法律、行政法规以及企业章程的规定，向出资人分配利润。"这些都对财政参与国有企业利润分配提出了原则性和具体的要求。从兼顾国有企业效率和国民收入公平分配的角度来看，应当进一步完善和细化国有企业利润上缴的财税法律制度。从收缴标准来说，可以净利润和可供投资者分配的利润为选择的标准，收缴比例要根据企业所处行业的竞争程度和同行的盈利水平来确定，同时考虑企业经营的实际情况采取浮动比例。随着国有资本经营预算制度的完善，国有资产收益应当逐步纳入公共财政收入的范畴。

作为国民收入分配的终端，居民个人之间的贫富差距会对社会秩序产生最为直接的影响，因此也最受关注。无论从人们的心理感受还是经济学的统计数据来看，我国居民的贫富差距过大已经是一个明显的事实。如前所述，贫富差距包括收入差距和财富差距。收入差距方面，在国民收入初次分配的格局下，主要依靠合理的工资增长机制来保证劳动者的收入增长。财税法发挥作用的领域主要集中在国民收入二次分配的过程中，即通过个人所得税来调节过大的收入差距。近年来，《个人所得税法》的修改备受关注。2005 年 10 月，全国人大常委会通过决议，将个人所得税工资薪金费用扣除标准由每月 800 元提高到 1600 元。两年之后，全国人大常委会又将该标准提高到 2000 元。2011 年 4 月，国务院又向全国人大常委会建议将个人所得税工资薪金费用扣除标准提高至 3000 元。经过两个多月的讨论并向社会公开征求意见，2011 年 6 月 30 日，十一届全国人大常委会第二十一次会议表决通过了《关于修改个人所得税法的决定》。根据该决定，个税起征点从 2000 元提高到了 3500

元，并对税率和纳税级距进行了调整。六年之内《个人所得税法》连续四次修改，每一次修改均引发了社会的广泛关注，这在我国立法史上实属少见，也说明社会对个人收入分配公平正义的重视。然而，多年以来，我们对《个人所得税法》的改革仅仅局限于工资薪金所得一项，忽视了对承包承租企事业单位经营所得、劳务所得、股息红利所得、财产转让所得等其他收入类型课税的改革。工资和薪金所得的费用扣除标准的提高虽然有利于中低收入者的收入增长，但主要解决的是因物价上涨带来的生活成本增加的问题，对于收入差距的调节并没有明显的作用。其实，真正导致收入差距拉大的主要方面在于其他类型的所得。因此，要继续通过个人所得税来实现调节收入分配的目的，《个人所得税法》应当进一步改革其税率、税制模式、纳税主体和征管方式等制度。其中，目前的个人所得税税率设置存在结构失衡的问题，主要表现在超额累进税率分类复杂、工资和薪金所得的税率档次太多且边际税率过高，导致税负不公平，不利于调节功能的发挥。从税制模式来看，分类所得税制不符合量能课税的原则，应当逐步转向分类与综合所得税制。在纳税主体方面，现行的纯粹以个人作为纳税主体的制度没有综合地考虑家庭生活成本和实际纳税能力，也不利于收入的公平分配，应该引入家庭作为纳税主体。在税收征管方面，由于缺乏对高收入群体的有效监管手段，致使其利用多种手段隐瞒收入以逃避纳税，而收入来源固定的工薪阶层易于管理，反而成为纳税的主力军。因此，必须创新现行的征管手段，建立有效的收入监控机制。总之，个人所得税法制度创新应该本着公平优先、兼顾效率的原则进行，通过强化其调节功能来实现收入分配的合理化。

在财富差距的调节方面，应当重视财产税法的作用。如果说个人所得税是对财富增量的课税，那么财产税则主要是对财富存量的课征，这对于贫富差距的调节也是非常必要的。从分配正义的角度来说，对财富存量的课税有利于起点的公平。我国财产税体系不完善，表现为税种数量少、税基窄、税制设计不合理。我国目前在上海、重庆试点的房产税、2011 年 3 月全国人大常委会通过立法开征的车船税均属于财产税。在此基础上，从完善我国财产税法体系出发，应当考虑适时依法增设新的税种，如遗产税等。总之，通过个人所得税法和财产税法的完善，以"限富济贫"的思路来调节个人之间过大的收入差距和财富差距。

结束语

从 20 世纪 80 年代中期以来，我国财税法学走过了近三十年的历程，已经初具规模，具备了趋于独立的学术立场、不断拓宽的研究领域和日益开放的学术视野。尤其是在构建独立学科体系方面取得重大的进步。尽管是一门应用法学，但是财税法学的生命力仍然在于理论创新，而这种创新必须紧密结合实践，发现中国社会的问题。可以说，收入分配改革为中国财税法学的创新提供了战略性契机。收入分配在中国当下已经不仅仅是经济问题，同时也是政治问题、社会问题和法律问题，需要从多学科的视角予以审视和判断。从法学的角度来看，在收入分配问题上，国家并不可以"率性而为"，而是要受到诸多约束，其中最根本的是来自社会公认的价值理念。在理论的发展和我国收入分配实践的过程中，分配正义的价值内涵变迁引发了财税法制创新的法学问题与中国收入分配改革的经济学问题在实践中的碰撞，从学科的角度来看，这体现出财税法理论与经济学范畴的交汇融合。这一现象再次提示我们，要实现中国财税法学的理论拓展和范式转型，必须开放学科视野，打破理论与实践的界限，进行综合的、互动式研究。[1]

国家无论通过经济、行政还是法律手段来参与国民收入的分配都必须符合社会正义。然而，追求正义绝不能仅仅满足于对价值理论的抽象思辨，它必须获得具体的阐释才能成为制定规则的标准。从我国的分配

---

[1]　刘剑文：《走向财税法治——信念与追求》，法律出版社，2009，第 21～26 页。

政策与实践的演进来看，公平与效率在此起彼伏的较量中表达着正义的内涵。我们认为，正义理论的发展和我国收入分配的实践最终倾向于以公平价值为主导的分配正义。收入分配，从经济的角度看，沟通着生产和消费；从法律的角度说，连接着主体与利益。财税法在国民收入分配改革中发挥作用的机制就在于以其独特的结构与功能对政府、企业与居民的利益进行公平合理的配置，以实现分配正义的价值目标。收入分配改革的各种理念和思路最终都是通过财税法律制度来实现的，体现为财税法律制度的发展与创新。与此同时，分配正义也成为财税法制创新的重要目标和验证准则。因为"分配正义所主要关注的是在社会成员或群体成员之间进行权利、权力、义务和责任配置的问题"。[①]

任何一个学科都有其基本立场。从国情出发，财税法学应当坚持的基本立场是"公共财政、民主政治、法治社会、宪治国家"。其中，公共财政是财税法律制度构建与创新的基石，是实现社会财富分配正义的基本途径。在市场经济条件下，公共财政是由国家来提供公共服务和公共产品的一种活动，其核心是政府对社会财富的再分配，它更注重分配过程中的公共性、公平性、非营利性和法治性。财政的公共性决定着财政职能的公共性。美国学者马斯格雷夫认为，财政的基本职能应当是提供公共品，实现分配正义，实施宏观政策。[②] 温家宝总理在谈到公共财政和社会正义问题时曾指出："我们要推进财政体制改革，使公共财政更好地进行结构调整和促进经济发展方式的转变，一个国家的财政史是惊心动魄的。如果你读它，会从中看到不仅是经济的发展，而且是社会的结构和公平正义的程度，我们要下决心推进财政体制改革，让人民的钱更好地为人民谋利益"。[③] "社会公平正义，

---

① 〔美〕博登海默：《法理学——法哲学及其方法》，邓正来等译，中国政法大学出版社，1999，第 265 页。

② 詹姆斯·M. 布坎南、理查德·A. 马斯格雷夫：《公共财政与公共选择：两种截然不同的国家观》，类承曜译，中国财政经济出版社，2000，第 22～37 页。

③ 《在十一届全国人大一次会议记者招待会上温家宝总理答中外记者问》，新华社北京 2008 年 3 月 19 日电。

是社会稳定的基础，公平正义比太阳还要有光辉。"①

应当承认，收入分配不公之所以成为当今中国突出的社会矛盾，与财税体制改革滞后、财税法制不健全有很大关系。强化财税的正义导向，强化财税的民主参与，强化财税的法律规范，有利于化解这些矛盾，促进社会的稳定与和谐。实现公平分配，突出社会正义，这既是收入分配改革的基本目标，也是财税法制创新的重要依据。必须在发挥财税法分配与保障功能的基础上，注重协调各方利益，使得国与民、央与地、贫与富等群体的法定权利（权力）获得平等的保护，在财税法领域充分尊重和落实平等权。在我国城乡差距、地区差距、贫富差距越来越大的社会背景下，这将有助于提高收入和财富的差距的可控制性，并创造一种平等和谐的竞争环境，从而保障基本人权，保障公民的民主权利，以财税法制创新来实现分配正义。具有财产法属性的财税法，强调对国家和纳税人财产权的平等保护，量能课税、实现税负公平，实现全体纳税人的公共服务和基本社会保障，对弱势群体进行财政倾斜，通过财政转移支付支持我国欠发达地区的发展，这些都是分配正义在财税法领域的直接体现。可以说，财税法作为分配正义之法，其实质是从理念上符合分配正义的内涵。具体来说，财税法制创新必须贯穿财政民主、财政法定和以纳税人为本的理念。只有这样，财税法才能担当起协调国家利益与纳税人权利保护的重任。在法治国家中，收入分配只有符合法治秩序下的公平正义的要求，才具有正当化的基础。我们的结论也正是从这个意义上得出：分配正义不仅是收入分配的基本原则，也是财税法的核心价值。

（本文原载于《中国法学》2011 年第 5 期）

---

① 《在十一届全国人大三次会议记者招待会上温家宝总理答中外记者问》，新华社北京 2010 年 3 月 14 日电。

税制变迁与税收法治现代化

张守文[*]

一 问题与框架

财政是现代国家治理的基础，而税收则是财政的核心支柱，直接关乎国计民生，影响强国富民和稳定发展。基于经济史的视角，熊彼特在其开创的财政社会学领域，曾强调一国历史就是财政史，并将财政制度变迁与政治、经济、社会要素相关联，因为只有"嵌入"上述要素背景，才能全面透视财政制度，揭示其变迁过程中的价值取舍、结构调整与功能实现。基于系统的维度，财政学的集大成者瓦格纳认为，财政是连接政治、经济和社会三大系统的媒介和重要环节。[①] 另外，无论是政治、经济抑或社会系统，都离不开法律的制度支撑，现代国家财政与三大系统的连接无不以法律的形式呈现。

具体到税法领域，税收制度作为财政制度至为重要的组成部分，与一国政治、经济改革和社会变迁始终密切相关，古今中外历次重大的"变法"、"改革"，"革命"、"战争"，大多都与税法变革密切相关，且普遍涉及税收的公平性、合理性或合法性问题。中国发轫于20世纪70年代末的农村改革，实质亦属税法变革，它回应了广大农民对

---

① 神野直彦：《体制改革的政治经济学》，王美平译，社会科学文献出版社，2013，第8~13页。

农业税税后增益的渴望，体现了对农民生存权的保障。① 事实上，中国在整个改革开放历程中，一直以不断推进税法变革作为深化改革的重要路径，因而税制变迁始终与改革开放的深化同步，其影响历来举足轻重，备受瞩目。

在 1949～1979 年的三十年间，随着计划经济体制的逐步确立，受苏联"非税论"思想的影响，中国的税法制度日渐式微，一度几乎被挤压为"单一税制"；改革开放以后，中国税制才从整体框架到具体功能，在多种因素的激荡作用下持续剧变，大量税法制度从无到有，日臻完善，其间的演变规律殊值深究。而今，在全面深化改革、盛倡法治的大背景下，中国税制究竟应向何处去，如何实现税收法治的现代化，无疑是亟待回答的重大问题。唯有解析税制演变的历史并归总提炼其核心问题，才可能发现税制变迁的规律，明晰未来税制变迁的方向、目标、路径，揭示现代税制应然的结构、功能与价值。

需要进一步强调的是，在不同的历史阶段，税制变迁不仅有经济和社会因素的推动，亦有重要的政治和法律基础。因此，在瓦格纳等所关注的三大系统的基础上，还应重视法律系统或法律要素对税制变迁的重要影响，并从法治维度展开分析，这更有助于从完善国家治理体系的角度理解税制变迁，从而在"经社—政法"的分析框架下，形成对四大系统良性互动的融贯理解。

中国的税制变迁已到重要阶段，其未来走向关涉税收法治的现代化乃至国家治理的整体现代化。对于何谓现代化或法治现代化，历来众说纷纭。本文关注的税收法治现代化，是指一国税收法治的理念和体系向各现代税收国家共通的税收法治理念和体系转化的过程。尽管由于诸多因素，各国的具体税制不尽相同，但只要是现代税收国家，

---

① 在改革前，广大农民交完农业税（公粮）后无法解决温饱问题，而在农村改革推开后，通过广泛实行联产承包责任制，农民的税后剩余得以增加，从而极大地激发了农民的生产积极性。这是中国农村改革取得成功的重要原因。

就都会在税收法治方面强调公平、效率、秩序等基本价值，并会将其贯穿于税收法治体系的各个方面，从而影响税收的立法、执法、司法、守法等各个环节。可见，税收法治体系是"形"，而税收法治理念则是"神"，在税制变迁的过程中，只有将现代税收法治理念充分融入现代税收法治体系的构建，从而做到"形神兼备"，才可能实现税收法治的现代化。

世界各主要国家的税制变迁，在总体上都是税收法治现代化的过程。例如，为了实现效率和公平价值，许多国家在 20 世纪 50 年代以后普遍开征增值税，[①] 并于 20 世纪 80 年代中后期普遍降低所得税税率，扩大税基，[②] 从而形成了两次税制改革浪潮。在上述税制变迁过程中，各国普遍遵循税收法定原则，强调秩序价值，不仅由此构建了与现代市场经济相适应的现代税制，也进一步实现了税收法治的现代化。

现代税制是与现代市场经济、现代法治密切关联的。中国特殊的时空背景决定了税制变迁的基础、路径有别于其他国家。要把握中国税制向何处去，需先了解其历史渊源及尚存问题。因此，不仅要关注税制变迁与相关要素的横向关联，还要在纵向的历史发展中关注其连续性以及不同时期的特殊性，这不仅对税制的完善具有现实意义，而且对财税法或经济法的制度变迁理论研究尤其具有学术价值。[③]

[①] 1954 年法国首次实行增值税制度以来，世界各国纷纷开征增值税，推进间接税制度改革，以避免重复征税，增进税负公平，提升经济效率。目前已有 150 个左右的国家和地区实行增值税制度。参见高培勇主编《世界主要国家财税体制：比较与借鉴》，中国财政经济出版社，2010，第 19 页。

[②] 为了提高效率，增进公平，以美国 1986 年的税制改革为先导，德国、法国、瑞典、加拿大、澳大利亚、日本等 OECD 国家掀起了降低所得税税率、扩大税基、简化税制的改革浪潮。这些国家的税制改革对于我国构建现代税制亦具有重要借鉴意义。参见刘溶沧、夏杰长《税制改革的国际经验及对中国的启示》，《管理世界》2002 年第 9 期。

[③] 在财税法或整体经济法领域，有关制度变迁理论的研究还相对不足。对于以往制度经济学领域的大量成果（如诺斯有关制度变迁的产权理论、国家理论和意识形态理论等）能否有助于分析中国的税制变迁问题，还缺少深入的研究。

　　为此，本文将先提出税制变迁的历史分期，并揭示每个阶段的政治决策、宪法修改、分配调整与税法变革之间的关联，从而说明相关要素对税法变革的影响以及税制变迁的一般机制，在此基础上，提出历次税改所需解决的核心问题，揭示税制变迁过程中的价值侧重、结构调整和功能调适，以及法律要素的重要影响，探寻新阶段的税制改革可以借鉴的历史经验和面临的综合问题，从而为税收法治现代化提供支撑。

　　通过上述问题的探讨，本文试图说明，税制变迁的过程就是税收法治不断走向现代化的过程。在各类关联要素的交互影响下，在税制变迁过程中会不断吸纳现代的法治理念和价值，并形成现代税收国家通行的税制结构，以更好地发挥现代税法的功能，此即税收法治现代化的过程。[①] 基于罗斯托和帕森斯的现代化理论，在关注与税制变迁融为一体的税收法治现代化的阶段和过程的同时，还应关注在此过程中税法的价值、结构与功能的变化，这也有助于推进国家整体治理体系的现代化。

二　税制周期变迁的外部关联要素

（一）税制的变迁周期

　　我国改革开放以来的税制变迁，与市场经济的发展程度紧密相连。经济政策的变化必然意味着税法制度的调整与完善，在这个意义上，改革开放以来的税制变迁可分为恢复重建税法制度、建立与市场经济体制相适应的税法体系和建立更加规范、完备的税法体系三个阶段（见表1）。

---

　　① 也有学者认为，税收法治现代化是一个发展过程的概念，包括税法意识、税法体系、机构和职能等多个方面的现代化。参见涂龙力、解爱国《论税收法治现代化》，《税务研究》2005 年第 4 期。

表 1　中国税制变迁的分期与路向

阶段划分	起讫时间	改制方向	实施路径
第一阶段"84 税改"	1984～1994 年	恢复重建税法制度	全面进行工商税制改革
第二阶段"94 税改"	1994～2004 年	建立与市场经济体制相适应的税法体系	对税制进行全面调整,体现市场经济对税法统一、税负公平的要求
第三阶段"04 税改"	2004～2014 年	建立更加规范、完备的税法体系	局部调整税制,实施"结构性减税",提升税制的法定性和公平性

　　表 1 是对税制变迁分期和路向的简要说明。其中,第一阶段的"税改"对于中国经济立法体系乃至整体法律体系的建立,具有特别重要的奠基意义。在改革开放初期为数不多的立法中,税收立法可谓独树一帜,开启了经济立法之先河。[①] 但直至 1984 年国营企业第二步"利改税",以及多部税收条例(草案)集中推出,才形成了当代中国税法体系的基本架构。[②] 此次规模空前的税法变革,史称"84 税改",其核心是建立与改革目标相应的税制,以适应从"计划经济"向"有计划的商品经济"的体制转轨。从法律角度看,国家立法机关于 1984 年做出的"授权立法决定",[③] 使工商税收领域的诸多税收条例(草

---

① 例如,《中华人民共和国个人所得税法》(1980 年)和《中华人民共和国外国企业所得税法》(1981 年),是改革开放后最早制定的税收法律,与《中华人民共和国中外合资经营企业法》(1979 年)、《中华人民共和国经济合同法》(1981 年)一起,开启了经济立法的先河。由于这两部税收法律着重针对外籍个人和外国企业,因而受制于主体和调整领域,它们对国内经济改革和整体税法体系的影响并不大。

② 在税制历史上,1984 年 9 月 18 日特别值得纪念:这一天国务院批转了财政部报送的《国营企业第二步利改税试行办法》,发布了《中华人民共和国产品税条例(草案)》、《中华人民共和国增值税条例(草案)》、《中华人民共和国营业税条例(草案)》、《中华人民共和国盐税条例(草案)》、《中华人民共和国资源税条例(草案)》、《中华人民共和国国营企业所得税条例(草案)》等 6 个税收条例(草案)(均自当年 10 月 1 日起试行),从而建立了复合型的工商税制,形成了今天税制的基本架构。

③ 1984 年 9 月 18 日,《全国人民代表大会常务委员会关于授权国务院改革工商税制和发布试行有关税收条例(草案)的决定》通过(该授权决定已于 2009 年废止),这是"84 税改"的重要基础。此后,1985 年 4 月 10 日,六届全国人大三次会议又通过了《关于授权国务院在经济体制改革和对外开放方面可以制定暂行的规定或者条例的决定》,这是今天许多税收暂行条例的立法基础,但也构成了进一步落实税收法定原则的障碍。

案）得以推出，原来几乎消失殆尽的税收立法又陆续重现，税法体系亦初见端倪。在这一时期，既有以美国为代表的西方国家的税制改革——里根政府在供给学派的影响下，力图通过减税来激发市场活力，[1] 又有中国在改革浪潮中，不断通过税制改革来"放权让利"。中美可谓所见略同，颇有异曲同工之妙。

随着我国宪法于1993年规定国家"实行市场经济"，并强调"国家加强经济立法，完善宏观调控"，[2] 大规模的税收立法于1994年被全面推出，由此开启了税法变革的第二阶段。"94税改"作为系统性变革，旨在适应市场经济体制的需要，为增加税收收入和实施税收调控提供法律基础。因此，"统一税法、公平税负、简化税制，合理分权"成为当时税改的重要目标，只是这些目标至今仍未完全实现。

"94税改"后的十年，税制框架基本稳定，直至2004年增值税转型试点启动，才拉开了"04税改"的帷幕，并表现出新的趋势：一方面，基础性的税制已大抵具备，大规模的税法剧变不再，但相对和缓、分散的局部调整不止，包括多个税种的废止或合并、诸多税法"试点"、税目调整和税率变更等；另一方面，税法的共通价值、税制的合理性和合法性受到更多关注，税收的法定原则、公平原则被更多强调，从而为2014年以后的税法变革奠定了重要基础。

总之，1984～2014年，每十年都发生一次重要的"税改"，形成了税制的周期变迁。尽管其起讫时间只是依变迁"路向"做出的大略划分，[3] 但无论是总体设计抑或现实发展，其阶段性都较为明显。观察上述三个阶段税制变迁的路径和方向，有助于分析和推断未来中国

---

① 受供给学派理论的影响，美国以《1986年税收改革法案》（Tax Reform Act of 1986）的实施为标志，进行了大规模的税制改革，并影响到多个国家。尽管其基础、内容、路径等与中国的税改不同，但目标都是要给企业更多的空间，激发市场主体的活力。

② 参见《中华人民共和国宪法》第15条第1款、第2款。

③ 三次税改的时间节点较为明显，有助于进行历史分期，当然有时改革也并非完全截然分开。如1983年启动的国营企业第一步"利改税"作为第二步"利改税"的预备，也可归入整体的"84税改"之中。

税法变革的"路向",揭示其中蕴含的内在逻辑和基本规律,并推动税制的系统改进和税收法治的现代化。

在"十年一易"的周期律中,蕴含着税制与政治、经济、社会、法律系统之间的重要关联,为此,有必要基于上述的变迁周期,着重探讨影响税制变迁的关联要素,并进一步分析税制变迁的核心问题,明晰税制完善的方向和路径,展示税收法治现代化的应然图景。

(二) 影响税制变迁的关联要素

从上述三个阶段的税法变革来看,影响税制变迁的并非单一因素,而是包括了相互关联的多种因素。其中,政治、经济、社会因素作为影响税制变迁的外部要素,历来备受瞩目。

对于经济、社会等因素与税收的紧密关联,税收经济学、税收社会学、公共经济学等领域的大量成果已有充分论证。此外,税收不仅具有突出的经济性和社会性,也具有突出的政治性,因而其与政治因素的关联亦受到重视。[①] 另外,由于法律与各个系统亦密切相关,且税收领域必须贯彻法定原则,因此,有必要在三大系统要素的基础上,进一步关注税收与法律要素的紧密联系,从而在前述"经社—政法"的框架下,更为系统地把握税制变迁与各类因素的关联。

1. "改革决定"与税法变革的关联

在中国税制变迁的不同历史阶段,政治因素对税法变革的影响始终存在。我国历次重要改革启动时所做出的"改革决定",既是重要的政治决策,也是事关整体改革的顶层设计,同时,还与宪法修改、具体的税法变革有近乎一一对应的紧密关联。

为此,下面仍以1984~2014年的三十年为例,选取其间历次重要的"改革决定",来说明政治因素与税制变迁之间的关联,这既有助

---

① 有的学者认为,"在税收决策中,政治的考虑才是决定性的";"税收和税收政策是比较政治学十分合适的研究对象",这些认识都强调了税收与政治的紧密关联。参见彼得斯《税收政治学:一种比较的视角》,郭为桂、黄宁莺译,江苏人民出版社,2008,第3页、第24页。

于发现经济、社会发展对政治、法制变革的基础性影响，又有助于揭示政治因素与税收法制紧密关联的阶段性特点，[①] 从而增进对税制的建构性的进一步理解（见表 2）。

表 2　税法变革与政治决策（"改革决定"）的关联

历史分期	政治决策（"改革决定"）	税法变革	政法关联
第一阶段	十二届三中全会通过的《中共中央关于经济体制改革的决定》（1984 年 10 月）	"84 税改"着重建立与"有计划的商品经济体制"相适应的税法制度	税制变革在先，与总体改革设计内在一致，体现了改革初期的特点
第二阶段	十四届三中全会通过的《中共中央关于建立社会主义市场经济体制若干问题的决定》（1993 年 11 月）	"94 税改"着重建立与"市场经济体制"相适应的税法体系	1993 年的"改革决定"为"94 税改"奠定了重要基础
第三阶段	十六届三中全会通过的《中共中央关于完善社会主义市场经济体制若干问题的决定》（2003 年 10 月）	"04 税改"着重完善税制结构，调整和废止多类税法制度，进一步优化税制	2003 年的"改革决定"为"04 税改"奠定了重要基础

可以看出，每个阶段的税法变革都与历次重要的"三中全会"做出的"改革决定"有关。面对经济社会发展方面的诸多涉税需求，基于提升合法化水平的考量，执政主体必然要在政治决策过程予以回应，并集中体现于改革方案的整体设计中。因此，政治决策或改革设计会直接影响税法制度的变革，这既体现了政治因素与税制建设的重要关联，[②] 也与国家的政治、经济和社会职能直接相关。

尽管税法变革是对经济社会发展的回应，但并非自发形成的法律

[①]　有的学者认为，在财政立法领域，人们早已认识到涉及财政的"政治法律"（political laws）乃某种不同于"司法法律"（juridical laws）的东西。参见哈耶克《法律、立法与自由》第 1 卷，邓正来、张守东、李静冰译，中国大百科全书出版社，2000，第 213 页。

[②]　有的学者认为，税收是重要的政治工具，蕴含着重要的政治价值观，因而两者关联非常密切。参见彼得斯《税收政治学：一种比较的视角》，郭为桂、黄宁莺译，江苏人民出版社，2008，第 55 页。其实，我国税法从对不同所有制企业的区别对待到内外企业的平等征税，从重视国库收益到重视人权保障，也是体现了政治价值观的变化。

秩序，政府的主动推进不可或缺，从而使税制的政策性更为突出。在税制变迁过程中，国家的直接推动或政府的着力建构，始终是一条不容忽视的主线。事实上，任何政府都谋求长治久安，而通过税法变革解决各类现实问题，从而提升政府的合法性，正是政府主动推进税制变迁的政治动因。在政府不断推动税制变迁的过程中，为了防止合法化危机，必然要越来越多地体现法治精神，从而会推进现代税收法治的发展。

2. 宪法修改与税法变革的关联

"改革决定"不仅影响税法变革，也常常会引发宪法修改，而修宪又会为税改提供宪法依据，从而进一步推动税法变革，这体现了法律系统内部要素之间的互动关系。下面以1982～2004年的三次修宪为例，来说明其对不同阶段税法变革的影响（见表3）。

表3　宪法修改与税法变革的关联

历史分期	宪法修改	税法变革	两法关联
第一阶段	1982年修宪，涉税条款入宪	1983～1984年实施"利改税"以及整体工商税制改革	宪法的涉税条款在一定程度上为"84税改"提供了支撑
第二阶段	1993年修宪，首次规定实行市场经济，加强经济立法，完善宏观调控	1994年实施与市场经济相适应的新税制，推出分税制	宪法的新规定为"94税改"提供了直接依据
第三阶段	2004年修宪，首次规定保护公私财产权和保障基本人权	2004年以后的税改更注重减税和纳税人权利保护	宪法的新规定在"04税改"中得到了具体落实

表3表明，"82修宪"与"84税改"以及工商税制的系统确立，"93修宪"与"94税改"以及整体市场经济税制的确立，"04修宪"与"04税改"以及整体税法体系的完善，都存在紧密的关联。不仅如此，宪法与税法制度变革的关联在时间上后先相继，宪法修改都在税法变革之前；同时，宪法为税法变革提供了直接或间接的基础和依据，

而税法变革其实是在落实宪法的相关条款。两者之间的紧密关联，凸显了法治在税制变迁中的重要价值，以及宪法在税收法治现代化过程中的重要地位。

需要说明的是，我国的"75 宪法"和"78 宪法"对税收问题只字未提，只是"82 宪法"才强调"公民有依据法律纳税的义务"，① 这是现行宪法唯一直接涉税的条款，表明中国在改革开放之初，已开始重视国家与国民税收关系的法律调整，只是该规定仍有较大局限性。如将此处的"公民"扩大解释为各类"对公共物品的提供负有分担义务的国民"，② 则税法变革的宪法基础会更为坚实。

此外，每次税改都发生在修宪之后，这并非巧合，而是暗合，体现了税法与宪法在变革方向上的紧密关联。③ 如此紧密的关联在其他法律制度变迁方面几乎难以找寻。当然，从另一个侧面看，这也只能是宪法和具体税法制度都处于变革时期的现象，是现代税制尚未建立的体现，在宪法相对稳定或更为成熟的情况下，这种税改与修宪之间的同步关联不会也不应频繁发生。

3. 分配调整与税法变革的关联

无论是上述的"改革决定"还是宪法修改，都要反映经济和社会发展的重大需求。其中，分配关系或分配结构的调整，分配风险和分配危机的防范和化解，是关涉经济、社会和政治等各领域的重大问题。由于财税是影响分配的重要因素，解决经济、社会领域的分配问题迫

---

① 与此相关，"54 宪法"第 102 条曾规定"中华人民共和国公民有依照法律纳税的义务"。对于现行宪法第 56 条的规定，学界大都从公民的纳税义务以及税收法定原则的角度展开探讨。从宪法文本看，此处的"公民"当然用于通常意义。本文后面的扩大解释是基于我国宪法规定的局限性而做出的理论探讨。

② 在税法上的国家与国民的主体二元结构中，国民包括企业、自然人等各类纳税人，但在现行宪法中并未直接规定企业的纳税义务。我国企业的纳税义务是通过税收法律、法规等来加以规定的。

③ 由于宪法和税法都涉及国民基本权利的保障，两者在方向上自然应保持一致。从英美多国的制度实践看，正是税法问题推动了近现代宪法的产生和发展，这突出体现了税法对宪法的影响；与此同时，宪法对税法的影响则无疑非常巨大，尤其是税法的制定和实施是否合宪，历来是非常重要的理论和实践问题。

切需要税法变革，因而经由财税手段进行的分配调整，必然与经济、政治等各系统密切相关，由此更加凸显"经社—政法"框架内各类要素的紧密联系。

事实上，上述的"改革决定"、宪法修改及税法变革，无不受到分配调整的直接影响。例如，国家与企业或者国家与国民的分配、中央与地方的分配、居民之间的收入分配等各类分配调整，均与税法变革直接相关（见表4）。

表4　分配调整与税法变革的关联

历史分期	分配调整	税法变革	两者关联
第一阶段	国家与国民的分配调整	以改革开放后税法基本制度的恢复和重建为主轴	国家、企业、个人的分配调整是"84税改"的重要动因
第二阶段	国家与国民、中央与地方的分配调整	以市场经济和分税制为取向的整体税法体系调整	解决"两个比重"过低的分配失衡问题是"94税改"的重要动因
第三阶段	多类主体的多层次分配调整	以"结构性减税"为主线的税法体系调整	解决更为复杂的多重分配问题是"04税改"的重要动因

表4说明，历次税法变革都贯穿了分配调整的主线。事实上，各类经济问题和社会问题都集中体现于分配调整方面，解决各类主体的利益分配问题始终是历次税法变革和税制变迁的重要动因。[①]

随着分配关系调整的日益复杂，税法变革所需考虑的因素也日趋繁多。例如，在改革之初急需解决的，主要是国家与国民，特别是国家与国营企业之间的分配调整问题，因此，最先启动国营企业"利改税"（即由向国家上缴利润改为上缴税收），直接带动了"84税改"，

[①] 参见张守文《贯通中国经济法学发展的经脉——以分配为视角》，《政法论坛》2009年第6期。

而其他主体则很少涉及税收问题。① 随着经济社会的发展，企业类型或市场主体日益多元化，非国营的内资企业、涉外企业、个体户等不断涌现，个人居民也拥有了更多的收入和财富，国家与广义上的国民（包括企业和自然人等）之间的分配日显重要；同时，随着各级政府日益成为促进经济发展的重要力量，中央与地方之间的利益分配问题亦随之凸显，从而推动了"94 税改"的启动。进入 21 世纪后，基于市场经济和经济全球化的发展，国家之间，国家不同层级的政权之间，国家与税法上的居民、非居民之间，以及市场主体相互之间的各类分配日益复杂，多类主体的多层次分配问题亟待解决，从而又推动了"04 税改"的开启。由于在不同的发展阶段，都存在亟待解决的经济分配和社会分配问题，这些问题涉及个体营利性与社会公益性的矛盾，以及效率与公平、局部与全局、个体与整体等诸多方面的选择和平衡，如果不能有效解决，就可能导致经济、社会的失衡乃至危机，因此，分配压力或分配问题历来是税法变革的重要经济根源和社会根源。②

上述每个阶段的"税改"，既要考虑前一阶段突出的分配问题，又要关注新阶段分配的主要矛盾，这些问题和矛盾都要在"税改"中不断解决，它们既是推动税法变革的重要动力，又使历次"税改"具有一定的"连续性"，③ 循此线索更有助于动态地、整体地把握税制变迁以及税收法治现代化的进程。

4. 税制变迁中的关联机制探究

前面分别探讨了"改革决定"、宪法修改、分配调整与税法变革

---

① 在"84 税改"前，国营企业只缴纳工商税，集体企业只缴纳工商税和工商所得税，城市房地产税、车船使用牌照税、屠宰税仅对个人和极少数单位征收，工商统一税仅对外适用。因此，许多主体都很少涉及税收问题。

② 参见何帆《为市场经济立宪——当代中国的财政问题》，今日中国出版社，1998，第 34 ~ 39 页。

③ 连续性是在各类制度变迁中都需要关注的问题。坎贝尔：《制度变迁与全球化》，姚伟译，上海人民出版社，2010，第 2 页。

之间的关联，体现了多元的系统要素对税制变迁的影响。其中，分配调整作为经济和社会层面的现实需要，会体现为政治层面的利益分配，以及宪法层面的权利和权力分配，并具体落实于税法变革以及其他法律变革之中。因此，分配调整会影响政治决策和宪法修改，以及税权和税收利益的重新分配。基于上述各类要素对税法变革的影响，归纳提炼税制变迁的关联机制，有助于研究税法乃至其他法律领域的变革。

从中国税制的发展历程看，由于改革初期各方面经验积累不足，在税收立法方面亦缺乏总体设计，因而对外开放急需的旨在保障国家主权的涉外税制最先推出，不仅先于"84税改"，也先于1984年的整体"改革决定"。在国家整体税改的第一阶段，"84税改"的启动虽然略早于当年的"改革决定"，但其内在一致性非常突出，[①] 同时，"84税改"推出后的税制建设，一直体现着"改革决定"以及"82宪法"有关公民纳税义务的要求。[②] 但随着改革的深入，从第二阶段开始，作为整体政治决策的"改革决定"，从形式到实质都"整体先行"，形成了先做"改革决定"，其后修改宪法，继而变革税制的后先相继的实然过程。在此过程中，政治决策影响宪法修改，并进而影响税法的变革。而无论是政治层面的"改革决定"，还是法律层面的宪法修改和税法变革，都要体现经济与社会发展的要求。因此，更深层次的关联机制，是经济和社会系统影响政治系统，并进而影响法律系统中的具体税法变革。可见，在"经社—政法"框架下，更有助于厘清相关要素与税法变革的关联，从而揭示税制变迁的相关机制和内在

---

① 如前所述，"84税改"的相关规范性文件于1984年9月18日通过，自当年10月1日起实施，而1984年的"改革决定"则于当年的10月20日通过，前后相距时间很短。同时，在此次"改革决定"中，强调进一步完善税收制度，综合运用税收等经济杠杆，普遍推行"利改税"等措施。这些与"84税改"的精神和制度建设都是内在一致的。

② 在"84税改"的持续推进过程中，个人所得税制度也在不断完善，在1986年还推出了《城乡个体工商户所得税暂行条例》和《个人收入调节税暂行条例》，这些都是对"82宪法"有关公民纳税义务规定的具体落实。

动因。

此外，在各类关联要素构成的关联机制中，法律或法治要素日益重要。因为在现代法治国家，税法变革必须遵循严格的税收法定原则，必须充分体现法治精神，从而使法律或法治的要素贯穿于税制变迁的全过程。可以说，税制变迁的过程，就是税收法治不断走向现代化的过程。对此，可以透过历次税法变革所要解决的核心问题，做出进一步的审视和阐释。

三　核心问题中的法律要素

上述"改革决定"、分配调整等是影响税法变革的外部要素，受其影响，不同阶段的税法变革在目标与路径、结构与功能、价值与原则方面各不相同，而这些恰恰是各阶段税改必须解决的核心问题，且都与法律要素密切相关。它们作为影响税改的内部要素，与上述外部要素相呼应，共同构成了分析税制变迁与税收法治现代化问题的重要维度。

（一）税改目标与路径变迁的法律观察

在上述税制变迁的第一阶段，财政意义上的国家形态开始从"自产国家"向"税收国家"转变。[①] 通过"利改税"，税收逐渐成为国家财政收入的主要来源。"利改税"的成功以及相应的国内所得税、商品税和财产税制度的创设，是"84 税改"的重要成就，由此不仅推动了税收国家的建立，还通过明晰国家与企业的分配关系，使企业逐渐成为可以独立竞争、自主发展的经济主体，从而进一步培育了市场主体，为其后实行市场经济体制奠定了重要基础；同时，也优化了国家与国民的关系，形成了分配领域较为清晰的公私二元结构，构筑了现代国家应有的基本框架，加强了宪法层面的所有权或财产权保护。

---

① 参见马骏《中国公共预算改革：理性化与民主化》，中央编译出版社，2005，第 33～43 页。

"84 税改"的直接目标，是建立与"有计划的商品经济体制"相适应的"工商税制"，这是构建完整税法体系的核心组件和重要基础。经由此次税改，税法开始成为影响其他法律调整的重要变量，在宪法以及经济法、民法、行政法等部门法的法学研究和制度构建中亦深受重视。

基于体制基础的变易，"94 税改"的重要目标是构建与市场经济体制相适应的"完整税制"，提升国家税收收入占 GDP 的比重和宏观调控能力，[①] 建立真正的"税收国家"[②]。相应地，税法变革不仅要继续关注国家与国民分配关系的优化，还要重视中央与地方分配关系的调整。于是，建立与市场经济相匹配的税制，以调整国家与市场主体之间的分配关系，同时，解决不同级次政府之间的分权和分配关系，并将分税制与整体税改综合并施，便成为"94 税改"的重要任务。由于此次税改涉及国家与国民、中央与地方的分配关系，因而其制度建构具有更为突出的"经济宪法"意义。[③]

"94 税改"虽然实现了国家总体税收收入和中央本级收入的高速增长，有效解决了当时突出存在的"两个比重"过低问题，却带来了新的"两个占比"下降问题：居民收入的占比下降，导致民生压力加大；地方税收的占比下降，导致"土地财政"、地方债务问题突出，从而引发了经济、社会、政治层面的诸多问题。因此，如何构建公平合理的税制，使其在形式和实质上更具有合法性，是第三阶段的"04 税改"要解决的核心问题。

面对经济和社会发展存在的诸多问题，"04 税改"的重要目标是

[①] 在"94 税改"目标中明确提出增加收入和宏观调控，表明对国家汲取财政收入和宏观调控能力的关注，而这两大能力在当时更受学界重视，参见王绍光、胡鞍钢《中国国家能力报告》，辽宁人民出版社，1993，第 6～13 页。

[②] 真正的税收国家（Steuerstaat），应当是国家通过从私人经济部门获取财政收入，来提供公共物品。因而，实行市场经济与税收国家的要求是一致的。

[③] 在经济宪法领域，规范国家与国民的收入分配，以及中央与地方的收入分配，是非常重要的内容。由于税制直接关乎国民的基本权利，是宪法在税收领域的具体化，因而必须关注其合法性与合宪性问题。

降低国民负担，提升税制的合理性和合法性。为此，国家实行了一系列完善税制的措施，包括税种的废止与合并、课税要素的调整等。其中，农业税的废止、企业所得税的合并和税率的调低、个人所得税扣除额的提高、"营改增"的试点等，都广受瞩目。上述税改的具体措施，使税制结构更为合理，并在客观上推动了"结构性减税"，税法的基本价值和税收法治水平也由此得到了进一步的体现和提升。可见，随着税改在不同阶段的不断深入，法治精神得到了越来越多的体现，税收法治现代化的程度亦不断提高。

上述不同阶段税改目标的实现，都离不开相应的微观路径和宏观路径。其中，每次税改所实施的具体制度调整，即为微观路径；而历次税改所遵循的整体改革思路，则为宏观路径。宏观路径与税改目标具有内在一致性，即使微观路径对于税改目标实现非常重要，也不能偏离宏观路径。例如，在我国改革之初，"放权让利"既是改革的整体思路，也是"84 税改"应当遵循的宏观路径。通过"利改税"以及工商税制的逐步建立，国家在"放权让利"过程中不仅扩大了国企的经营自主权，还使各类企业获得了更多的利益激励，并逐渐成为自主、自立的市场主体。[①] 但与此同时，也引发了财政收入"两个比重"下降带来的中央调控乏力的问题，于是，国家适度"集权争利"便成了"94 税改"的整体思路。经由"94 税改"，财政收入的"两个比重"提升迅速，但市场主体税负偏重，地方财政压力偏大，国家与国民、中央与地方的分配关系紧张，于是"适度让利"又成了"04 税改"的整体思路；全球性经济危机的爆发，更使"结构性减税"成为"04 税改"的主线。[②]

---

① "放权让利"作为总体的指导思想，应当在税改中被遵循。国家税收收入在 GDP 中的占比从 80 年代初的高值，降到 1993 年的低值，体现了国家的"让利"实效。但这并不代表每个税法领域都很好地体现了上述指导思想。

② 参见张守文《"结构性减税"中的减税权问题》，《中国法学》2013 年第 5 期。

可见，每次税改都是对前次改革存在问题的"修正"或"矫枉"。①从第一阶段的"放权让利"，到第二阶段的"集权争利"，再到第三阶段的"适度让利"，每次宏观路径上的"权"与"利"的调整，都涉及法律的变革，既构成了螺旋式循环，又体现了改革的复杂性和持久性。上述宏观路径的变易也说明，从系统思维的角度，"税改"不应仅涉及税制，还须与财政体制改革相配合，与总体改革思路相协调，这样才能处理好宏观层面的分配问题。如"84税改"与"财政包干制"的财政体制，"94税改"与"分税制"的财政体制等，都有密切关联。但"04税改"却未与财政体制改革有效关联，因而也未能解决分税制的突出问题，甚至影响了中央与地方分配关系的法律调整。

此外，为了明晰税改的目标和路径，历次税改都有整体方案或局部方案，其中，"84税改"和"94税改"的整体性更为突出，因而更受关注，"04税改"则因缺乏改革的系统性而易被忽略。但上述历次税改，无论是大规模地集中呈现，还是小范围地局部渐进，都离不开国家立法的强力推动，因而至少在形式上具有建构性。随着依法治国方略和依法执政、依法行政思想的日渐成熟，国家在现代税制建构过程中不断融入法治因素，税收法治现代化水平在总体上亦不断提升。

（二）税制结构与功能变迁的立法审视

历次税改不仅目标与路径有别，税制结构和功能亦有相当变化。由于只有改变税制的结构和功能，才能实现税改的目标，因此，通过税收立法来调整税制结构，从而改变税制的功能，正是实现税改目标的重要路径和必然要求。

税制结构的变化，主要体现为税收体制以及征纳制度的变革，尤其更直观地体现为税种结构和要素结构的变化，对此可以从税收立法

---

① 在税制变迁过程中，每次税改都是对上一次改革存在问题的修正。例如，仅从收入分配的角度看，"84税改"是对过去企业上缴利润过多、分配压力过大的税收调整；"94税改"是对此前国家让利过多的一种调整；而"04税改"则是对国家收入占比过高、市场主体压力过大的进一步调整。

的视角加以审视。例如，"84 税改"以新开征多个税种为突出特点，确立了商品税、所得税和财产税领域的重要税种制度，改变了过去较为单一的税制结构，形成了与当时商品经济相适应的全新复合税制结构；"94 税改"进一步完善和合并了一系列税种制度，以适应市场经济发展的要求；"04 税改"则进一步废止和归并相关税种，使税法体系更为合理（见表5）。

表5　工商税制重要税种演变

税改阶段	税种调整目标	商品税	所得税	财产税
"84 税改"	开征新税种，建立新税制	开征产品税、营业税、增值税	开征国营/集体/私营企业的所得税，以及个体工商户所得税/个人收入调节税	开征房产税、城镇土地使用税、耕地占用税、车船使用税、印花税
"94 税改"	统一税法、简化税制	改造增值税、营业税，开征消费税	统一内资企业所得税和个人所得税，保留涉外企业所得税	开征资源税、土地增值税和契税，保留房产税/城市房地产税、车船使用税/车船使用牌照税、城镇土地使用税/耕地占用税、印花税
"04 税改"	合理调整，完善税制	调整增值税、营业税、消费税的征收范围和税率，实施"营改增"	统一企业所得税，调整个人所得税税基和税率	统一房产税、车船税，保留土地三税、资源税、契税、印花税

注：①由于历次税改主要侧重于工商税制改革，故在此不涉及海关征收的关税和船舶吨税，也不包括已经废止的农业税、牧业税、筵席税、屠宰税、固定资产投资方向调节税等税种，同时，也不列举在工商税收中影响相对较小的正在开征的烟叶税、车辆购置税、城市维护建设税等。此外，在税制变迁中被统一或可能被统一的联系紧密的税种之间专门加注了"/"。

②商品税的主要税种总体稳定，就税收收入和影响而言在"84 税改"中产品税最重要，在"94 税改"中增值税最重要，在"04 税改"中商品税的三大税种都在完善，在"14 税改"中营业税将被增值税取代。

③在税制结构变迁方面，所得税的主要税种由繁到简日益清晰。"84 税改"时期所得税制是按所有制、涉外因素等标准建立的，非常繁杂，因而"94 税改"将"统一税法、简化税制"作为重点，到"04 税改"阶段，所得税的调整已经到位，形成了企业所得税和个人所得税的"二元结构"。

④在"84 税改"、"94 税改"阶段，大量开征财产税税种，形成了内外有别的二元税制；在"04 税改"阶段则大量统一财产税，解决二元税制问题，为下一步构建地方税体系做准备。

　　表 5 的税种变化，可以更直观地反映税制结构的变迁。因为各类税种的开征与停征、废止与合并，都会改变税制结构，并进而影响其功能。此外，各类税种的课税要素结构，包括主体结构、税目结构、税率结构等，对整体税制的收入分配、宏观调控等功能有直接影响。从总体上说，作为税改的具体路径，税种的开、停、并、废对税制结构影响更大，而开征期间的课税要素调整则对税制功能的影响更为直接。

　　依据结构功能主义理论，特定的税制结构会产生特定的功能。例如，在收入功能方面，商品税在我国税制结构中居于主体地位，自"94 税改"以来，其在税收总收入中的占比一直在 60% 以上，汲取财政收入的功能突出。对于商品税收入占比过高的问题，学界早已提出要调整直接税与间接税比例，国家也强调要提高直接税的比重。[①] 在调控功能方面，每次税改进行的税种及其课税要素的调整，使各个税种都可能成为调控工具。例如，房产税、营业税、土地增值税对于房地产市场调控，证券交易印花税对于股市调控，所得税、增值税对于经济结构调整等，都发挥过重要作用。

　　从功能变迁的角度看，在税制变迁过程中，上述功能会随立法重心的变化而有所改变。例如，在"84 税改"阶段，由于计划经济因素尚有较多残存，因而税制的宏观调控功能尚未充分体现；但在"94 税改"后，随着市场经济体制的确立，税收宏观调控已成为国家的重要经济职能，在具体税制设计方面对宏观调控的考虑也越来越多，各类税种的课税要素作为重要的调控工具亦被广泛运用。[②] 可见，税制结构中的税种及其要素结构的立法调整，直接带来了税制功能的变迁。而上述税制结构和功能的变化，正是现代税制发展的重要表征，是税

---

① 参见杨志勇《税制结构：现状分析与优化路径选择》，《税务研究》2014 年第 6 期。
② 例如，在"94 税改"过程中，增值税制度没有直接选取"消费型"，就有对固定资产投资过热的调控考虑；在消费税、营业税、所得税等领域的课税要素设计，都有产业调控的考虑。

收法治不断走向现代化的重要体现。

（三）价值考量的侧重及其法律体现

与上述税改的目标与路径、结构与功能等相关联，历次税法变革的价值考量虽各有侧重，但主要涉及效率、公平、秩序等制度价值的取舍，且有充分的法律体现。从定分止争、规则先行的角度，税法变革必须强调法定和秩序；从合理性与合法性的角度，税法变革必须强调效率与公平，以保障制度的可持续。而上述对秩序、公平、效率价值的强调，则构成了税法三大基本原则的重要内容，同时，也是现代税收法治的基本要求。当代世界各国无论具体税制有多大差异，但在其税收法治现代化的过程中，对上述基本价值或基本原则的强调却是一致的。

良好的税制应有助于保障收入分配和宏观调控的公平与效率，历次税改对上述价值都有法律体现。例如，"84 税改"的重要目标是厘清国家与企业的分配关系，确保国家获取稳定的税收收入，因而税制设计既要从经济效率的角度促进企业发展，又要从行政效率的角度保障财政收入；"94 税改"的重要目标是增加国家（特别是中央本级）的税收收入，因而税制设计既要有助于增进经济效率以保障税源丰沛，又要有助于提高征管效率以保障财政汲取。可见，上述两次税改都特别强调效率价值，这与当时国家在改革中普遍强调的"效率优先、兼顾公平"的思路较为一致。

但是，税制改革不能仅强调获取收入，或过于偏重效率价值。良好的税制要实现"良法之治"，还应该体现公平价值，实现分配正义，这直接关乎公平竞争以及税制自身的合法性和可持续。因此，从"94 税改"开始，已明确提出要"公平税负"，对公平价值的侧重由此亦逐渐凸显。此后，"04 税改"综合继承了以往两次税改的价值追求，强调通过优化税制，适度减税，既提升经济效率，又促进税负公平，同时，此次税改还力图完成"94 税改"确定的"统一税法、简化税制"的目标，将法定原则的要求和对秩序价值的追求也融入税改之中。可见，随着税改的逐渐深入，相关的价值追求从"84税改"相对更侧重于效率，转向"94税改"同时侧重于公平，而"04税改"则强调多元价值的综合，即将效率、公平和秩序的价值融入整体税改和具体立法之中。尽管"04税改"是基于"94税改"的基本框架进行税制优化，其分散展开的制度变革在外观上缺乏系统性，[①] 但因其旨在解决重复征税、国民待遇、税负不公等问题，因而更全面地体现了公平、效率和秩序的价值，也更加符合税法原理和税法原则的要求，是我国税收法治走向现代化的重要阶段。下面以"04税改"所欲解决的上述问题为例，对其价值考量的侧重及其法律体现略做说明。

在防止重复征税方面，[②] "04税改"注重加强税种内部及税种之间的制度协调，在税法设计上关注更隐蔽、更普遍的"税制性重复征税"，以体现效率与公平价值。例如，增值税在理论上是典型的"中性"税种，但实践中仍然存在重复征税问题。我国在2004年启动增值税转型改革试点，并于2009年完成增值税从"生产型"向"消费型"的转变，就是试图解决税种内部因税基设计导致的重复征税问题。而此后国家推动的"营改增"试点，则力图解决由于不同税种的制度设计而导致的重复征税问题。上述解决重复征税的各类制度变革，都有助于公平税负，提升效率，从而更好地体现公平与效率等价值。

在保障国民待遇方面，对纳税主体能否适用统一的税法制度，确保基本的国民待遇，事关纳税主体之间的税负公平。为此，早在"94税改"阶段，国家就着力统一"内外有别"的商品税，但直至"04税改"阶段，才基于WTO有关国民待遇的要求，解决了企业所得税

---

① 十六届三中全会的"改革决定"提出了"简税制、宽税基、低税率、严征管"的税改思想，但没有形成总体的税改方案。在"04税改"过程中，相关税种的合并和废止、税率和税基的调整，也体现了上述的税改思想。

② 重复征税是加重市场主体负担，推动物价上涨，导致财政收入超经济增长的重要原因。因此，"04税改"期间推出"营改增"以及其他制度改革，解决重复征税问题，具有多方面的重要意义。

和财产税领域的国民待遇问题。① 直接税制度的"内外统一",对于实现国民待遇、促进公平竞争尤为重要。而公平竞争又有助于进一步提升效率和确保秩序。此外,通过废止农业税及相关税种,实现城乡税制的统一,从而使整体税制更趋合理,也是"04 税改"的重要成果。而上述的税法变革不仅直接体现了公平价值,也与效率和秩序的价值考量密切相关。

在促进税负公平方面,由于税负公平与公平价值直接相关,是税制合法性或正当性的重要基础,因而历次税改都要考虑如何促进税负公平。其实,上述的防止重复征税、保障国民待遇或统一相关税制等,都有助于促进税负公平。在"04 税改"阶段,对个人所得税工薪所得扣除额的多次调整、房产税和资源税领域的改革试点等,都体现了对公平价值的追求。②

在落实法定原则方面,上述旨在促进税负公平的各类制度变革,都应严格遵循法定原则,实行"法律保留"。因此,将以往税改过程中形成的大量"税收暂行条例"尽快上升为法律,作为实现税收法治的基本要求,已成各界基本共识。在"04 税改"阶段,既有较好体现税收法定原则的《企业所得税法》、《车船税法》,也有因偏离该原则而引发诸多争议的房产税改革等试点。吸取上述历史教训,下一阶段的"税改"必须将落实税收法定原则置于首位。

上述四个方面体现了"04 税改"的价值考量的非单一性,以及未来税制变迁在价值取舍方面的趋势;同时,价值的多元化亦与税法的

---

① 依据 1993 年 12 月 29 日通过的《全国人民代表大会常务委员会关于外商投资企业和外国企业适用增值税、消费税、营业税等税收暂行条例的决定》,我国在商品税领域里率先实现了内外统一。2008 年实施的《企业所得税法》,则实现了内外企业在税收方面的国民待遇,使各类企业在统一的名义税率和税负下展开竞争。此外,到 2009 年,在房产税、车船税等财产税领域,也都实现了内外有别的税制的统一。

② 在"04 税改"期间,国家多次修改《个人所得税法》,提高工薪所得的扣除额,并调整税率结构;同时,在上海、重庆两地对个人自住房屋进行征收房产税的改革试点,在资源税领域进行从量计征改为从价计征的改革试点。上述各类制度变革尽管可能有多重目标,但体现公平价值至少是其目标之一。

基本原则直接关联。例如，上述防止重复征税、避免内外有别、确保税负公平的税制变革，不仅有助于实现负担公平、竞争公平，也有助于增进效率，是税收公平原则和税收效率原则的直接体现；而作为"制度"变革，则需遵循税收法定原则，依法确定国家与国民的分配秩序。可见，公平原则和效率原则必须以法定原则为基础；同时，公平原则的贯彻，有助于实现效率和更高层次的秩序。上述经由历次税法变革所形成的共性原则，在未来的税改中均须遵循，这是建立现代税制的重要前提。

总之，历次税法变革的目标与路径、结构与功能、价值与原则的调整或连续，都是税制变迁的核心问题，随着上述方面法治因素的不断累积，现代税制共通的结构和功能、价值与原则亦逐步确立，从而使税收法治现代化的水平不断提升，并为未来的税制进步奠定了重要基础。

四　新税改的连续性、特殊性及法治期待

（一）新税改：历史的连续与承继

前面探讨了中国税制的变迁周期和关联要素，分析了不同阶段"税改"的目标与路径、结构与功能、价值与原则等核心问题及其与法律要素的关联，从中不难发现：税制总是倾向于不完善，因而每过一定时期就要改革；每次税改既会遗留问题，又会蕴含共通的经验，特别是有助于制度完善的经验。若能总结既往，以为新阶段的税改提供借鉴，则无疑大有裨益。

从变迁周期看，2014 年被称为中国全面深化改革元年，新一轮财税改革被置于突出位置，由此使税制变迁进入第四阶段——"14 税改"或称新税改时期。从关联要素看，直接影响税改的政治要素，仍是作为国家政治决策的"改革决定"。[①] 2013 年的"改革决定"将财

---

① 参见《中共中央关于全面深化改革若干重大问题的决定》，人民出版社，2013。

税体制改革的内容独立于经济体制改革，以体现其在整体改革中的重要地位，同时，在各类体制改革中都强调财税的保障作用，以体现其支柱功能。此外，无论在推进市场化、加强宏观调控等经济体制改革方面，还是在支持社会保障、促进社会公平分配等方面，财税体制改革都负有重要使命。正是基于财税改革与各类相关要素的交互影响及其重要地位，国家率先推出了《深化财税体制改革总体方案》，以作为"14 税改"的直接基础。依据该方案，需将财政改革和税制改革结合起来，以解决"94 税改"即已凸显但至今仍未有效解决的央地关系问题，从而对以往税改的缺失做出进一步矫正。

如前所述，历次重要"改革决定"都曾影响修宪。2013 年的"改革决定"虽未能直接引发修宪，但它强调的"落实税收法定原则"早已成为学界共识，且在 2004 年修宪时亦曾受到关注。作为税法的基石性原则，税收法定原则无论以后能否直接"入宪"，其真正被遵从才最重要。此外，前面还曾探讨分配调整对于历次税改的影响，由于当前社会分配问题以及中央与地方的财政分配问题已非常突出，各类分配压力十分巨大，[①] 因而解决分配问题同样是"14 税改"的重要动因。

可见，从各类关联要素与税改的交互影响看，前面提出的"经社—政法"框架仍适用于"14 税改"问题的分析。在具体推进新税改的过程中，不应忽视各类相关要素的影响，这也是从治理体系角度完善税制的需要。此外，历次税改所涉及的核心问题，新税改同样需要面对，有些悬而未决的问题仍需着力解决，由此也可进一步发现新税改与以往税改之间的连续性。

例如，在目标与路径方面，结合国家整体治理体系的现代化，"14 税改"应侧重于税法体系的全面完善，基于对市场经济、税法原

---

① 国家的财政压力与国民的民生压力并存，由此形成的"双重压力"比经济下行的压力等更值得重视，而且需要通过财税法、金融法等经济法途径加以解决。参见张守文《缓释"双重压力"的经济法路径》，《北京大学学报》2012 年第 5 期。

理、法治实践的较为充分的认识，继续提升税收法治体系的系统性和完整性；要立足现实，加强顶层设计，构建合理的税法体系，通过进一步"完善立法，改革税制"以及"落实税收法定原则"，来构建更为科学、合理的现代税收制度，这是推进税收法治现代化的重要步骤。其中，税制的顶层设计和税收法定原则的落实非常重要，但必须解决"闭门设计"和"关门立法"的问题。为此，应建立纳税人深度参与的常态机制，广泛听取纳税人的意见，真正了解和解决税收征纳方面存在的问题，从而更好地提升整体税制和具体税收立法的合理性和合法性，切实保障纳税人的合法权益。

在结构与功能方面，税收法定原则的落实会直接影响税制的结构变化。其中，就法律渊源结构而言，授权立法时期形成的大量"税收暂行条例"将逐步上升为法律。此外，从"税种法"结构来看，有些"税种法"将被合并，如原来的房产税和相关土地税制度将被合并为房地产税法；有些"税种法"将获得新生，如国家将制定首部环境税法；有些"税种法"将得到扩展，如消费税法的调整范围将被扩大；有些"税种法"将被消灭，如通过"营改增"，营业税制度将不复存在。上述调整都将导致税制结构的重要变化，并促进税法体系的完善，同时，税法保障收入分配和宏观调控的功能将被进一步强化，这对于税收法治的现代化具有重要意义。

在价值与原则方面，以往税改渐次确立的基本价值和基本原则，在新税改中应集中体现。事实上，"14税改"仍需继续既往税改未竟的事业，如"04税改"尚未完成的"宽税基、低税率"和"结构性减税"的改制目标、"94税改"即已提出但至今仍未完成的"公平税负、简化税制、合理分权"的任务等，都需要新税改持续落实。税制的完善永无止境，总是需要不断体现公平、效率、秩序的价值，实现分配正义；同时，与上述价值相关联，法定原则、公平原则和效率原则应更加坚定地恪守。这不仅是"改革决定"或"改革方案"的要求，更是确保税制合理性与合法性，提升税收法治现代化水平的要求。

（二）新税改不同于既往的特殊性

在关注"14税改"与以往税改连续性的同时，也应看到，新税改是在加强现代国家治理体系建设、全面推进法治的背景下展开的，因而有许多不同于既往的特殊性或差异性。

首先，基于财政被视为"国家治理的基础和重要支柱"，税收已成为国家治理基础的基础，新税改要与国家整体治理体系的完善和治理能力的提升相关联，与国家的政治、社会等多重体制改革相结合，从而有别于以往单纯配合经济体制改革而进行的税制变革。为此，应更重视前述财政社会学强调的财政与政治、经济、社会等多元系统的紧密关联，并在此基础上构建现代税收法治体系。

其次，基于财税改革独特重要地位的凸显，税制改革不能单兵突进，而应与财政改革相配套，进而还要与政治、经济、社会诸多领域的改革相衔接。由于新税改同中央与地方、政府与市场的关系调整，以及社会分配与保障制度的完善等直接挂钩，因此，对税法体系的结构与功能、税法变革的方向与路径，以及相应的法治保障方面，都要提出新的要求。

再次，基于国家高度重视治理体系的现代化，法治已被提升到前所未有的高度，税制改革与法治建设的联系更为紧密，全面推进税收法治现代化更为迫切。尽管以往的税改也不同程度地强调"整章建制"，但离法治，至少离税收法定原则的要求还相距甚远。而新税改以整体税制完善、实现税收法治为核心目标，对其正当性或合法性的要求应比以往更高。毕竟，税制变革直接关乎分配正义，对于实现税收法治至为重要。

上述特殊性表明，新税改既要面对以往税改遗留的问题，又要解决新时期诸多更为复杂的问题，因而需要有总体设计和有效推动，而不能仅靠自然演进，这样才能更好地解决税改的系统性、完整性、协调性问题，构建现代税收法治体系。为此，2014 年 6 月 30 日，中共中央政治局审议通过了《深化财税体制改革总体方案》，强调财税改革的目标是建立"统一完整、法治规范、公开透明、运行高效"的"现代财政制度"，在经济、社会和政治层面，该制度应有利于市场统一和资源配置优化、促进社会公平、实现国家长治久安。[①] "统一完整、法治规范"作为新税改的重要目标，体现了对统一的税收法治体系的需要，特别值得强调。首先，税法的"统一"是税制优化的体现，在以往税改不断"统一税法"的基础上，新税改还要通过税种的废止和合并，实现增值税法、房地产税法的统一；此外，应避免大量实施影响税制统一的立法"试点"，解决对市场主体的统一适用的问题。其次，税制的"完整"是指税法体系应全面覆盖，相关税种及相应制度应有尽有。例如，环境税的酝酿开征，消费税和资源税的税目调整，都体现了对税制完整性的追求。其实，统一完整，既是对税制的法治化、规范化的要求，也是税收法治现代化的基本体现。一国税制如果不统一、不完整，就会导致税收领域的不平等、不公平，就难以形成税收领域的"良法之治"，对此还需从法治维度专门探讨。

（三）对新税改的法治期待

历次税改都有助于税制的完善，并在总体上不断推进税收法治。由于税收涉及各类主体的基本权利，税法的安定性和可预见性是税收法治的基本要求，因此，历次税改都要解决税收立法级次、稳定性、透明度等问题。基于税制存在的突出问题，基于对国情和税收法治的认识，真正落实税收法定原则，构建更为简明、完整、统一的税法体系，全面推进税收法治的现代化，是新税改必须完成的重要任务。

现行税制的突出问题是系统性、稳定性不够，对于税法体系的应然结构尚缺乏稳定清晰的认识，诸如增值税、房产税等重要制度至今仍变动不居，就是明证。尽管税法具有一定的政策性和变易性，但仍

---

① 《人民日报》2014 年 7 月 1 日，第 1 版。

应有基本的稳定性，以有效保障各类主体的理性预期。此外，在税制的统一性、简明性方面仍有很大空间。自"94 税改"以来，国家一直强调"统一税法、简化税制"，"内外有别"的税法在形式上已经基本统一，[①] 但增值税、房地产税制度的统一，仍是新税改的重要任务。同时，大量法律位阶不同的税法规范层出不穷，使税制十分繁复，不仅影响其实质透明度，也影响纳税人遵从。为此，新税改既要解决税收实体法在结构上存在的不统一、不简明的问题，又应在税收程序法上注意正当程序的建构，并在《税收征管法》的未来修改中加以体现，从而更好地保护纳税人权利，保障公平、正义等基本价值的实现。

事实上，体现在历次税改中的基本价值，已成为融贯税法体系的魂魄，直接影响税制的合理性与合法性评判。例如，税制的公平性历来备受关注，新税制仍需继续解决"税负公平"的问题，不仅要解决纳税人之间的横向税负不公，还要合理确定税负，因为在国家与纳税人之间做出动态的纵向安排和合理的税负调整，是税法变革的永恒主题。新税改要全面体现历次税改逐步确立的基本价值，就必须解决税负不公平、征管不规范、征纳不和谐等诸多问题，以有效促进经济和社会的发展，提高征纳效率，确保分配秩序和分配正义，并在此过程中不断推进税收法治的现代化。

每次税改都是在回归和重申基本价值。从大历史的角度看，税改往往是最初效果明显，但一段时期后便出现反弹，税负不公、税负加重的问题会更加突出，这种现象和问题曾被概括为"黄宗羲定律"，它表明"税制总是存在着变坏的倾向"。[②] 与此相关，国家在"改革决

---

① 如前所述，我国已在形式上解决了税收立法中存在的内外有别问题，但纳税主体毕竟千差万别，就实质公平而言，应在相关制度中体现这种差异性。因此，在统一的税法之中，也会存在制度差别，如一般纳税人和小规模纳税人、居民和非居民等不同主体，在法律适用上都有差别。

② 由于经济与社会的发展，原有制度可能不适应新的发展要求，加之制度的执行者不能严格执行制度等方方面面的主客观原因，都会使税制呈现出变坏的趋势。在整个人类文明的进程中，这一问题始终存在，因而需要不断改革和完善税制，持续加强税收法治。

定"中曾提出要"稳定税负"。但这种提法在法律上也可能存在歧义，因为税负应依法确定，要随经济社会发展而变动，不可能一直"稳定"；同时，与传统法义务和责任的确定不同，纳税人个体的税负可能随其纳税能力的变化而调整，也不可能"稳定"。也许为避免上述歧义，国家后来改称"稳定宏观税负"，[①] 这比原来有了一定进步。但如果国民整体税负本已过重，再强调稳定过重的税负，则无疑有利于保护国家利益，却无助于保障国民权益。因此，上承"04 税改"的目标，新税改应继续推进适度减税，使国民负担更合理，从而更好地体现公平、效率等基本价值。

上述基本价值的落实，要体现在税制的结构与功能方面。其中，诸如直接税与间接税的结构、中央税与地方税的结构，[②] 以及各个税种的主体结构、税目结构、税率结构、优惠结构等方面的调整和变化，都会影响税收分配收入和配置资源功能的实现，直接影响"取用关系"的调整和税制存续的合法性，因此，税制结构的调整和变化必须慎重，要严格依法进行，真正体现法治精神。

就"取用关系"而言，无论是税款征收方面的"取之有道"，还是税款使用方面的"用之有节"，其中的"道"和"节"都是强调法律的约束；此外，税款要"取之于民，用之于民"，"取"与"用"都要真正为民，即为社会公众有效提供公共物品，这是税制合法性的根基。在税收依据理论中，以卢梭为代表的"交换说"曾从整体的国家与国民的取用关系角度，把国民纳税与国家提供公共物品视为一种"交换"，从而把国民的税收负担与其公共物品收益结合起来，这对于良性的征纳关系或"取用关系"的形成，以及税收宪法学的构建，对于实现良法善治，都有积极价值。为此，新税改应与财政分权改革相

---

① 《人民日报》2014 年 7 月 1 日，第 1 版。

② 在税法体系中，直接税与间接税的比例涉及税制的合理性，而中央税与地方税的比例则直接影响中央和地方的收入分配。应当先考虑税制的合理性，然后再考虑中央与地方如何分配的问题。这对于新税改能否取得实效非常重要。

结合，真正确保各类公共物品的有效供给，这也是依宪治国的必然要求。

　　新税改是税制变迁的一个新节点。一个良好税制的形成，究竟是源于建构还是演进？整体的税制变迁究竟是强制性的还是诱致性的？对此可能见仁见智，莫衷一是。但从政府主导的传统来看，至少在形式上，中国的税制变迁存在较为突出的建构性和强制性。尽管在最初改革时普遍"摸石头过河"，立法试点屡见不鲜，但税法作为典型的公法，其制度建设离不开国家的强力推动。例如，"84 税改"、"94 税改"都是依据国家总体税改方案推进，"04 税改"亦由国家分步实施，新税改更是国家特别力推。作为典型的"政府主导型"的新税改，必须从"重税收政策"转为"重税收法律"，并严格落实税收法定原则。在国家高度重视法治的背景下，解决最基本的税收法定问题，应当是新税改比以往税改最大的进步。

　　与此相关，国家虽然提出构建现代财政制度，并未提及"现代税收制度"，但这并不意味着我国已经建成了现代的税收制度。从法治角度看，我国的税制建设还远未达到税收法定原则的要求，仅此一点，就很难说已建成"现代税法制度"，更何况整个税法体系的合理性和合法性还存在诸多欠缺。因此，对新税改最基本的法治期待，就是落实税收法定原则，它既是中国税制是否"现代"的最基本的标志，也是中国税收法治现代化进程中最重要的界碑。

结语

　　有关税制变迁理论的探讨，不仅有助于弥补税法学或经济法学理论的研究缺失，而且对于制度变迁理论的拓展亦有重要价值。从方法论的角度看，税制变迁既然涉及"税"，就必然与政治、经济、社会等诸多要素存在紧密关联，并由此可以从多个学科的视角展开分析；

同时，由于税制变迁的核心毕竟是"制"的变迁，因而与法律要素的关联更为紧密。事实上，无论基于前述"经社—政法"框架的维度，抑或基于税制变迁核心问题的维度，都不难发现：法律要素始终是与税制变迁不可分割的核心要素，中国税制变迁的过程同时也是不断提升法治水平、实现税收法治现代化的过程。为此，必须在前人研究的基础上，更强调法律系统或法律要素对于税制变迁的重要影响，并在税制变迁过程中关注税收法治的现代化进程。

税制变迁虽然受到多方面关联要素的影响，并会形成重要的内在关联机制，但它并非仅是被动地受制于上述要素，而是能够在推进经济增长、社会发展和政治清明方面发挥重要作用，从而实现其在促进经济效率、社会公平、政治安定方面的重要功能。而上述作用的发挥和功能的实现，都与法治的保障须臾不可分割。只有不断提升税收法治水平，才能更好地实现税制的各类重要功能。

税法问题极其复杂，税制变迁千头万绪，牵涉甚广，因而对特定时空维度的选取非常重要。中国改革开放以来的特定"时空"，税法变革的特殊周期，相关要素的特别影响，构成了中国税制变迁的独特历史画卷。"横看成岭侧成峰"，对这一独特历史画卷的纵横审视，有助于发现其中存在的突出问题和共性经验，从而有助于见微知著，鉴往知来，在推进具体税法制度发展的同时，全面提升中国税制的系统化，推进税收法治化的现代化。

在税制变迁中，涉及许多变与不变、个性与共性、差异性与一致性并存的内容。从普遍性的角度，应更多关注具有共性或一致性的不变内容；从特殊性的角度，则应关注具有个性或差异性的需要变革的内容。唯有兼顾上述两个方面，才能更好地发现问题和积累经验，从而在税制变迁过程中不断完善税收法治。不同时期的经济和社会发展所需解决的突出矛盾不同，政治选择各异，每次税改的目标与路径、结构与功能、价值侧重等亦会发生调整和变化。但无论税制如何变化，经由历次税改逐步形成的基本价值和基本原则，特别是税收法定原则，尤其应当坚守，这对于确保税制的合法性和合理性，充分体现法治精神，实现税收法治现代化非常重要。

税制变迁事关整体分配秩序变革，是国家法治发展的重要缩影。由于税制变迁始终有国家的直接推动，因而其建构性非常突出。需要相关的政治决策、体制改革、宪法修改、法律调整等诸多方面的配套，以建构能够及时回应经济社会需求的税制变迁。中国未来的税制变革，唯有全面体现基本价值和基本原则，才能在法治的框架下，构建更为良好的国家与国民的"取用关系"，从而全面保障基本人权，实现国家的长治久安。

（本文原载于《中国社会科学》2015 年第 2 期）

二

财政法治与预算控权

中国预算法实施的现实路径[*]

蒋悟真[**]

如何使公民的社会公共需求得到最优化满足，是现代预算法实施的核心问题。因此，通过什么样的实施机制才能实现这个目标，成为法学研究的重大命题。长期以来，中国预算法理论几乎建构在预算制度发源地与发展地——盎格鲁－撒克逊国家的模式和经验之上，预算法实施的研究者倾向于采取单一的分析维度：将预算法理论构筑于间接民主（或曰代议制民主）之上，寄望于在行政与立法之间达到预算权的合理配置和相互制衡，[①] 即内部性预算分配权关系，实现公共经济资源（即财政资金）的最优配置。从预算法律关系视角解读这些研究，预算法律关系不仅包含国家权力与国家权力之间的内部性预算权分配关系，还包括国家权力与社会权力之间的外部性预算权分配关系。显然，关于预算法实施路径的既有认知，仅以内部性预算法律关系作为唯一指标而无视外部性预算法律关系，是十分片面的。近年来，我国一些学者开始超越盎格鲁－撒克逊国家的预算模式，探索预算法

---

* 本文为国家社会科学基金重大项目"促进收入公平分配的财税法制创新研究"（13&ZD028）和国家社会科学基金重点项目"全口径预算决算管理改革及其法治化进程研究"（13AFX005）的阶段性成果。

** 蒋悟真，江西财经大学法学院教授、博士生导师。

① 在所谓代议制体制下，立法机关主要负责制定公共政策，行政机关负责发起及（向立法机关）推荐政策，实施已由立法机关颁布的政策。两者之间的成功取决于各个环节的相互合作，当它们侵犯到对方的权力，法院将被要求定义各个角色的权限。参见阿曼·卡恩、W. 巴特利·希尔德雷思《公共部门预算理论》，韦曙林译，格致出版社、上海人民出版社，2010，第 79 页。

实施的中国途径。① 其中，尤以参与式预算改革的试验最引人注目。参与式预算改革促进了地方公共治理的现代化和民主化，成为增进人民福祉的有效途径。

十八届三中全会通过的《中共中央关于全面深化改革若干重大问题的决定》（以下简称《决定》）指出，"财政是国家治理的基础和重要支柱"。作为财税体制改革的重要内容：我国预算制度构建以及预算法的实施问题，也是关系到国家治理体系和治理能力现代化的重大问题。近年来的中国预算法实践表明，中国完全可以探索出一条适合中国国情的预算法实施路径。本文从法的实施的视角，在预算法实践的基础上集中研究预算法的实施问题，希冀为探索预算法实施的中国路径提供参考方案，并进一步思考法的实施问题。

一　研究视角与方法

在我国，国家的一切权力属于人民，人民当家作主的水平决定预算治理的水平。只有充分尊重人民的主体地位，作为服务于人民公共需求的预算法，才能为其自身的正当性提供证成。这其中包含两方面内容：一是预算法律规则内容的正当性问题；二是预算法实施的正当性问题。首先，关于特定预算法律规则内容的正当性。在中国特色社会主义民主视角下，国家基于宪法、预算法以及其他预算法律法规占有、使用和处分公共资源，以实现公民的利益，最终使社会公共需要得到最优化的满足。② 因此，预算法可被定位为一种典型的分配法，通过一系列的分配性规则规范分配行为、保障分配权益，以期形成一个合理有序的公共资源分配格局，最终致力于追求正当的分配结果。③

---

① 相关研究成果参见林慕华、马骏《中国地方人民代表大会预算监督研究》，《中国社会科学》2012 年第 6 期；宋彪《公众参与预算制度研究》，《法学家》2009 年第 2 期；刘洲《财政支出的法律控制研究：基于公共预算的视角》，法律出版社，2012。
② 参见朱大旗《科学发展与我国〈预算法〉修订应予特别关注的五大问题》，《政治与法律》2011 年第 9 期。
③ 参见张守文《分配结构的财税法调整》，《中国法学》2011 年第 5 期。

其次，关于预算法实施的正当性。在当前日益复杂的动态预算环境下，面对公民不同公共诉求的话语表达，通过何种民主途径实施"全面规范、公开透明"的预算制度，在"推动人民代表大会制度与时俱进"的过程中，如何加强人大预算决算审查监督职能，成为我国预算法实施的关键问题。

预算法规则和预算法实施的正当性，决定了我国预算法实施的方向，应在"保证人民当家作主"、"推动人民代表大会制度与时俱进"的框架内，以优化整合公民话语表达与公民利益需求为价值依归。在公民话语表达的维度上，公民话语表达离不开公民参与，公民参与的程度直接决定公民表达的充分与否。作为话语表达的源头——公民自身是个体与集体之间互动的桥梁和纽带，天然携带着以主观能动身份进入共同体的自主力量。① 在法律哲学中，公民个体作为一种关系性存在，集规范性对谈的"如何"与"什么"、"主体"与"客体"于一身，而具体制定出这种以人为立论基础的正义理论，将是所有被赋予法律相关事务人的皆有责任。② 在预算法视阈下，作为预算法服务对象与目的并且内含能动性、平等性以及公共性的公民主体，不应仅被视为一种建立和限定在法律经验之上的概念，还应是具有逻辑必然性的、普遍适用的预算法观察之范畴。③

然而，传统预算法学固守在"内部性预算权分配关系"的基石之上，其最大缺陷在于只看到国家机关之间的相互制约，而忽视公民在预算法实施中的作用，或者很少以公民利益需求的视角研究预算法问题。在中国特色社会主义理论体系中，保证人民当家作主，是我国社会主义政治制度优越性的体现。由此，在预算法实施路径的研究方法上应当做到以下几点。一是应当以人为本，"充分发挥人民群众积极

---

① 参见基思·福克斯《公民身份》，郭忠华译，吉林出版集团有限责任公司，2009，第 1页。
② 参见阿图尔·考夫曼《法律哲学》，刘幸义等译，法律出版社，2011，第 304 页。
③ 参见 G. 拉德布鲁赫《法哲学》，王朴译，法律出版社，2005，第 132 页。

性、主动性、创造性",创新预算治理,更多地从公民视角探讨预算法的实施问题。在公法理论上,这是对传统预算法实施中"公民身份地位"所进行的一种逆向思考,依托公民身份理论将"被动性公民模式"转换为"主动性公民模式"。① 这种法学换位思考,可以得出更多"接地气"的结论。二是应当在坚持和完善人民代表大会制度的前提下,实现"内部性预算权分配关系"与"外部性预算权分配关系"的平衡。当前,民众的利益需求日益多元、复杂,在此背景下,"内部性预算权分配关系"所能调节的阈值已接近临界点,这就要求预算法理论向更深、更广的范围内发展。同时,在以公民的视角切入预算法的实施问题时,也应当坚守传统理论的合理基石,注意发挥国家机关在预算法实施中的重要作用。理想状态是,通过制度设计,形成改革合力,实现"内部性预算权分配关系"与"外部性预算权分配关系"的平衡,这是一条最佳的法律实施路径。三是应当更多地从维护最广大人民根本利益的视角展开研究。总的来看,公民的利益需求可以分为三种:"有些是直接包含在个人生活中并以这种生活的名义而提出的各种要求、需要或愿望;其他一些是包含在一个政治组织社会生活中并基于这一组织的地位而提出的各种要求、需要或愿望;还有一些是包含在文明社会的社会生活中并基于这种生活的地位而提出的各种要求、需要或愿望。"② 法学理论认为,利益就是法律中权利的另一种表现形式,③ 由此,公民利益需求的三重维度,分别对应三种不同类型的预算权利:政治参与层面的公民预算权利、社会参与层面的公民预算权利以及司法参与层面的公民预算诉讼权利。预算法的实施路

---

① 被动地位(对国家权力的服从)、消极地位(排除国家的干预)、积极地位(对国家拥有请求权)、主动地位(参与行使国家权力)是公民在国家中地位的表现型态,这四种公民地位呈阶梯性的上升状态。参见格奥格·耶利内克《主观公法权利体系》,曾韬、赵天书译,中国政法大学出版社,2012,第79页。

② 罗斯科·庞德:《通过法律的社会控制》,沈宗灵译,商务印书馆,2010,第41页。

③ 参见罗斯科·庞德《法理学》第4卷,王保民、王玉译,法律出版社,2007,第43~44页。

径，应当满足公民的这些利益需求，保护公民的这些权利。

依据上述方法和逻辑，中国预算法的实施，可以包括三条现实路径。一是政治化路径。政治化路径是一种源于公民政治身份要素而出现的传统的预算法实施路径，即公民通过选举人民代表表达自己的政治身份利益，通过人民代表大会监督行政机关的预算权力。二是社会化路径。预算法实施的社会化路径，即在预算的编制、审批、执行和监督过程中，公民个体或集体通过与预算权力主体的理性对话、协商沟通、推理辩论等，参与、影响甚至决定公共经济资源的配置过程。三是司法化路径。预算法实施的司法化路径，即通过赋予公民个体或者集体预算诉讼权利，建立起预算诉讼制度，当预算法主体的行为违反预算法律规范时，公民个体或者集体可以诉诸法院寻求救济，这是预算法实施的司法保障。

二　政治化路径：预算权力的运行机制

在西方，预算法实施的政治化路径来源于政治学研究范式，其认为公共预算本质是政治性的，将规范化预算理论定位为一种综合且详尽的政治性理论，[①] 这条路径总是在立法与行政之间、在更多集权与更少集权的结构之间强调预算权的不断改变和时间转移。[②] 纵观西方财政预算的历史，预算法实施的政治化路径历经了复杂且漫长的变迁过程，[③] 历经多轮演化，形成了以议会控制和监督政府预算收支的惯例。在预算权的进化中，预算编制权的归属主体由议会转向政府，是预算权历史发展的必然产物：无论是保障政府对施政纲领或工作计划

---

①　参见艾伦·威尔达夫斯基《预算改革的政治含义》，苟燕楠、董静译，阿尔伯特·C. 海迪等《公共预算经典（第二卷）——现代预算之路》，上海财经大学出版社，2006，第55 页。

②　参见爱伦·鲁宾《公共预算中的政治：收入与支出，借贷与平衡》，叶娟丽、马骏等译，中国人民大学出版社，2001，中文版序言，第5～6 页。

③　例如，英国预算制度的历史是一部国王与臣民、议会与政府之间不断争夺预算控制权的历史；美国预算的发展也体现出国会与总统之间为获取政府收支控制权而反复博弈的过程。

的可控性以提高政府的执政效率，还是基于预算专业性与复杂性的衡量将预算编制权赋予行政机关，都是一种必要性与合理性的选择。

以我国现有预算法律文本作为研究对象，包括《宪法》、《全国人民代表大会组织法》、《地方各级人民代表大会和地方各级人民政府组织法》、《各级人民代表大会常务委员会监督法》、《立法法》、《预算法》、《预算法实施条例》等，可以分析出我国预算法实施政治化路径的基本现状（见表1）。

表1　我国预算法律文本中预算权力的样态

主体	权力内容
人民代表大会	人大的预算审查权、批准权、变更撤销权、监督权；人大常委会的监督权、审批权、撤销权；人大代表或常委会组成人员的质询权；人大专门机构对预决算草案、调整案的初审权
人民政府	政府的预算编制权、执行权、报告权、执行监督权、变更撤销权；财政部门的编制权、组织执行权、提出方案权、报告权；审计部门的审计监督权

从表1可以看出，我国预算权体系具有较强的"内部性预算权分配关系"的特点。预算权在人大与政府之间进行合理配置，形成了审查和监督性质的预算法律关系。但这一观察是从静态的、制度的层面进行的。从法的实施的角度看，我国的预算权体系过于依赖行政主体的主导，可能存在权力机关难以有效制约行政主体追求部门利益和官员追求自身利益的现象。为减少和扼制这种公共经济资源配置实践中的机会主义行为，在观念上应凸显人大预算控制和监督的权威，并从实体和程序两个方向修缮预算法实施的政治化路径。

（一）人大主导观念的强调

按照我国政治制度的逻辑，人大由民主选举产生，对人民负责、受人民监督；而政府由人大产生，对人大负责、受人大监督。但是，我国现行预算法过于强调"强化预算的分配和监督职能"、"健全国家对预算的管理"以及"加强国家宏观调控"的立法宗旨（《预算法》

第1条），凸显的是政府预算的工具性和行政主体的支配性。在这种理念下，人大的权威地位未能得到必要的彰显，政府的收支过程也难以真正向人大负责，相应地，公民的利益需求也就难以得到满足。

为增强人大预算决算审查监督制度的绩效，首先应推动预算观念的转型，需要确立人大主导的预算法宗旨，以统领预算法全篇的布局，并充分尊重人人在公共经济资源配置中的决定性作用，以此推动传统预算观念的双重升级——从政府主导转变为人大主导、从"政府治理的工具"转变为"治理政府的工具"。以当前政府收支管理中存在的一大顽疾为例，部分政府收支游离于人大预算管理、控制以及监督之外，这种游离于人大控制之外的预算外收支的持续增长，既限制了公共物品的有效供给，又诱使相关主体不断创造扩大预算外收支规模的机会。因此，在制度建构上，突出人大预算管理、控制与监督的主导地位，通过确立"全口径预算管理原则"，推动建立一个包括所有政府收支的"复式预算体系"（含公共预算、国有资本运营预算和社会保障预算等），是预算法得以有效实施的关键。

（二）人大预算权的规范化

人大预算权的规范化，即预算权的配置过程要强化对政府预算权力运行的制约和监督，形成以人大为核心的预算权运转体系。根据表1，人大的预算权力主要包括：预算审查权、批准权、变更撤销权、监督权、质询权以及初步审查权。从表层形态上，关于人大预算权的规定比较完善，但是这些规定过于抽象，在实施的过程中绩效不高，预算法的实施无法达到理想的效果。在实质内容上，要解决实施绩效差的问题，应当立足于规范化的目标，从提升人大预算权的具体实施效力出发，激活抽象的人大的预算审批和监督权，即落实人大的预算编制参与权、明确人大的预算修正权、增加人大的预算否决权、补正人大的预算分项审批权以及细化人大的预算质询权。

第一，落实预算编制的参与权。当前，我国人民代表大会的会期相对较短、任务相对较重、议题相对较多，人民代表大会举行期间，难以实现对预算草案的实质性审查。人大代表切实履行预算草案审议职责的前提，是预先掌握预算草案的信息。由此，可行的途径是人大预先参与预算编制环节，通过人大的专门机构对预算编制过程提前介入，向人大代表事先传达准确具体的预算信息。现行预算法律法规仅规定了人大专门机构对预决算草案、调整案的初审权，为提高人大的初审效果和审查效果，还应将预算初审权继续延伸，落实人大专门机构在预算编制阶段的参与权。

第二，明确预算修正权。预算修正权，是权力机关在审查预算草案的过程中，依照法定程序修改或通过预算修正案的权力。人大预算审查权的真正实现，离不开人大代表对预算草案进行修改的权力。明确这个权力，是提高预算合理性和科学性的必备途径。明确预算修正权，同时需要防止预算修正权的不当扩张。根据预算法原理，一般预算修正应限制为："一般只能做减额修正，而不能做增额修正。"

第三，增加预算否决权。我国现行预算法未考虑预算可能被否决的情形。[1] 随着人大预算地位的不断增强，应考虑预算可能被否决的情形。发生这种情形时，应立即责成政府部门在规定期限内修改，并再次提交人大审批表决；[2] 同时，可依照人大审议的具体情况，对政府部门及其政府官员给予不同程度的行政问责。

第四，补正分项审批权。根据现行预算法规，人大对政府预算的审批只能整体通过或整体否决，从预算法学的视角看，这个制度有失于粗放。需要将这种粗放式的综合审批制度修改为分项审批制度，人大行使预算审批权可根据预算部门或支出性质的分类，相应地将预算

---

① 参见刘剑文《民主视野下的财政法治》，北京大学出版社，2006，第249页。
② 例如，《温岭市市级预算审查监督办法》第20条规定："市人民代表大会对预算草案作出批准与否的表决决议后，预算草案未获通过时，应当责成市人民政府对预算草案的有关内容进行修改，并在三十日内将修改后的预算草案报送市人大常委会，提交市人民代表大会重新审查批准，或根据市人民代表大会授权，由市人大常委会批准重新编制的预算草案。"

草案划分为具体的预算审批事项。同时，为保证审批效率，可规定人大对某一预算事项的投票表决不影响其他预算事项。

第五，细化预算质询权。现行《预算法》规定了人大代表或者常委会组成人员的询问或质询权，但未对质询的效力和责任予以进一步规定。根据法理，只有质询主体对受质询机关的答复表示满意时，质询才告结束。如果半数以上质询主体对答复不满意，受质询机关必须再作答复；对再次答复的结果，质询主体仍不满意的，被质询机关及其直接责任人应承担相应的法律责任。

（三）政府预算权的程序化

"在实体的正义被相对化、纠纷所涉及的关系越来越复杂的当代社会中，以利害关系者的参加和程序保障为中心内容的程序正义观念在其固有的重要意义基础上获得了前所未有的重要性。"[①] 通过发挥程序正义的功能，可以制作预算权力具体运行的流程图，推动复杂的政府预算关系走向程序化，以基本划定政府内部之间预算权力的边界。根据表1对政府预算权力束的归类，立足于程序正义的价值导向，应整合政府的预算编制权、限制政府的预算调整权以及提高预算审计权的中立性，以期最终形成编制权高效运转的资源分配程序、调整权不能滥用的严格执行程序和审计权公平公正行使的监督评价程序。

第一，预算编制权行使的整合。预算编制是复杂性与挑战性并存的程序，它有赖于一个强大的预算主管机关负总责、其他相关预算机构相互配合的权力行使机制。在实践中，由于一些准预算编制部门的存在（例如发改委拥有预算项目的审批权），尚未完全形成以财政部门为核心的预算编制权体系，这在一定程度上影响了我国预算资源的配置效率。为改变我国预算编制权碎片化的现象，需建立一个权威的核心预算编制机构来整合财政部门和准预算部门的预算编制权，以实

---

① 谷口安平：《程序的正义与诉讼》，王亚新、刘荣军译，中国政法大学出版社，1996，第22页。

现预算资源的战略性分配，^① 有效落实施政方针。

第二，预算调整权启动的限制。根据现行《预算法》对预算调整的规定（《预算法》第 53 ~ 58 条），只有对打破原本预算平衡的预算调整，才应报本级人大常委会审批，而不同科目之间的预算资金调剂只需按财政部门的规定报批。从实施效果看，这项制度在一定程度上助长了预算调整权的滥用现象。为减少这种预算调整行为，应从程序的角度构建一个针对预算调整行为的严格监督机制。即使是一般性的预算科目调整，调整的次数、时间及幅度也应受到严控（如《广东省预算审批监督条例》第 19 条第 4 款规定为 30%），且调整的要件与限制应予明确规定（如资本性预算不得流用至经常性预算）。超出这些限制范围的预算调整，须报本级人大常委会审批批准。

第三，预算审计权运行的中立。审计机关对政府决算进行的审计活动是对政府经济活动的事后监督，通过审计手段对预算执行的事实进行全面调查、深入分析与及时报告，有助于将来最适当地运用预算制度，保障预算活动的规范进行。^② 健全我国预算审计权的关键在于提高审计权行使的中立性，必须保证审计权力的运行过程不会受到政府机关的不当干预。我国当前可行的改革途径有：一是要改变审计机关的领导模式，由同级政府首长和上级审计机关的双重领导模式（见《审计法》第 7 ~ 9 条），逐渐转变为直接向同级人大负责的隶属模式；二是要改变当前审计机关的履职经费由同级政府予以保证的规定（《审计法》第 11 条），审计经费应由中央财政预算统一予以保障；三是对于审计机关负责人应进一步从职务稳定（《审计法》第 15 条已规定）、薪金待遇以及兼职禁止等方面来保障审计权运行的客观公正性。

---

① 参见朱大旗《迈向公共财政：〈预算法修正案（二次审议稿）〉之评议》，《中国法学》2013 年第 5 期。

② 参见井手文雄《日本现代财政学》，陈秉良译，中国财政经济出版社，1990，第 206 页。

三　社会化路径：预算法实施的社会机制

预算法实施的社会化路径，强调外部性的协商民主形式，体现了十八届三中全会《决定》关于"推进协商民主广泛多层制度化发展"的指导思想。推行这种社会化路径，在当前已具备相应的经济社会基础。当前，我国正处于一种以巨大的公共财政规模为支持的经济转型期，而财政规模的扩张加速了财政汲取模式的更新——由自产国家转向税收国家，并逐渐消除了公民长期存在的"财政幻觉"，进而形成国家的财政预算活动应与社会进行互动的要求。[①] 在我国一些地方，为更好地引入公民的利益表达，预算过程开始强调与公民的协商，公民的参与以及监督，使原本"高高在上"的预算权成为公民可以切实感知、触摸的鲜活的权利。

（一）预算法实施社会化的经验

为保持预算制度的活力与动力，提高公共经济资源的配置效率，现代预算法的实施引入公民的直接参与、表达和监督等实现预算治理，在这种预算实践中，预算法的演化呈现出一种社会化的外在趋势。[②]

1. 预算编制的社会参与

考察国外的预算编制实践，政府通常从外部机构（包括代表雇佣方和受雇方的组织、专业研究所和研究院以及非政府组织等）获得对其政策和预算执行的反馈意见。[③] 政府通过对预算编制权的让渡，实

---

① 当前，许多自产国家（即国家拥有庞大国有资产，能够自我维持的一种财政国家类型）正向税收国家（即国家收入主要来源于向国民的征税）转变。如果前者极易形成一种国家养人民的"财政幻觉"，那么在税收国家，人民意识到是他们在养国家。参见马骏《治国与理财——公共预算与国家建设》，生活·读书·新知三联书店，2011，第38页。

② 许多研究案例表明，向社会公众开放国家的核心活动（如预算），引入公众参与等非市场因素是改善政府责任和治理的最有效手段。John Ackerman，"Co - Governance for Accountability：Beyond 'Exit' and 'Voice'，"*World Development*，vol. 32，no. 3，p. 448.

③ Richard Allen，Daniel Tommasi，*Managing Public Expenditure：A Reference Book for Transition Countries*，Paris：OECD，2001，p. 146.

现社会公众在预算编制过程中参与权的回归（预算权本源于社会公众），推动预算编制过程朝着有利于提高公共服务质量的方向调整。预算编制权的社会化，既有利于通过公民的直接参与来协调社会内部对于公共产品效用和公共支出顺序的矛盾，又可以激发公民的公共德行从而为预算决策提供正当性依据。[1]

2. 预算审议的社会参与

在预算审议过程中，不同行为主体间的沟通与协商将有效促进公民之间公共需求共识的达成，最终实现公民权利与公共利益相统一。故此，一些国家的立法机关通常通过各种委员会建立起有效机制，如以听证会的形式就政策适当与否的问题进行广泛磋商。在一些国家，立法机关允许普通公民主动参与，这种参与对负责审批预算的立法机关形成重要影响，公民可以在参与过程中提议修改法律。[2]公民拥有预算审议参与权，有助于社会各阶层展开有效的利益博弈，议会也可通过分析不同社会利益集团的博弈以及观察公众预算参与行为捕捉公民对公共服务的诉求，从而更好地发挥二次分配的功能。

3. 预算执行监督的社会参与

以政府自我监督为核心的预算执行监督，不可避免地存在约束不足。为扩大预算执行监督的视野，一些国家从社会公民的角度发挥其对政府预算执行绩效的正向激励功能。在国外参与式预算实践中，执行阶段预算参与主体的重要性体现为收集有关经费、国家收入与生产的信息，以提高其在立法阶段的参与质量。[3] 这个经验表明，构建关

---

① Nancy Roberts, "Public Deliberation in an Age of Direct Citizen Participation," *The American Review of Public Administration*, vol. 34, no. 4, 2004, p. 323.

② 参见罗伯特·D. 李、罗纳德·W. 约翰逊、菲利普·G. 乔伊斯《公共预算体系》，苟燕楠译，中国财政经济出版社，2011，第177页。

③ Warren Krafchik, "Can Civil Society Add Value to Budget Decision‑Making? A Description of the Rise of Civil Society Budget Work," *Citizen Participation and Pro‑poor Budgeting*, New York: United Nations, 2005, p. 70.

于社会公民对政府预算执行绩效的反馈机制、政府对社会公民关于预算执行状况质疑的回应机制以及预算执行参与过程中的信息对流机制，通过公共部门与各种私人部门之间积极有效的合作，实现政府自我监督模式向更广阔的社会监督模式的转变，将有效防止政府预算执行中的不当行为，最终保障预算既定目标的实现。

4. 预算绩效审计的社会参与

在预算绩效审计中引入市场化因素，可以在一定程度上消除政府失灵产生的制度负效应。[①] 审计资源有限，是审计机关面临的共同问题，为解决这个问题，可将部分审计事务交予第三方社会中介机构执行。社会中介审计机构参与预算支出项目的评估和审计，可以与国家审计机关形成制度合力，改善国家治理架构。例如，印度拉贾斯坦邦一个名为 MKSS 的公共组织，通过非官方的公共听证收集公民真实体验方面的预算执行信息，对地方政府预算支出的绩效进行有针对性的非正式审计，由此改善了传统国家审计过程过于封闭而忽视公众感受的弊病，推动了地方政府相关法案的改变。[②]

（二）中国预算法实施社会化的现状

在预算法实施社会化方面，我国也积累了大量经验。从实践与立法的二维视角考察中国预算法社会化的现状，挖掘积累的经验并分析存在的问题，可以夯实中国预算法社会化改革的正当性和合法性基础。

1. 中国预算法社会化的实践现状

自我国 1998 年明确提出建立公共财政以来，一些地方在法治政府的建设过程中，立足于当地实际情况，通过强化地方政府责任，提升

---

① 例如，在瑞士一些地方政府，公民通过选择独立性的政府竞争机构评估政府公共项目，并为政治议程提供替代性的政策意见，从而改善公共财政的绩效。Reiner Eichenberger, Mark Schelker, "Independent and Competing Agencies: An Effective Way to Control Government," *Public Choice*, vol. 130, issue 1, 2007, pp. 79 - 98.

② Anne Marie Goetz & Rob Jenkins, "Hybrid Forms of Accountability: Citizen Engagement in Institutions of Public - Sector Oversight in India," *Public Management Review*, vol. 3, issue 3, 2001, pp. 375 - 378.

公民的参与能力、决策能力以及监督能力，努力探索预算法实施社会化的改革路径。改革的主要内容，是通过打造公众与政府之间的良性互动平台，接受社会公民的预算项目咨询，征求社会公民的预算项目建议，组织社会公民的预算决策讨论。从效果上看，这些改革措施，不仅有效促进了政府预算决策的公共化，实现了预算执行与评估的公开化，还满足了公民对社会公共需求的表达与选择，保证了预算资源分配的公正与效率。

首先，在财政维度上，预算法实施社会化的改革主要涉及社会公众切实利益的公共支出。依据预算法实施的原理，只有密切影响日常民生的预算项目，才能充分激发公民参与的意愿与动力。例如，河南焦作的"全程预算参与"模式，通过公众投票、社会听证、专家论证等方式来保障民生建设项目的预算参与。

其次，在主体维度上，主要包括同级人大、政府部门、社会公众和社会团体。例如，在浙江温岭的改革中，政府部门引入预算民主恳谈、预算项目征询、预算项目听证以及预算绩效评估参与的多种形式，社会公众能对预算进行参与、监督，最终由人大代表决定修正、调整以及审批预算方案。

再次，在规范维度上，主要依凭同级党委、同级政府制定的行政指导文件。例如，在广东顺德，为促进参与式预算的试点改革，中共顺德区委、顺德区人民政府制定了《关于推进社会体制综合改革加强社会建设的意见》，顺德区人民政府还颁布了《顺德区参与式预算试点工作方案》及《实施细则》。

最后，在地区维度上，主要集中于街道、村庄、区、乡镇等基层政府，部分地区则推广到市、县一级，如河南焦作即在市一级预算引入一系列社会公众参与程序。

这些预算法实施社会化的改革试点，作为地方治理与公共预算相融合的新模式，逐渐成为公民监督政府、社会民意表达、公民参政议政的重要渠道。从预算法实施的效果看，这些改革依然有提升的空间，比如，在公民参与机制的构建方面，由于体制机制的问题，一些公民参与能力不高、参与动力不强、参与渠道单一。这些问题，倒逼预算法的社会化实施改革朝更具制度化、程序化和规范化的方向发展。解决问题的关键，既要将预算参与改革纳入必要的预算法律制度框架内，又要在我国政治权力的架构下协调公众预算参与制度与人民代表大会制度之间的关系，以保证预算法的社会实施步入良性运行轨道。

2. 中国预算法社会化的立法现状

预算法的社会化实施路径，离不开相关法律规范的保障。通过梳理我国预算法律规范发现，其中并没有关于社会参与的直接条款，但是在相关性法律法规中，可通过解释论的方法，开拓出预算法实施社会化的发展空间。

首先，我国《宪法》序言第五段行文中宣告"中国人民掌握了国家的权力，成为国家的主人"，反映了立宪者把人民和国家同等当作宪法规范对象的理念。《宪法》第2条第3款亦体现出要通过法律对公民的经济管理权利（如公民预算权利）予以保障，也只有真正制定出反映这种权利的"法律"，才能充分体现出宪法的保护性色彩，最终符合宪法的要求。[①] 此外，第33条第3款、第35条以及第41条规定了公民的各项权利与自由。这些宪法条款为预算社会参与改革奠定了正当性与合法性基础。其次，《各级人民代表大会常务委员会监督法》第7条、《立法法》第5条以及第34条等法律条款均在一定程度上为预算法实施的社会化提供了法律支持。当然，上述法律规定都过于抽象，缺乏进一步的配套与细化规定。

为确保预算法的实施绩效，预算法的修订可以吸收预算社会参与改革的经验，为公民的预算权利提供保障。2012年7月6日

---

① 参见韩大元、王贵松《中国宪法文本中"法律"的涵义》，《法学》2005年第2期。

全国人大常委会向社会公布的《中华人民共和国预算法修正案
（草案二次审议稿）》（以下简称"预算法二审稿"），其第 11 条和
第 28 条分别规定"预算、预算调整、决算应及时向社会公开（涉
密除外）"，"预算编制应充分征求各方意见"。这些立法草案的表
述，表明国家立法拟认可当前预算社会参与的改革。在今后的预
算法修订过程中，可以通过规范化的路径，确定预算法的社会
实施。

（三）预算法实施社会化的规范路径

面对世界范围内出现的预算法实施社会化趋向，当前我国预
算社会参与的改革尚处在起步阶段，预算法的修订应合理迎合这
种趋向并复归公民预算权的应然表达形式，确立保障预算社会参
与改革的基本原则，构建预算法实施社会化的实体机制与程序
机制。

1. 预算协商民主原则的明确

当前要完善预算法实施社会化路径，首先应该确立预算协商民主
的原则。十八届三中全会《决定》指出，"在党的领导下，以经济社
会发展重大问题和涉及群众切身利益的实际问题为内容，在全社会开
展广泛协商，坚持协商于决策之前和决策实施之中"。作为经济社会
发展的重大问题和涉及群众切身利益的实际问题，预算法的实施，完
全可以适用协商民主的规则和程序。

公民预算参与改革所体现的协商民主与法治理论，强调法与
社会的彼此融合，通过赋予公民实质性的预算权利，拓展公民的
参与机会，以保证政府的行动镶嵌于社会之中，促进公民预算参
与改革向纵深推进。[①] 明确预算协商民主原则，既可以弥补传统预
算法下难以充分关注的预算绩效问题，还可通过公民对预算的协商

---

① 参见约翰·克莱顿·托马斯《公共决策中的公民参与：公共管理者的新技能与新策略》，
孙柏瑛等译，中国人民大学出版社，2005，第 7 页。

民主参与提升公民的预算民主意识，这是提高预算法实施效力的有效途径。

2. 实体机制的填补

预算法实施社会化的实体机制的填补，即公民预算权利的真正实现，而非一种权利宣言。在预算法中明确公民参与权，是预算权利实现的前提。有学者建议，可在我国预算法中，"依照预算权利的表现形态增加公民知情权、表达权、决策权、监督权和听证权条款，以切实保障预算法社会化改革的顺利进行"。① 其中，预算知情权的存在要义，是通过预算知情权打破预算信息垄断，增强预算法律关系中信息的均衡性，从而抑制信息强势方的专横性，提高信息弱势方的利益保护能力；预算表达权的确定是公民实现预算参与的必要前提；预算参与作为影响预算资源分配的重要渠道，可使财政收入被负责任地用于更合法的公共目的，尤其是涉及民生领域的预算；预算监督权作为现代预算民主发展的必然要求，亦应贯穿于预算的全过程；预算听证权主要指权力机关、行政机关在做出预算决策前，公民享有就重要事实表达意见的权利，包括人大预算听证和政府预算听证两种模式。

3. 程序机制的细化

在预算法实施的社会化过程中，协商民主形式是一种通过求同存异的方法防止利益争夺无序和维护多元格局的程序性机制。② 一个公正、理性的预算程序可以更好地实现公民的预算权利和义务，因而程序机制是构筑预算法社会化路径的重要内容。

第一，预算公开程序。一个合理的预算公开程序应该包括两层含义：静态层面的预算公开和动态意义的预算公开。静态的预算公开，

---

① 参见蒋洪《预算法修订：权力与职责的划分》，《上海财经大学学报》2010 年第 1 期。
② 参见季卫东《正义思考的轨迹》，法律出版社，2007，第 14～17 页。

即预算公开的具体表格与数字必须确实、具体、完整、及时、易解。①动态的预算公开，即除了基于国家安全之理由而应保守秘密外，预算编制、预算审批、预算执行、决算、预算监督以及预算调整等环节都应向社会完全公开。"预算法二审稿"第 11 条第 2、3 款规定："各级政府财政部门负责本级政府总预算、预算调整、决算的公开。各部门负责本部门预算、决算的公开。"从法技术的角度看，该条规定还有提升的空间。为保证预算公开的实际效果，应以预算公开主体所掌握的预算信息量为标准，使我国各级财政部门承担全局性的预算公开义务（财政部门的预算公开信息应同时包含自己和其他同级部门的预算信息）。②

第二，预算参与程序。"参与程序为提高计划和预算提供了重要的潜力……有效的参与应当在预算计划、建立和批准程序中"③：预算编制、审批的参与程序构建，应使每个参与者都能自由表达其偏好，同时避开来自特定利益集团的过度干扰；预算执行的参与以公开为前提，以公民有权对违法预算执行行为提起异议和诉讼为保障，才能防止预算执行权的滥用；在预算绩效评估阶段，应通过问卷调查、民意调查、民主访谈等方式使公民能真实反映预算执行的效果，从而获得更为客观与科学的预算绩效评估结果。

第三，预算听证程序。依据听证程序的设计原理，考虑到预算程序的特殊性，预算听证程序的完善主要应从四个方面着手：一是确定

---

① 确实，即预算公开信息应确实可信、真实可靠；具体，即预算收入信息应公开到目，支出的功能分类信息应公开到项，支出的经济分类信息应公开到款，项目支出按项分列，并公开项目预算；完整，即预算公开应覆盖一般政府基金、政府性基金、社会保障基金以及经营性国有资本基金，各个基金在公开的信息类别上应包含收入收支、资产负债以及基本统计数字信息；及时，即在预算和决算审批通过之后的一个月内应向社会公开；易解，即预算公开的同时应配套公开制定预算时的各种考虑、各种标准以及一些细目下的详细说明等。参见上海财经大学公共政策研究中心《2013 中国财政透明度报告》，上海财经大学出版社，2013，第 171 页。

② 参见蒋悟真《预算公开法治化：实质、困境及其出路》，《中国法学》2013 年第 5 期。

③ 参见沙尔文《地方预算》，大连市财政局翻译小组译，中国财政经济出版社，2012，第 193 页。

预算听证主体，包括预算听证组织者、相关利益主体、专家等；二是明确预算听证内容，为提高听证的实效性，应提供明确的听证内容，如听证项目、项目可行性分析、地点、时间等；三是规定预算听证权利，听证者能在听证过程中提出质询及相关意见；四是对预算编制的裁决应秉承公平、公开原则。

四 司法化路径：预算法实施的诉讼机制

相较于预算法实施的政治化和社会化路径的如火如荼，预算法实施的司法化路径仍为星星之火。一些学者对该命题的真伪性尚存疑问，该命题本身的理论构成也比较复杂，尤其是在我国立法对公益诉讼制度比较谨慎的背景下，预算法实施司法化路径的发展正处于探索期。然而，从长远考虑，司法化路径是保障预算法有效实施的重要保障，探索这一路径具有重要意义。

（一）预算法实施司法化的理论基础

哈特认为，法律规则是初级规则与次级规则的组合：初级类型的规则科以义务，次级类型的规则授予权力（包括公共的和私人的）。[1] 这种类型划分，也可以存在于预算法的实施模型中。依据预算法原理，预算法的实施，既要尊重预算立法，又不得违反预算的规范效力。初级规则规范的对象是预算执行的具体行为或变动，它意味着预算执行主体承担着严格遵守宪法、预算法、预算案以及其他预算规范的义务，即"预算拘束原则"（一切预算执行行为均须受预算规范的拘束）。次级规则规范的对象是一切未能尽到预算执行义务的违法行为，它意味着一旦预算执行对预算确定状态造成损害，作为承担非对等金钱给付义务的纳税人有权向司法者提起请求，以纠正对预算确定状态的损害行为，即"预算救济原则"（一切预算违法行为均可被纳税人提请司法救济）。

---

[1] 参见哈特《法律的概念》，许家馨、李冠宜译，法律出版社，2011，第 72~89 页。

关于"预算拘束原则"，我国《预算法》第9条明确规定，"经本级人民代表大会批准的预算，非经法定程序，不得改变"，表明议决后的预算对预算执行机关的拘束效力。在法解释论上，虽然这种拘束力与法律规范的效力不能等同，但是在实际效果上，这条规范决定了拘束力与执行力是预算的本质要素。对于收入预算，除法定的收入来源外，政府不得随意将人民财产权转化为公法上强制性的预算收入；对于支出预算，一切政府支出均需纳入预算管理范畴，特别是预算执行需受预算规范的拘束。

"预算救济原则"，既是规制预算执行权力和维护公共支出秩序不可或缺的手段，也体现出对纳税人基本权的一种补救或矫正措施，这种救济应是一个完整纳税人权利的重要组成部分。预算救济原则旨在制止和纠正预算法主体违反预算规则而不当行使预算权力的行为，通过赋予公民诉权纠正这种行为，可以减少公共经济资源的损失，进而增强公民对财税法律的整体信赖，提高纳税人群体对税法的遵守程度。预算救济原则的基本目的，是通过司法保障公民真正享有公共资金的支出利益，为此，需要承认公民、法人或者其他组织对于预算救济事项的诉的利益，通过立法赋予其诉权。"承认纳税人诉讼的根据在于，公共资金的违法支出意味着纳税人本可以不被课以相应部分的税金，在每一纳税人被超额课税的意义上，纳税人具有诉之利益。"[1]在我国，已有学者主张建立纳税人诉讼制度。[2]"预算法二审稿"增列的第89条提出"依法纠正违反预算的行为"，第90条规定"公民、法人或者其他组织发现有违本法的行为，可以依法向有关国家机关进行检举、控告"，表明我国立法者对预算救济原则已有充分认可和高度重视。

---

① 田中英夫、竹内昭夫：《私人在法实现中的作用》，李薇译，法律出版社，2006，第55页。

② 参见梁慧星《开放纳税人诉讼，以私权制衡公权》，《人民法院报》2001年4月13日，第3版。

　　预算法实施的司法化是一种救济性和补充性的实施路径，其目的不是解决当事人之间具体的权利义务的纷争，而是确保法律规范的正确实施，维持客观的法律秩序。按照有些大陆法系国家对行政案件诉讼的类型化分析，当事人诉讼被作为以权利保护为目的的主观诉讼，而居民诉讼由于不是针对直接侵害纳税人权益的一般违法用税行为，所以被作为以法规范维持为目的的客观事实来把握（简称客观诉讼）。[①] 因此，与当事人可以提起的普通诉讼不同，所谓居民诉讼只有在法律有明确规定的情况下，并限于法律所规定的人才有权提起诉讼。在中国的语境下，学理上主观诉讼与客观诉讼的区别只是相对的，中国体制下出现的相互交错的现象更为普遍和复杂。例如，如果制度允许通过司法程序禁止或者限制政府的不当支出行为，那么即使纳税人诉讼是为了维护预算的执行力，但由于该诉讼同时也具有公利诉讼的性质，因而也可将其作为以纳税人权利保护为目的的主观诉讼来考虑。

（二）预算法实施司法化的可行性

　　法律被称为"规定外部行为并被认为具有可诉性的社会规则之整体"。[②] 可诉性是一部法律运行所需的重要要素，体现为判断社会纠纷是非而使纠纷主体可诉求于法律公设的判断主体的属性。[③] 预算法实施司法化可行性的证成，需要在理论上回应对预算法可诉性的合理质疑。

　　首先，可诉性应是预算法得以真正运行与有效实施的必备属性，它产生于预算法的核心功能——规范政府收支行为。一般而言，预算执行者必须遵从法定预算的确定状态。但考虑到政府拥有随时改变其预算执行行为的动机和能力（除法定授权的预算调整裁量权外），如

---

① 参见南博方《行政法》，杨建顺译，中国人民大学出版社，2009，第178页。

② 赫尔曼·康特洛维茨：《为法学而斗争：法的定义》，雷磊译，中国法制出版社，2011，第158页。

③ 参见谢晖《论法律实效》，《学习与探索》2005年第1期。

果预算违法行为失去被公民通过问责和制裁程序加以纠正、补救或惩戒的可能性，那么预算法对政府收支行为的规范功能势必落空。于是，预算法的可诉性既是一种限制政府收支权力的基本形式，也是保障预算执行行为合法性的重要手段，可诉性的重视程度甚至可被用于判断预算法生命力强弱的标志。

其次，经济法学界通常将预算行为界定为一种宏观调控行为，[①]而宏观调控决策往往不具有可审查性，从而否认宏观调控行为的可诉性。[②] 预算行为是由一系列行为组成的有机集合体，其中一些行为的确属于国家决策的行为，如预算编制行为、预算审批行为，这些行为确实不应纳入可诉性的范畴。但是，在微观视角下，一些预算行为应具有可诉性，如预算执行中的国家投资行为、政府采购行为，作出国家投资和政府采购决定的立法机关和执行主体（如政府的财政部门、政策性投资银行、国有投资公司等）之间是强制性的命令与被命令、要求执行与被要求执行的关系，在执行决定以规范的形式作出后，那些实施国家投资和政府采购决定的具体项目、内容性经济活动已经转化成行政性的市场活动行为。[③] 在此种情况下，根据诉讼法理，可将相关具体行为纳入司法审查，保障预算执行行为的合法性与合理性。

再次，从实施绩效的角度看，当前存在的行政问责与政治问责方式，尚不足以完全实现对预算违法行为的有效问责。我国《宪法》第73 条规定了人大代表或常委会组成人员的质询权，第 67 条第 7~8 款赋予了全国人大常委会对两类规范性文件的撤销权，第 89 条第 13~14 款认可了国务院对下级行政机关不适当的规范性文件的撤销权。上述程序的启动，从制度上看，需要满足严格的条件；从实践上看，由

① 有学者指出，财税法本质上是一种"公共财产法"，对于预算等财税关系，经济法关注的往往是调控行为与调控绩效的评估，而财税法关注的是筹集、使用和监管公共资金整个环节中的问题，两者具有交叉但又非从属关系。参见刘剑文、侯卓《财税法在国家治理现代化中的担当》，《法学》2014 年第 2 期。

② 参见邢会强《宏观调控行为的不可诉再探》，《法商研究》2012 年第 5 期。

③ 参见徐澜波《宏观调控权的法律属性辨析》，《法学》2013 年第 6 期。

于涉及国家机关之间的工作关系，因而国家权力机关秉持谦抑的态度，较少启动相关程序。司法问责则与之不同，根据诉讼法理，司法程序是由利害关系人启动的。由于与争议事项具有利害关系，利害关系人具有发动司法程序的主动性、积极性和迫切性。在程序进行的过程中，利害关系人则会通过对诉讼行为的积极行使，来维护自己的实体权利。因此，通过司法程序实施预算法，可以填补其他两种途径所没有覆盖的绩效空间。

最后，通过司法途径实施预算法，具有越来越大的现实可能性。十八届三中全会《决定》已经作出部署，"确保依法独立公正行使审判权检察权"。当前，改革司法管理体制，推动省以下地方法院、检察院人财物统一管理，探索建立与行政区划适当分离的司法管辖制度，这些改革已经在部分地区率先试点、推进。在司法体制改革向纵深推进，司法机关独立公正行使审判权检察权得以落实的背景下，推进预算法的司法途径实施，已经具有前所未有的现实可能性。

（三）预算法实施司法化的制度构建

为使预算法能在司法实践中体现可诉性的属性，其制度构建至少应包含两个机理：一是可争讼性，即预算法律责任的规范应该明确，可以作为提起相关诉讼的实体法依据；二是可适用性，即预算法应承认纳税人的诉权，作为提起相关诉讼的程序法依据。鉴于此，预算法司法化的制度建构，首先要完善预算执行的责任机制，然后建立预算诉讼制度，激励个人参与预算法的实施，以降低预算执行越位、缺位和失位的可能性。

1. 预算法律责任的完善

我国现行预算法律责任的规定，存在对预算违法行为归类不足、责任形式单一、惩罚力度较轻等问题。立法中法律责任的不足，导致法律实施绩效不高，实践中一些违法预算行为未能受到法律责任的有效规制。比如，在预算执行中出现的任意追加预算、挪用预算资金以及改变资金用途等现象，通过现行预算法律责任制度不能受到有效规制。为加强预算法的实施绩效，应在立法上完善预算法律责任机制。

第一，扩充预算违法行为的类型。除了现有的预算违法行为类型，预算法律文本既应进一步列举可能出现的预算违法行为，以扩大列举式所覆盖的范围；同时，通过概括式规定设立对预算违法行为问责的兜底性条款，力求将实践中可以预见到的预算违法行为纳入预算法律问责的范畴。第二，丰富预算法律责任的种类。单一的行政责任形式难以适应不同性质的预算违法行为，造成罪与罚不对称的局面。为了更好地救济与补充受损的公共利益，除了已有的行政责任与刑事责任的规定，还必须增加相应的经济责任。例如，增加预算违法主体，特别是国家机关工作人员的赔偿责任、补偿责任以及违约金责任等。依据最简单的功利性违法预防原理，通过经济责任的引入，可以有效地预防预算违法行为，实现良好的实施绩效。第三，加大对违法行为的惩罚力度。较之普通的行政违法行为，预算违法行为的负外部性明显增大，对社会公共利益的影响更为显著。因此，对于预算违法行为的责任惩罚力度，应比一般性行政违法行为的惩罚力度更大，如此才能更有效地震慑故意性的预算违法行为。

2. 建立预算诉讼制度

"如果公共服务作用的发挥既违背法令的规定，又不依照法律的要求来进行运营……那么就会按照公民个人的要求产生国家的责任……即使是在没有直接损害的证据的情况下，法律也仍然允许公民采取提起法律诉讼的救济手段。"[1] 在有的国家，为实施预算法建立了所谓的居民诉讼或者纳税人诉讼制度。居民诉讼是指地方性的公共经济支出部门进行了违法或者不当的公款支出以及财产管理、处分时，经居民的监察请求而提起的诉讼。[2] 居民诉讼制度不仅具有监督和推

---

① 狄骥：《公法的变迁》，郑戈译，中国法制出版社，2010，第52页。
② 参见南博方《行政法》，杨建顺译，中国人民大学出版社，2009，第189～190页。

进地方行政主体依法预算的功能，还承载着通过对个别预算行政行为的审理达到规范同类预算行为公正运作的目标。

居民诉讼作为一种客观诉讼，着眼于社会公共利益，旨在保证预算执行行为的合法性，保障预算支出决策能得到客观和正确的履行。在制度设计上，居民诉讼是不同于以当事人之间权利义务关系为内容的主观诉讼的制度安排。在我国，行政诉讼采用以合法性审查为标准的模式，在外在形式上虽然不能称作客观诉讼，但在本质上却兼具了监督行政主体依法履行职权和维护客观法规范秩序的功能，① 在理论特征上可以被称为一种主观诉讼与客观诉讼相融合的诉讼模式。我国行政诉讼的法理，为我国建立相关的预算诉讼制度奠定了理论根基。

在中国特色社会主义法律体系框架内，依据我国的预算法理和诉讼法理，参考国外关于客观诉讼的模式，可以提出我国关于预算诉讼的具体设计。

第一，关于起诉资格。有权提起预算诉讼的主体应限于一定范围内的公民、法人或者其他组织。对于公民起诉人，鉴于预算诉讼性质的公益性和复杂性，应限定为户籍在相应行政区划范围内的成年公民。有的国家将这种诉讼叫作纳税人诉讼。② 在中国社会主义民主政治的语境下，提起这种诉讼的公民，不宜被限定为纳税人，中国成年公民中没有被剥夺政治权利的，都应被赋予这种资格。对于法人或者其他组织，可以通过相关实体法规定诉权。

第二，关于起诉条件及前置程序。提起预算权诉讼的条件，除了需符合行政诉讼法规定的程序意义上的起诉条件外，还应具备预算法规定的条件，即认为预算执行机关有违反预算法律责任的情形，经过相关行政程序或者监察程序，仍未解除违法状态的。在我国法律体系

① 参见马立群《主观诉讼与客观诉讼辨析——以法国、日本行政诉讼为中心的考察》，《中山大学法律评论》第 8 卷第 2 辑，法律出版社，2010 年。
② 参见田中英夫、竹内昭夫《私人在法实现中的作用》，李薇译，法律出版社，2006，第 54～59 页。

中，预算诉讼是个前所未有的制度创新，在现有的法律实施生态下，有必要设置防止预算诉讼滥用的机制，阻隔权力滥用者，保证国家公共资源得到优化配置。这种防止滥用诉讼的机制，一是通过限定受诉范围，即并非所有的预算违法行为都可提起预算诉讼，在预算公开的语境下，可以规定对只有与财务会计有关的预算支出行为，才可提起预算诉讼；二是前置性程序的设置，在提起预算诉讼前，先经过行政程序或者监察程序，可以最有效率地纠正预算违法行为，避免动用过多的公共资源。

第三，预算诉讼的类型化。依据诉的种类的法理，诉可以分为形成之诉、给付之诉和确认之诉。相应地，预算诉讼也可以有三种类型：一是形成之诉，即请求撤销某个预算执行行为；二是给付之诉，即要求预算执行机关给付公共产品或者公共服务；三是确认之诉，即要求确认预算执行行为的合法性。对这三种类型的诉讼，预算法可以不做预先规定，但是在起诉资格、起诉条件等制度中，应吸纳预算诉讼类型化的基本法理，避免做出不科学的制度设计。

五 结论

"法律规范之可被适用，不仅在于它由机关所执行或由国民所服从，而且还在于它构成一个特定的价值判断的基础。这种判断使机关或国民的行为成为合法的（根据法律的、正当的）或非法的（不根据法律的、错误的）行为。"① 本文提炼和梳理的预算法实施的三条路径，正是为预算法律的修改和发展提供一个特定的判断基础。通过观察国内外预算法律理论和制度实践可知，现代预算法律相对于传统法律制度（如民法与刑法）呈现出一种明显的公法私法相交融的品性，既有国家层面的预算权力配置，又有社会层面的预算权利要求以及对预算诉权的认可，这种品性为我国预算法律制度的更新提供了前沿性的理

---

① 凯尔森：《法与国家的一般理论》，沈宗灵译，商务印书馆，2013，第89页。

论依据。

　　相较于预算法存在的纯粹理性，立基于实践理性与价值理性的统一是现代预算法律制度的特质，是现代预算法律制度的生命力之所在。预算制度价值理性与实践理性的统一，体现为对公共经济资源支出分配的最优结构的追求、对各方利益配置平衡的维护以及对实质公平的追寻，故预算法的实施路径，应以政治性路径为内核，以社会化路径为动力，以司法化路径为保障。

　　阐释预算法律制度的发展规律，认真对待预算法实施的三条路径，要同时关切符合我国民主政治改革的未来走向：政治化路径关乎中国政治体制改革的顶层设计，社会化路径涉及对市场经济规律及社会管理创新的探索，司法化路径则牵涉司法体制改革的有序推进。十八大报告传达的精神、十八届三中全会的《决定》以及中共中央政治局审议通过的《深化财税体制改革总体方案》，为上述三条路径的发展提供了良好预期。预算法实施的三条路径，并非三个不同的方向，而是制度的辩证统一，目标直接指向预算法的良好实施。法的实施问题也是国家治理能力的重要体现。完善法的实施机制，提高法的实施绩效，是推进国家治理能力现代化的重要抓手。结合当前财税体制改革和法治中国建设的目标，通过对我国预算法实施问题的法理解释，可以发现财税法制变革对于提升国家治理能力的重要性和紧迫性，可以解释财税法在国家治理体系中的重要担当。

（本文原载于《中国社会科学》2014 年第 9 期）

预算公开论纲

张献勇[*]

2009 年和 2010 年，有关预算公开的两则新闻引起了广泛关注和反响。一则是：2009 年 3 月 20 日，财政部在其官方网站上正式公开 2009 年中央财政预算。这是极具权力的中央部委首次在全国人民代表大会批准预算草案后的第一时间将其向全社会公开。财政部此次在其官方网站上公布的是 2009 年中央财政收入预算表、2009 年中央财政支出预算表、2009 年中央本级支出预算表以及 2009 年中央对地方税收返还和转移支付预算表。^① 另一则是：2009 年 10 月 16 日，广州市财政局网站公布了 2009 年广州市本级部门预算，114 个部门预算均供免费下载，这是广州市首次在网上公开年度"账本"。^② 媒体曝光后的 10 月 23 日，广州财政网因一天内涌入了 4 万多次点击量而"瘫痪"。在平常，广州财政网一个月的点击量也不过 3 万次。^③

---

* 张献勇，山东工商学院政法学院教授。

① 参见韩浩、罗沙、章利新《我国首次第一时间公开中央财政预算》，http://news. xinhuanet. com/newscenter/2009 – 03/20/content_ 11043407. htm，访问日期：2011 年 4 月 10 日。

② 参见文远竹《广州首次网上"晒"政府预算 专家建议推广》，《广州日报》2009 年 10 月 23 日。

③ 参见王攀、叶前《预算公开是大势所趋——直面广州财政局长张杰明》，http://www. gd. xinhuanet. com/newscenter/2009 – 10/29/content_ 18078499. htm，访问日期：2011 年 4 月 10 日。

在预算公开于其他国家早已成为常态的今天,① 我国中央和地方公开预算何以会成为新闻呢?原因在于,1951 年中央人民政府颁布的《保守国家机密暂行条例》中曾将"国家概算、预算、决算及各种财务机密事项"界定为国家机密,虽然 1989 年实施的《国家保密法》不再将预算列为国家机密,但现实中将预算看成政府机密的观念,至今并未彻底改变。例如在全国人大会议上,提供给代表的预算上往往明确写着"机密,会后收回"的字样,对于普通社会公众,预算根本就是保密的。② 而且,1997 年国家保密局会同财政部等部门出台的《经济工作中国家秘密及其密级具体范围的规定》中仍指出:财政年度预、决算草案及其收支款项的年度执行情况,历年财政明细统计资料等属于国家机密,依照法定程序确定,在一定时间内只限一定范围人员知悉,不得向社会公开。③ 鉴于此,笔者认为,学界很有必要将这两个预算公开事件作为宪法事例加以研究。

一   预算公开的价值

预算是经代议机关批准的财政收支计划,集中反映着政府活动的范围和方向。预算公开,无论对于满足公民的知情权,还是对于建立责任政府,都具有重要价值。

一方面,预算公开是满足公民知情权的需要。公民知情权,包括"知的自由"和"知的权利"。知的自由要求政府做到信息公开的主动性;知的权利是指公民有权要求政府公开必要的信息。"知情权"一

---

① 国际预算项目 (International Budget Parternership) 发布的《开放预算调查 2008》(Open Budget Index 2008) 对 85 个国家的调查显示,81 个国家的预算被审批后即行公布,只有中国、赤道几内亚、沙特阿拉伯和苏丹 4 国除外。国际预算项目网:http://open budget index. org/files/Press Release Final Chinese. pdf,访问日期:2011 年 4 月 10 日。

② 参见赵凌、谢小红《政府信息公开条例实施已逾一周年   破解政府"财务机密"仍是难题》,《南方周末》2009 年 5 月 21 日。

③ 参见赵凌、谢小红《政府信息公开条例实施已逾一周年   破解政府"财务机密"仍是难题》,《南方周末》2009 年 5 月 21 日。

词最早出现于美国 AP 通讯社专务理事肯特·库柏（Kent Cooper）在 1945 年 1 月的一次演讲。鉴于政府在二战中实施新闻控制而造成民众了解的信息失真和政府间的无端猜疑，因而库柏在演讲中主张用"知情权"这一新型民权取代宪法中的"新闻自由"规定。这是公认的知情权（right to know）这一名词的首次公开提出。但知情权的思想渊源则早得多。如美国独立宣言的起草人之一詹姆斯·麦迪逊在 1822 年 8 月 2 日写给 W. 巴里的信中指出："如果民主政府没有公开信息，或者说缺乏获取这种信息的途径，那么，它不是一出闹剧就是一出悲剧，也可能兼而有之。"①

　　与公民知情权相对应的是政府信息公开的义务。如今，在相当一些国家，信息公开，包括信息获得权利，已经在宪法层次得到认可。②我国《宪法》虽未直接规定公民的知情权，却在第 2 条和第 41 条规定了公民的参政权和监督权。第 2 条规定："中华人民共和国的一切权力属于人民。人民行使国家权力的机关是全国人民代表大会和地方各级人民代表大会。人民依照法律规定，通过各种途径和形式，管理国家事务，管理经济和文化事业，管理社会事务。"第 41 条规定："中华人民共和国公民对于任何国家机关和国家工作人员，有提出批评和建议的权利；对于任何国家机关和国家工作人员的违法失职行为，有向有关国家机关提出申诉、控告或者检举的权利。"公民参政权和监督权的实现，需有一个基本前提，那就是能够及时、方便地获取政府信息。"没有公开性而谈民主制是很可笑的"。③"人民要管理国家经济、文化和社会事务，就必须知道国家经济、文化、社会的各方面情报；而这些情报的来源多掌握在国家机关手中，国家机关应主动地或应公众请求公开这些情报，以使人民知悉，否则，人民管理国家事务

---

① 转引自李步云《信息公开制度研究》，湖南大学出版社，2002，第 308 页。
② 参见刘恒《政府信息公开制度》，中国社会科学出版社，2004，第 2 页。
③ 《列宁全集》第 6 卷，人民出版社，1986，第 131 页。

便是一句空话。"① "这种民主参与一方面可以消除公民的困惑或者误解，及其可能带来的破坏阻力；他则可使公民了解国事，适当地行使参政权，以形成建设性力量。"② 而在纷繁庞杂的政府信息中，预算是需要公开的最重要的信息之一。预算是政府运作的经济基础，预算公开，就可以使公众全面地了解和监督政府的施政情况，并通过在预算编制、审批等环节中的参与，实现人民当家作主、管理国家的权力。

另一方面，预算公开是建立责任政府的需要。责任政府即对人民负责的政府。现代各国一般实行代议制民主。"在代议制民主下，只要人民相信政府对他们的意愿是负责任的，他们就会接受政府对他们的统治。"③ 公民如何相信政府对他们的意愿负责任呢？通过对公开了的预算的监督和参与必不可少，因为政府的一切活动和责任担当都在预算中得以体现。"一个没有预算的政府是'看不见的政府'，一个'看不见的政府'不可能是负责的政府。有了预算不公开，也仍然是一个看不见的政府。"④ 预算公开，可将政府权力公开限制在适当范围内，也有利于从根本上消除腐败。不公开预算很容易造成这样的后果，那就是掩盖某些官员盗用和滥用国家的钱财，把应该对公众担当责任的经费用在自肥上。

二　预算公开的要素

预算公开被认为是一项重要的预算原则。我国财政学界和财税法学界对该原则都做了一定研究。如财政学者马蔡琛认为，预算公开性原则，就是要求全部预算收支必须经过立法机关审议，而且要采取一

---

①　冯国基：《面向 WTO 的中国行政——行政资讯公开法律制度研究》，法律出版社，2002，第 92 页。

②　黄琼枝：《论公务员之守秘义务与公民的知情权》，中兴大学法律学研究所，1986 年硕士论文，第 45 页。

③　〔美〕乔纳森·卡恩：《预算民主：美国的国家建设和公民权（1890 - 1928）》，叶娟丽等译，格致出版社，2008，第 202 页。

④　马骏、肖滨：《他们是真正的公民》，《南方周末》2008 年 11 月 5 日。

定形式向社会公布，接受其监督。① 财税法学者刘剑文认为，预算公开原则是指预算的依据以及预算的编制、审批、执行、决算整个过程都必须依法通过相应方式向社会公开。② 但宪法学者有关预算公开的论著并不多见。笔者认为，预算公开是指预算必须按照法定程序经过代议机关批准，并向社会公布，以接受公众监督。预算公开包括预算公开的范围、主体、对象、程度、方式、时间等要素。

（一）预算公开的主体

预算公开的主体是指负有公开预算义务的机关，它要解决的是谁来公开的问题。预算公开的主体有代议机关、行政机关以及审计机关等。在法理上，代议机关负有将预算审议过程和结果向社会予以公开的义务；行政机关负有将预算编制依据、预算草案、预算执行情况等向代议机关报告并向社会予以公开的义务；审计机关负有将预算执行情况审计结果向代议机关报告并向社会予以公开的义务。

（二）预算公开的范围

预算公开的范围是指必须将哪些事项向社会公开，即公开什么的问题。虽然预算公开的范围中最具意义的是经代议机关批准的预算，但又不限于此。预算公开的目的是接受公众监督，因此，凡为公众监督预算所必需的决议、报告、文件和事实情况等都属于预算公开的范围。预算过程包括编制、审批、执行、决算四个阶段，这些阶段都需要公众监督。相应地，预算公开的范围包括：预算编制依据、预算编制过程中重大项目决策、预算审批过程、预算审批结果、预算执行情况、决算、对预算执行情况和决算的审计结果等。

（三）预算公开的对象

预算公开的对象即向谁公开。预算公开的对象有两个层面。第一层是代议机关。代议机关是预算审批机关，如果不将预算向代议机关

---

① 参见马蔡琛《政府预算》，东北财经大学出版社，2007，第 59 页。
② 参见刘剑文《走向财税法治——信念与追求》，法律出版社，2009，第 61 页。

公开，代议机关就无从履行审批职责。第二层是向社会公众公开。这就使预算不仅要受到代议机关的监督，还要受到社会公众的监督。

（四）预算公开的程度

预算公开的程度是指是否所有的预算项目都要公开，以及需要公开的预算项目应当达到什么样的标准。首先，预算公开须奉行"公开为原则、保密为例外"的原则，除法律规定不予公开的事项外，所有预算项目都应当予以公开，做到"应公开尽公开"。其次，公开的预算项目要尽可能详细易懂，"能具体尽具体"。这样才能让公众对某项支出的构成及其具体安排适当与否做出判断。

（五）预算公开的方式

预算公开的方式有两个方面的含义：一方面是指预算公开的主体应主动公开抑或被动公开；一方面是指预算公开的主体具体采取哪些方式公开预算。首先，公开预算应是政府主动履行的义务，而不应等公众提出申请后再予以公开。当然对于政府主动公开的预算，如果公众认为不具体或有疑问而提出申请，则政府负有进一步公开的义务。其次，预算公开的方式有多种，可以通过政府公报、政府网站、新闻发布会以及报刊、广播、电视等便于公众知晓的方式公开。在电子政务飞速发展的今天，尤应利用政府网站公开预算信息。①

（六）预算公开的时间

预算公开的时间首先是指预算应否在编制阶段公开。为保障行政效率，各国宪法中一般未规定行政机关在编制阶段公开预算的义务。

---

① 在美国，从联邦政府到州政府，再到下一级的地方政府，其预算都可以在网站上进行下载。即使是完全不具备相关知识的人，也能便捷地查询政府预算情况。比如，一个得克萨斯州的公民，可以通过得州议会预算局官方网站、得州政府之窗网站和得州预算资源网（民间网站）三个不同的渠道，查到自己的钱政府打算怎么花，又是怎么花出去的。在议会预算局官方网站上，每年会公布预算报告，并可以方便地查到从 2001 年开始一直到现在所有的政府预算。在得州政府之窗网站上，则可以实打实地看到钱是怎么被花出去的。

但近些年来，为体现财政民主，各国和地区正推行预算编制公开化。①
但对于经代议机关批准的预算，则应及时公开。预算是对未来财政收
支的估计，如果预算公开不及时，有可能预算收支项目已经开始执行
甚至已执行完毕，这就使得公众难以对其进行监督，公开也就失去了
意义。②

三　预算公开的保障

预算公开不能依靠政府的自觉，而需要有法律制度予以保障。其
中，宪法的保障尤为根本。实际上，预算公开在各国普遍获得了宪法
保障。以文本分析视角看，预算公开的宪法保障有两种模式。第一种
模式是直接规定式。这种模式下又可区分为两种情形。一种情形是，
将预算作为法律对待，而法律必须在公布后才能生效。如阿联酋宪法
（1971 年）第 130 条规定，"年度总预算以法律公布执行"。摩纳哥宪
法（1962 年）第 39 条规定："预算须列为法案，经投票通过后以法律
形式予以公布。"奥地利宪法（1929 年）第 42 条第 5 款规定，国民议
会所通过的批准联邦预决算等法案"应立即予以确认并公布"。第二
种情形是，宪法虽然未规定预算为法律，却规定预算仍须公布。如厄
瓜多尔宪法（1984 年）第 71 条规定："预算每年公布一次，包括国家

---

① 如在我国香港，政府财政预算不是在出炉之后才向社会公布的，而是在制定的过程中就
阶段性地向社会、向民众咨询，获得反馈后进行修改，如此往复。参见李海元《香港政
府财政预算如何公开透明?》，《人民日报》2009 年 11 月 2 日。在日本，鸠山政府近来针
对 2010 年度预算掀起了一场日本国民共同参与的"公开预算甄别"运动，预计缩减下年
度预算额度等综合财政效果高达 1.6 万亿日元。至此，自民党当政时代一直策划、敲定
于"密室"的政府预算内容首次公开于广大公众面前。参见裴军《日本首次公布政府预
算缩减 1.6 万亿日元综合财政》，《中国青年报》2009 年 12 月 2 日。

② 我国各级人大的会期一般都是在财政年度开始后 2～3 个月才召开，如果人大审批后的预
算再不及时公布，问题就更突出。这次财政部公开中央预算就是在人大批准预算后第一
时间公布的。而此前 2000 年到 2007 年的全国财政收支预算、决算数据均在《中国财政年
鉴》中出现，2008 年财政部首次在其网站上公布了 2003～2007 年的全国财政决算数据，
但在时效上明显滞后。广州市第十三届人大第四次会议是在 2009 年 2 月 23 日至 27 日召
开的，广州市财政局在当年 10 月 16 日才公开了预算，这时距离 2009 年财政年度结束仅
剩两个半月的时间了。

的全部收入和支出，也包括公共事业及执行社会经济发展计划的自治性企业的收入和支出"。尼加拉瓜宪法（1986 年）第 150 条规定，共和国总统行使的职权之一是"制定国家总预算，并在国民议会视情况批准或了解后予以公布"。此外，预算公开不仅是指公开议会批准后的预算，而且还要将财政收支状况和预算的执行情况加以公开。一些国家的宪法就此做出了规定。如洪都拉斯宪法（1982 年）第 254 条规定，总统的职能之一是"按季度公布公共财政收支情况"。多米尼加宪法（1966 年）第 114 条规定，"每年 4 月公布共和国上一年度总收入和支出账目"。

第二种模式是间接推导式。在宪法未直接规定预算公开的国家，一般也都确立了两个制度：一是预算必须经代议机关审查批准，这是代议机关最重要的职权之一；二是代议机关行使职权时实行议事公开。议事公开包括过程公开，也包括结果公开。由此可以推导出来，代议机关审查批准预算的过程和结果必须公开。如法国宪法（1958年）第 47 条规定："议会根据组织法规定的条件，表决通过财政法律草案。"[①] 第 33 条规定："议会两院的会议公开举行。全部议事记录在《政府公报》上发表"，"议会各院可以依总理或者各该院全体议员十分之一的请求，举行秘密会议"。又如俄罗斯宪法（1993 年）第 114 条规定，俄罗斯联邦政府"制定并向国家杜马提出联邦预算，保证其执行；向国家杜马提供关于联邦预算执行情况的报告"。第 106 条规定："国家杜马就联邦预算问题通过的联邦法律必须在联邦委员会审议。"第 100 条规定："联邦委员会和国家杜马的会议公开进行。在各院议事规程所规定的情况下，各院有权举行秘密会议。"

无论是采用哪种模式在宪法文本中对预算公开加以规定，这些规定一般只是原则性的，有待于相关法律具体化。从各国立法看，具体

---

① 这里的"财政法律草案"特指关于预算的法律草案，参见姜士林等主编《世界宪法全书》，青岛出版社，1997，第 889 页注释。

化有借由预算基本法或者信息公开法两个路径。

法国、俄罗斯等国家在预算基本法中就预算公开问题做出了具体规定。法国《预算组织法》第 56 条规定："本组织法所提及的法令和决定都要刊登在公报上。除涉及国防、国家内部和外部安全或外交机密外，所有的提案报告也要刊登在公报上。"在世界银行的推动下，非洲的大部分法语国家都采用了制定《预算组织法》的方式，将预算透明的各个方面直接贯彻到《预算组织法》之中。[1] 俄罗斯《联邦预算法典》第 36 条第 3 款规定了"公开性原则"，"公开性原则是指：经批准的预算和决算必须在公开刊物上公布，要充分地提供有关预算执行过程的信息，以及让公众了解国家立法（代表）机关及地方自治机关做出决定的其他信息。""审查、通过预算草案决议的过程，包括国家立法（代表）机关内部或立法（代表）机关与执行权力机关之间产生分歧的问题，都必须向社会和媒体公开。""保密条款只是作为联邦预算组成部分来批准。"

目前，包括美国、加拿大、英国、日本等国在内，世界上已有 40 多个国家制定了政府信息公开法，另外还有几十个国家的政府信息公开法正在制定过程中。[2] 以美国为代表的这些国家按照"公开为原则、不公开为例外"的原则明确了政府信息公开的范围。1966 年美国制定颁布了《情报自由法》，1976 年又通过了《阳光下的联邦政府法》等，这些法律都要求政府将财政政策，特别是财政支出公开，以利于新闻、舆论和公众的监督。[3] 我国香港特别行政区也制定了《政府资讯公开守则》，要求除非有法律所列举的特别原因，政务机关应当根据要求或者在日常工作当中公开其政务信息。

值得注意的是，预算公开还越来越得到国际社会组织的广泛重视

---

[1] 参见何俊志《预算透明的理论源流与国际实践》，《国家行政学院学报》2008 年第 2 期。

[2] 参见应松年、陈天本《政府信息公开法律制度研究》，《国家行政学院学报》2002 年第 4 期。

[3] 参见吕旺实《公共财政制度》，中国财政经济出版社，2002，第 250 页。

和认可。1998 年 4 月，国际货币基金理事会临时委员会第五十届会议通过了《财政透明度良好做法守则——原则宣言》，其中第 3 条基本原则就是预算编制、执行和报告的公开。[①] 2000 年 9 月，世界经合组织发布了《经合组织关于预算透明度的最佳做法》，《经合组织最佳做法准则》和《财政透明度良好做法守则——原则宣言》相比又前进了一步，不仅对中央政府和预算规范、透明做出规定，而且包括了全部财政和准财政活动。[②] 这表明预算公开和透明不仅仅是国家规则，也正在向世界规则发展。

由于预算公开有良好的宪法和法律保障，预算公开在各国特别是发达国家和地区都得到了较好的实行。在美国等发达国家，财政预算的所有信息都在互联网上公开，公众可以随时查阅。并且网上资料更新非常及时，美国国会审议预算期间，每天的审议情况当天就可在网上查询。预算文本及有关预算资料，公众可到指定地点购买或在网上随时获取。[③] 在我国香港，82 个政府开支项目逐一罗列，最近 5 年收支统计一目了然，纳税人缴纳的每一分钱怎么花，花在哪里，香港市民都能在特区政府网站上找到详细数据；文字、数据配合大量插图、表格、漫画，特区的财政预算案读来饶有趣味；预算案中不仅编列当年预算，还附上其后 5 年收支中期预测，协调短长期整体经济规划；市民可以在预算案发布当日到指定地点领取印刷版本，或者直接从网站上下载预算案的全部内容。[④]

世界各国和地区特别是发达国家关于预算公开的宪法和法律保障以及预算公开的成功实践为我国提供了有益的借鉴。

---

① 参见国际货币基金组织编《财政透明度》，人民出版社，2001，第 47~80 页。
② 参见王加林《发达国家预算管理与我国预算管理改革的实践》，中国财政经济出版社，2006，第 8 页。
③ 参见王加林《发达国家预算管理与我国预算管理改革的实践》，中国财政经济出版社，2006，第 9 页。
④ 参见李海元《香港政府财政预算如何公开透明?》，《人民日报》2009 年 11 月 2 日。

四　预算公开的期待

财政部和广州市财政局在网上公开预算，获得了社会的普遍赞誉。但应看到，财政部和广州市财政局公开的预算本身还存在一些问题，① 而且在全国也仅是个案。我国预算公开还有很多值得期待的地方。

（一）预算公开的法律依据有待于明确

目前，虽然《政府信息公开条例》中第 9 条规定，行政机关对涉及公民、法人或者其他组织切身利益的政府信息和需要社会公众广泛知晓或者参与的政府信息应当主动公开，但第 10 条在规定县级以上各级人民政府及其部门重点公开的政府信息中列举的是"财政预算、决算报告"，而不是预算、决算文本。考虑到《政府信息公开条例》法律位阶较低，并且刚施行不到两年时间，以及前述《经济工作中国家秘密及其密级具体范围的规定》中仍将预算、决算等列为国家秘密的情况，建议通过修订《预算法》，② 增加预算公开和与此相关的内容。修订后的《预算法》中，应把预算公开确定为预算原则之一，并明确规定，已通过的预算报告和预算文本、预算的执行情况及调整等必须及时向社会公开。此外，为实现预算公开创造条件的改革也需要有相应的法律依据，例如部门预算的实行、预算编制方法的变革、预算执行制度的健全等都需要体现在《预算法》中。

---

① 如财政部公布的预算中不含部门预算；广州市财政局是在广州市人大批准预算近 10 个月后才公布的。

② 现行的《预算法》于 1994 年 3 月 22 日在八届全国人大二次会议通过，1995 年 1 月 1 日起正式施行。《预算法》施行近 10 年后，2004 年 3 月 22 日，《预算法》修订领导小组和起草小组成立。在全国人大常委会 2006 年立法计划中，《预算法》修订草案被列入"应确保按时完成起草任务、如期提请审议"的第一类法律项目，计划于 10 月提交人大常委会审议。但由于一些部门对《预算法》修订争议颇多，在 2006 年 10 月十届全国人大常委会第二十四次会议开始前公布的议程上，《预算法》未能列入其中。2009 年 7 月，全国人大财政经济委员会副主任委员、全国人大常委会预工委主任高强说，按照计划 2009 年年底前将提出《预算法》修订草案，2010 年将向财政界、学术界等社会各界和广大民众广泛征求意见。

（二）人大预算审批监督权有待于进一步加强

要尽快改变目前我国政治运作中强行政弱人大的局面，通过提高代表素质、增加审议时间等途径，强化人大对预算的审批权力。建立严格的预算调整方案审批制度和违反预算责任追究制度，强化人大常委会对预算执行监督的权力。健全人大和人大常委会会议公开制度，人大审批预算和人大常委会审批预算调整方案、决算等应允许公众旁听、媒体现场报道，将行使预算审批监督权的全部过程和结果均向社会公开。恢复财政部门负责人向人大会议做口头预算报告的做法。

（三）预算执行情况详细审计结果有待于公开

我国《审计法》规定："审计机关可以向政府有关部门通报或者向社会公布审计结果。"因而，审计结果是否向社会公布由审计机关裁量决定。这不利于公众对预算执行情况进行监督。建议将主动公开预算执行情况详细审计结果作为审计机关的义务加以规定。同时，《监督法》规定，各级人大常务委员会听取的审计工作报告及审议意见，人民政府对审议意见研究处理情况或者执行决议情况的报告，向本级人大通报并向社会公布。这些规定应得到全面执行。此外，目前我国的主要国家机关如人民代表大会等都定期出版公报，但是国家审计署并没有发行独立的公报。为了体现审计独立与审计公开，建议由国家审计署单独出版"审计公报"，除了刊登审计署所发布的各项行政规章、规定与决定外，也刊登对预算执行情况的详细审计结果。随着互联网的不断发展，公报信息还可以通过上网的方式获得，这将有助于节约信息化成本。

（四）预算知情权有待于获得司法救济

在《预算法》修订程序完成前，政府主动公开预算符合建设服务型政府的理念，但如果其不主动公开，则无强制其主动公开的明确法律依据。从公民预算知情权的角度看，如果公民提出预算公开申请，而政府不予公开，申请人向人民法院起诉，人民法院应判决被告限期公开。这是"无救济即无权利"的要求。对于政府已经公开了的预算以及预算执行情况、审计结果，如果公民有疑问而提出申请，除依法属于不应公开的事项外，政府有义务进一步公开。目前，最高人民法院正就《关于审理政府信息公开行政案件若干问题的规定（征求意见稿）》征求意见，从一些公民申请预算及相关信息公开的遭遇看，有必要将公民申请预算公开权列入，提供司法救济。这样，在修订《预算法》对政府主动公开预算做出规定之前，可以通过公民提出申请，推动各地财政部门公开预算。

（五）预算听证制度有待于引入

预算公开的目的在于保证财政资金用于公共服务。财政资金是否用于公共服务，仅有公开预算是不够的，还需要在预算编制、审批、执行的过程中有公众参与，将公众的意见作为预算决策的重要依据之一。公众参与预算的方式包括座谈会、听证会、专家咨询会等。其中，预算听证制度尤为各国所广泛采用。从我国相关立法看，《预算法》中未规定听证制度，《立法法》中虽然规定了听证制度，但预算审批并不适用该法。而从我国实践看，一些地方已经尝试在预算编制阶段实行听证。如河南省焦作市制定了《财政预算社会听证管理办法》，对预算听证程序做出了具体规定。按照其规定，在预算编制过程中，对申请使用政府财政性资金、社会公共性资金、政府性基金、政府投融资资金等安排的财政预算支出，通过举行社会听证，在重大财政政策制定中引入公共选择程序，根据财力许可的情况，提出处理意见。2004 年 3 月 23 日，焦作市召开了首次部门预算听证会，市水利局、卫生局、司法局和焦作大学四家即将提交市十届人大一次会议审议的部门预算举行了听证，广泛征求各方面意见，以提高预算编制的规范性和科学性。建议总结地方实施预算听证的经验，在此基础上加以推广。

（本文原载于《法学杂志》2011 年第 11 期）

预算法实施背景下预算权的配置

黎江虹[*]

引言

新预算法将于 2015 年 1 月 1 日正式实施，这部历经十年修订的"经济宪法"即将面临现实的检验。它是否能如所期望的那样为现代财政制度奠定基础，发挥规范政府财政收支的作用？这一问题，不仅理论界人士极度关注，普通国民也拭目以待。笔者认为，事关预算法实施成败的核心问题就是预算权的配置。而预算权的配置聚焦在行政机关和立法机关权限划分上。新预算法虽然确定了各级人大的预算管理权、监督权，但由于有些规则的抽象和概括，常常只顾有限的核心而留下无尽的边缘。这些都需要在预算法实施中进一步细化和充实。笔者以人大预算职能再定位为切入点，为廓清行政机关与立法机关的预算界限做些努力。

一 比较视角下的预算权配置之嬗变

"所谓预算权就是进行预算编制、审批、执行和监督的权力，其中最为核心的是预算的审批权。"[①] 预算权的配置是预算法要解决的基

---

[*] 黎江虹，中南财经政法大学法学院教授、博士生导师。

[①] 刘剑文、陈立诚：《预算法修改：从"治民之法"到"治权之法"》，《中国财政》2014年第 18 期。

础问题。行政机关和立法机关是预算权配置中张力最大的两个部门，希克在描述美国预算时说道，"预算就是美国政治一个长年不断的战场"。① 除去行政机关和立法机关的权力分配，公民和利益团体在预算全过程中的权利、行政机关内部预算权力的配置以及立法机关内部权力的配置都是预算权配置需要解决的问题。预算权配置模式的不同折射出迥异的立法理念。以美国为例，美国联邦预算权的配置经历了三个阶段。

一是国会主导阶段（1789～1921）：这一阶段被称为古典预算时期。这一时期预算的主要特点是由立法机关主导预算的编制、审查，政府只是被动地执行。由于预算管理的过于集中，美国的预算被辛辣地讽刺为"一堆杂乱无章的事后报账单"。

二是总统主导阶段（1921～1974）：依据1921年《预算及会计法》（Budget and Accounting Act）规定，联邦政府预算应由总统负责编制，完成后向国会提出。改变了百余年来由各单位编制预算并直接向国会提出之做法。随之为应对总统编制预算之需要，政府成立了联邦政府预算局（Breau of Budget BOB），隶属于财政部，负责协助总统进行预算编制。

三是国会和总统共同控制阶段：1974年，《国会预算及截留控制法案》（Congressional Budget and Impoundment Control Act）颁布，这部法案的实施给美国社会带来了巨大的变化。第一，国会众参两院分别设立了预算委员会，负责有关整体预算的审议工作，而且相互协调，使立法者能对预算做一全貌的审视，以防预算失去控制。第二，国会预算局（Congressional Budget Office，简称CBO）应运而生。聘请专业的经济、财政、预算等专业人才，分析行政部门所提出的预算的内容，为国会提供预算审议的建议。第三，对总统所拥有的一系列权力进行

---

① Schick A, "Budgeting, Spending, and Taxing," Congress and Money, Washington, D. C: The Urban Press, 1980, p. 18.

限制。如行政部门拖延支出的限制，对总统预算扣押权的限制，等等。这些变化正如著名的管理学者卡恩所言："公共预算不仅仅是配置政府资源的技术工具，它们也是塑造公共生活、国家制度以及两者之间关系的文化建构。"① 值得一提的是，在 1974 年以后，美国政府继续颁布了一系列的法律，进一步夯实了国会和总统对预算的共同控制权。如 1985 年的《预算平衡及紧急赤字控制法案》、1990 年的《预算强制法》、1993 年的《政府绩效预算与成果法案》、2004 年的《支出控制法》等等。

美国的经验昭示着一个简单而直白的道理：预算权的配置与法治如影相随，"公共预算从来就不是一个简单的技术问题，而是一个国家重大的政治问题"。② 虽然国会和总统都参与预算的过程，但是预算的最核心权力还是牢牢掌握在国会手中，总统拥有的只是预算的建议权，除了审批权、监督权专属于国会以外，国会可以全盘推翻总统的预算提案。

二　中国语境下预算权配置的虚化与修正

新中国成立以来，由于法治的缺位，预算这一最具民主化、法治化色彩的活动被虚置，预算权配置也从来都以一种模糊的形态出现：法律上的规定与现实操作严重脱节。《宪法》第 2 条规定："中华人民共和国的一切权力属于人民。人民行使国家权力的机关是全国人民代表大会和地方各级人民代表大会。人民依照法律规定，通过各种途径和形式，管理国家事务，管理经济和文化事业，管理社会事务。"而现实情况却是：预算权基本被政府控制，行政权在其中占据主导地位，各级人大基本处于尴尬地位，新中国预算权配置的演变路径也缺少人

---

① Kahn J, Budgeting Democracy: State Building and Citizenship in America, 1890 - 1928, Ithaca, NY: Cornell University Press, 1997, p. 2.

② 马骏等:《公共预算：比较研究》，中国编译出版社，2011，第 1 页。

大主导的这一阶段。在预算这一领域，正如有学者所言："法哲学的表演场上，中国的角色大部分不在场，使所谓的法律道白与中国问题若即若离。"①

1. 各级人大基本让出预算编制权

在常规思维中，行政机关理应拥有预算的编制权。原因是"议员通常没有控制支出规模的积极性，而更愿意将财政资金花费在与其支持者相关的问题上，只有总统才会考虑如何促使财政平衡，以实现总体经济平衡。可以说，现代预算制度最大的特色是赋予了总统在预算中的地位。"② 笔者认为，将预算建议权赋予行政机关并无不妥。但深究预算编制权的实质，它应是一个复合权力，既包括预算建议权还包括预算审议文本确定权。正如前文所述，由于议员对预算保持着"理性的冷漠"，加上审议的时间有限，送交审议的预算文本就至关重要。是完全以行政机关编制的方案为蓝本，还是各级人大及常设机关经过修正后的文本？这也事关预算编制权配置的合法性和科学性问题。1998 年以前，我国各级人大对预算的编制权基本只行使虚幻的管理权，直至 1998 年 12 月 29 日第九届全国人民代表大会常务委员会第六次会议决定设立全国人民代表大会常务委员会预算工作委员会，虚幻的管理权才慢慢充实起来。

根据有关规定，全国人民代表大会常务委员会预算工作委员会的主要职责为：协助全国人大财政经济委员会承担全国人大及其常委会审查预决算、审查预算调整方案和监督预算执行方面的具体工作；受委员长会议委托，承担有关法律草案的起草工作；协助全国人大财政经济委员会承担有关法律草案审议方面的具体工作；承办委员长会议交付的国务院预算规定、办法，地方预算汇总及其他报送事项的备案；财政经济委员会需要协助办理的其他有关财政预算的具体事项。此

---

① 郑永流：《实践法律观要义——以转型中的中国为出发点》，《中国法学》2010 年第 3 期。
② 叶姗：《财政赤字的法律控制》，北京大学出版社，2013，第 112 页。

外，经委员长会议专项同意，预算工作委员会可以要求政府有关部门和单位提供预算情况，并获取相关信息资料及说明；经委员长会议专项批准，可以对各部门、各预算单位、重大建设项目的预算资金使用和专项资金的使用进行调查。

综观人大预算工作委员会的上述职责，各级人大对提交到各级人大会上审议的预算文本也基本以行政机关为准，缺乏积极修正。

2. 各级人大的审批权重程序轻实质

民间对四大机关的职能流行一个说法："党委说了算，政府算了说，人大说算啦，政协算说啦！"这种说法虽有不当和偏颇之嫌，但也一定程度折射出了人大职能的弱化。究其缘由，是因为民众认为关涉公共产品和公共服务等重大问题的议题在各级人大会上的审议过于简单和匆忙，大量的时间耗费在对政府工作报告的讨论上。就预算而言，全国人大审议中央预算草案和决算草案的时间尚能以天计算，地方各级人大审议预算草案和决算草案基本是以小时计算。较之国外的议会耗费大量的时间审议预算，甚至不惜在议会拳脚相加的情形，国民很难相信人大真正履行了实质审议的职责。另外，虽然程序控制是预算题中应有之义，但"程序是由协商而定，而非通过服从赢得的"，①"人民愿意自己恪守自己强加给自己的负担"也应包含着实体正义的内容。新预算法第 48 条、第 49 条对此有了新的突破。第 48 条规定全国人民代表大会和地方各级人民代表大会对预算草案及其报告、预算执行情况的报告重点审查八个方面的内容。最值得一提的是第 49 条的规定："全国人民代表大会财政经济委员会向全国人民代表大会主席团提出关于中央和地方预算草案及中央和地方预算执行情况的审查结果报告。省、自治区、直辖市、设区的市、自治州人民代表大会有关专门委员会，县、自治县、不设区的市、市辖区人民代表大

---

① 诺内特、塞尔兹尼克：《转变中的法律与社会》，张志铭译，中国政法大学出版社，1999，第 105 页。

会常务委员会，向本级人民代表大会主席团提出关于总预算草案及上一年总预算执行情况的审查结果报告。审查结果报告应当包括下列内容：（一）对上一年预算执行和落实本级人民代表大会预算决议的情况作出评价；（二）对本年度预算草案是否符合本法的规定，是否可行作出评价；（三）对本级人民代表大会批准预算草案和预算报告提出建议；（四）对执行年度预算、改进预算管理、提高预算绩效、加强预算监督等提出意见和建议。"

达尔将现代代议制民主的政治制度概括为六点：（1）选举产生的官员；（2）自由、公正和定期的选举；（3）表达意见的自由；（4）接触多种信息的来源；（5）社团的自治；（6）包容广泛的公民身份。[1]而预算法第 48 条、第 49 条的规定正是代议制民主"接触多种信息来源"的重要基础。依旧预算法的规定，在审批程序中只有财政官员做预算和决算草案的说明，这容易导致各级人大代表接触信息的单一性，偏听偏信。只有一种方案的选择绝对不是最优选择，只有多种方案的竞争性才会产生科学高效的预算。因此立法机关必须要在信息提供中发挥应有的作用。

3. 各级人大对预算执行监督力不从心

预算批准后，行政机关负责预算执行。不同国家的立法机关发挥的作用却不一样。立法机关在预算执行中的作用取决于政治体制，尤其取决于立法机关和行政机关之间的权力配置。希克指出，任何公共预算体系都包括计划、管理和控制三个过程，但不同的预算体系侧重不同，有的侧重控制，有的侧重管理，有的侧重计划。[2]在匮乏预算文化和监督文化积淀的中国，各级人大有监督的愿望，受限于宏观体制、具体机构设置和人员素质而力不从心。特别是预算执行中，预算

---

[1] 罗伯特·达尔：《论民主》，李柏光等译，商务印书馆，1999，第 94 页。

[2] Schick A，"The Road to PPB：The Stages of Budget Reform，" *Public Administration Review*，1966，pp. 243 - 258.

的调整及超收收入支出安排极大地弱化了人大的预算监督。如超收收入安排支出，按照旧预算法不属于预算的调整，不需要报人大审批，导致行政机关可以规避人大监督，从而使超收收入成为各级政府增收的强大动力，这无形中加大了纳税人的负担。新预算法第 12 条、第 13 条、第 66 条对此有了明确的规定。第 66 条规定："各级一般公共预算年度中有超收收入的，只能用于冲减赤字或者补充预算稳定调节基金。"该项规定划定了行政机关权力的边界，为人大监督提供了基础。应属新预算法较大的突破。除了上述划定行政机关边界的规定，"议会在预算审查、监督中的作用在很大程度上取决于议会本身能否发展出相应的组织能力来监督预算"。[①] 因此，如果人大内部机构设置、技术人员配备、讨论和审核时间、投票表决机制等一系列制度不能予以配套的话，立法机关的监督仍旧会呈现虚化状态。

三　中国预算权配置的进路

对于预算权的配置，新预算法在规则安排上有了很大的突破，对人大的职能有了全新的定位，体现了预算法公共预算和法治预算的特质。但在预算法实施过程中，笔者认为还应明确如下问题，以待在预算法实施细则中进一步完善各项制度。

（一）预算权配置应采取"人大和行政机关共同控制，偏重人大主导"的模式

预算法进入实施阶段后，因法律规则的抽象和宏观，将会出现很多立法者始料未及的新问题，大都会集中在预算权的配置的冲突上。就中国而言，经过十余年的预算改革，中国政府内部集中统一的预算控制改革已经取得了较大的成效，相比较而言，人大的预算监督则要落后得多。如何寻找两个部门的平衡点，笔者认为应坚持如下理念。

---

① 马骏等：《公共预算：比较研究》，中央编译出版社，2011，第 178 页。

1. 立法机关和行政机关共同控制预算的模式是大多数国家的做法，实践证明也行之有效，中国应借鉴学习，不需要走不必要的弯路

立法机关因其掌握预算的信息有限、人大代表的淡漠及会期短，介入预算具体层面的深度不及政府机关，"在议会直接审批部门预算的预算体制下，预算过程是碎片化的"。[①] 因此定位在监督的角色比较恰当。政府因其执政的需要，必须拥有一定的财政自主权，如果事事都纳入人大的监督，既限制了政府的灵活性，也使得人大的工作量巨大，反而挤占了人大预算监督的重点。就机构设置而言，我国人大也不足以担当完全主导的角色。总而言之，通过法治化的路径，确定双方的权力边界，既能发挥预算法的控权特点，又能提高财政管理的效率。

2. "偏重人大主导"是符合中国实际的务实选择

首先，如前文所述，一些民主国家预算权的演变是先经历了国会主导阶段，尔后才过渡到总统主导阶段。此种演变的路径显示"主权在民"的理念在这些国家是深入人心的。而中国由于缺乏立法机关主导阶段，无论是行政机关民主理念的铺垫还是人大控权的角色定位都是缺位的，行政机关的权力膨胀极大地挑战了我国宪法的权威。就常识性的理解，政府权力过大至少有三种情形：政府权力的疆域宽泛而无限制；政府行为不受法律制约；政府行使权力不受各种社会力量与民主机制的制约。人大应实现"预算人大"的回归，运用法律的手段制约政府的预算权力行使，使政府行为不至于失控。其次，在总统制国家，政府首脑是选民直接选举产生，赋予行政首脑更大的权力是因为有选举约束。由于政治体制的限制，中国在控权手段上只能选择财政约束，人大对预算权的主导是最好的财政约束手段。再次，经过十余年的改革，人大预算监督的基本框架已经基本建立，在许多方面取得了较为显著的进步。就地方人大而言，一方面，许多地方人大开始主动在预算各阶段加强预算监督，不少人大正逐渐向实质性监督转

[①]　马骏等：《公共预算：比较研究》，中央编译出版社，2011，第128页。

型。另一方面，预算改革以来，相当一部分人大在信息、对话、强制这三个维度加强了预算监督。[①] 这些变化说明我国人大已经逐渐具备了预算主导的能力，已经开始在重塑自己的角色，能够担当起预算主导的重任，这就促使政府自律，更好地为人民负责。

（二）"预算人大"的相关制度构建

除了明确预算权配置模式以外，要发挥人大的主导地位，下列制度的建构是不容忽视的。

1. 赋予人大对预算审议文本的修正权

在现代预算中，预算的编制权是属于行政机关的，预算都是由政府部门汇总后交议会审查。衡量人大主导地位一个关键性的指标就是人大是否能修改行政机关提交的预算。纵观其他国家，例如英国、澳大利亚可以改变资金用途，但不能增加支出总额；而美国的议会既可以改变政府预算的总数，又可以改变资金的构成。[②]

我国新预算法第 44 条、48 条、49 条都聚焦在赋予人大及其常设机构初步审查权和重点审查权上，但人大是否可以改变预算草案中的实质内容、政府如果不依照人大的意见做出修改该如何处理等问题几乎没有涉及。由于人大会期短，人大代表面对海量的信息，要在审批阶段直接做出判断确实勉为其难，因此人大的监督要提前介入。值得欣慰的是新预算法第 44 条对"预算审查周期"做出了明确规定：中央预算初步方案必须要在全国人大会议举办的 45 天前提交给全国人大财经委员会；地方财政部门必须要在本级人大会议举行前 30 天提交给本级人大专门委员会进行初步审查。这个规定为赋予人大预算文本修订权提供了制度基础和时间保证。那么在后续制度完善时，为体现人大的主导地位，应明确人大的预算修正权。笔者建议：首先，由于预

---

① 参见林慕华、马骏《中国地方人民代表大会预算监督研究》，《中国社会科学》2012 年第 6 期。

② Petrei A H, Petrei R E, *Budget and Control: Reforming the Public Sector in Latin America*, Inter-American Development Bank, 1998, p. 189.

算法对于行政机关支出责任的约束已经有所涉及，因此对总额部分人大可以进行放权，应赋予政府一定的自主权；其次，由于人大在审查过程中可以充分听取人大代表、选民和各界意见，所以对预算支出部分，人大接触的信息要比政府更广泛、更民主，因此，应赋予人大对预算支出用途的修正权。

2. 预算审批程序设计中应设计分项审查程序

分项审查有诸多优势。首先，预算是一项复杂的、耗费时间的、易引起争端的、易受挫折及拖延的活动，预算种类繁多、参与预算人数庞大，因此程序设计的科学性将会带来高效的结果。其次，程序设计也会影响实体内容的变化。就预算权配置而言，人大和政府间的冲突并不一定就是非此即彼，其中共识和分歧共存的状态比比皆是，是可以通过程序消解矛盾的。再次，分项审查有助于人大代表在海量信息筛选分类的基础上，更好地履行职责，也能更好地保护人大代表的知情权。最后，分项审查避免了预算被整体否决。虽然学术界多次呼吁预算法应关注预算被否决的法律后果，新预算法仍旧没有对预算被否决后如何启动重审程序做出规定。比较务实的做法就是设计分项审查程序，即使否定了几项，也不至于带来太大的震荡后果。故在预算法实施细则中可以设计分项审查的程序。

3. 人大实质性监督的基础——问责机制

公共预算的终极目标是财政问责。依据著名预算学者马骏的观点，财政问责包括三个层次，一是官僚问责，二是横向问责，三是社会监督。其中，官僚问责是指政府内部的预算控制；横向问责是指专门机构实施问责，包括立法机构的问责和审计机构的问责；社会监督则主要是指公民参与预算及舆论监督。[①] 法律术语的问责制被称为法律责任的追究。根据宪法和法律，政府及其公务员必须承担应由它

---

① 马骏：《治国与理财：公共预算与国家建设》，生活·读书·新知三联书店，2011，第160～189页。

（他们）承担的责任，包括道义责任、政治责任和法律责任；同时，政府还必须接受来自内部和外部的监督，以保证责任的实现。人大预算监督成效如何，问责机制是重要的衡量指标，在中国现实中，这历来是最难破冰的领域。十八届四中全会通过的《中共中央关于全面推进依法治国若干重大问题的决定》对此有了新的突破："建立行政机关内部重大决策合法性审查机制，建立重大决策终身责任追究制度及责任倒查机制。深化行政执法体制改革，健全行政执法和刑事司法衔接机制。"新预算法的责任章节对此理念体现得不够充分，除了条款仅有五条以外，责任的刚性度不够，行政执法与刑事司法衔接机制也不够紧密。特别是人大在其中所发挥的作用不够清晰。人大是否能够直接处罚？是否能够直接采取其他强制行动？普通国民应有何作为？对于人大而言，采取强制行动并不困难，重要的是要有足够的制度支持。笔者认为应从如下方面完善问责机制。

一是完善预算司法化制度，建构纳税人诉讼制度。判定财政民主主义的标准应该有以下三个。第一，财政支出与收入决策过程的有效参与。在财政法律政策被国家实施之前，所有的成员应当拥有同等、有效的机会，以使其他成员知道他对于法律政策的看法。第二，充分的知情。在合理的时间内，所有成员都有同等、有效的机会来了解各种备选的政策方案及其可能的结果。第三，享有要求法律对于不正当的财政决策予以调整的权利。[①] 究其财政民主主义的内涵，实际就是对于国民（纳税人）权利的尊重。与此相对应，在民主法治国家，国民（纳税人）有纳税的义务，同时应享有知晓税收收入支出用途并参与决定税收收入支出用途的权利。如果国民（纳税人）的知情权仅限于税收收入筹集阶段，而忽略对税收支出阶段的知情，这样的权利应该是不完整的。而且在很多国家，如美国、日本，判决和法律就承认国民以其纳税人身份拥有请求禁止公共资金违法支出的诉讼提起权，

---

① 参见黎江虹《中国纳税人权利研究》，中国检察出版社，2014，第31~33页。

即纳税人诉讼。在美国,最初的案例为1852年伊利诺伊州的判决。[①]
该判决之后,纳税人诉讼逐渐得到广泛的认可。承认纳税人诉讼的根
据在于公共资金的违法支出意味着纳税人本来可以不被课以相应部分
的税金,在每一个纳税人被多课税的意义上,纳税人具有诉之利益。
我国民事诉讼法修订后,对于公益诉讼有了明确的规定,但起诉方仅
限于检察机关和社会团体。要建构预算司法制度,首先,要引进纳税
人诉讼和居民诉讼,加强对预算的外部监督和社会监督;其次,政府
在预算收支中的任何行为由于是具体行政行为,都应当具有可诉性。
行政诉讼收案范围不能排斥政府预算行为。

　　二是加强人大的违宪审查力度和健全宪法解释程序机制。在宪治
秩序中,对于权力的制约除了通过对于人权的构建来划清权利和权力
的界限以外,还有一个认识就是实现宪治是需要一定的体制基础的,
这一基础就是违宪审查制度。一般认为审查法律的合宪性非常必要,
否则法律就可以公然违反宪法,国家的法律体系就会变得相互冲突,
缺乏完整性和统一性,宪法的权威和效力也会消失殆尽。我国赋予了
人大违宪审查权,全国人大对于任何一级人大或政府的预算行为的纠
正就应该落到实处。尤其是对下一级人大通过的预算是否违宪,全国
人大应该有所作为。十八届四中全会的公报倡导依宪治国,我们也期
盼人大能够拿出勇气和智慧为中国的违宪审查奉献具体的案例,从而
开启预算司法化的先河。

4. 预算权配置中人大机构的设置

　　在预算权配置当中,任何一方主体享有权利或者承担义务都是需
要相应的机构作为基础的。例如美国国会当中,有庞大的幕僚机构:
国会预算局(CBO)、国会研究服务处(CRS)、总审计局(GAO)、

---

① Coltan v. Hanchett, 13I 11. 615, 618(1852). 此案件曾就当事人的诉讼资格发生争论,法
院做出了明确的判决:认为纳税人有诉之利益,故拥有诉讼主体资格。

科技评估局（OTA）、国会图书馆（LC）及立法顾问局（LCO）。① 相比而言，我国人大的机构设置就仅有一个预算工作委员会是多么的单薄和力不从心！要构建参与式预算，"在技术化领域，通过专家介入实现决策的科学性；在价值选择领域，通过普通民众的参加以求正当化的实现"。② 任何一个国家权力机关的代表都普遍存在着因匮乏专门知识而在审议预算时无法提出专业建议的缺陷，那么权力机关常设机构的专业性就显得尤为重要。因此，我国人大不应再成为政府机关人员退居二线的去处，而应成为专业精英云集地，从而更好地履行监督义务。笔者认为一个比较正确而可行的选择应是：一是成立应有履职保障的专家智囊团；二是人大成立具有评估和审计功能的预算评估机构，可以向市场主体购买该项公共服务，但应有专职人员统筹和监督该项活动；三是重视资讯的储备和运用。信息的可靠性是一个科学预算的必要条件。有学者高度重视信息在人大监督中的作用。③ 人大应有专门的信息资讯机构，主动介入预算全过程，为人大代表提供不受外界干扰、已经进行过独立筛选的资讯。

结语

王绍光先生曾经指出：改造公共财政是政治改革最佳的切入口。它是低调的，不会过分提高人民的期望值；它是具体的，比抽象谈"政治民主"更容易操作；它是务实的，可以在不太长的时间里产生

---

① 资料出自廖文正《立法院审议制度之研究》，台北政治大学社会科学学院，2004，第43页。

② 参见王锡锌、章永乐《专家，大众与知识的运用——行政规则制定过程的一个分析框架》，《中国社会科学》2003年第3期。

③ 例如林慕华、马骏等学者认为：信息对于人大能否进行实质性的审查和监督有着至关重要的作用。在预算过程中，人大和政府存在着严重的信息不对称，后者掌握着更多的关于活动投入和产出的信息，预算收入和支出的信息。参见林慕华、马骏《中国地方人民代表大会预算监督研究》，《中国社会科学》2012年第6期。

看得见的变化"。① 选择预算改革的突破是中国新一轮改革正确而且可能的路径。预算权的配置必将成为该轮改革中的热点。对此问题，新预算法较之旧预算法，无论是在预算权配置理念还是具体制度的建构上都有了较大的突破，但在实施过程中尚有较多问题需要进一步的探讨和研究。我们期待立法机关能够集思广益，在预算法实施细则的制定或未来的制度修正中，能对一些难点问题予以突破，真正体现"主权在民"，更好地发挥人大的预算职能。

(本文原载于《税务研究》2015 年第 1 期)

---

① 王绍光：《建立一个能够确保长治久安的公共财政制度》，《领导文摘》2005 年第 5 期。

预算法定的困境与出路

——迈向实质意义的预算法定

陈　治*

一　引言

预算法定是预算立法者与预算执行者围绕资源配置进行权限划分的产物，因此，它是预算民主的一种实现形式。一般认为，预算法定强调的是预算付诸实施之前必须提交立法机关审议，一旦经立法机关批准通过，预算就具有法定效力，行政机关只能在预算范围内执行，不得擅自改变，尤其是不得突破预算规定的支出限额。这体现了一种形式意义的预算法定，即以维持预算本身的效力为宗旨。由于预算是行政行为的物质基础和现实保障，因此，控制了预算也就意味着控制了政府行政的权力根基，预算的民主控权意义便由此凸显。然而，在当代社会，受"给付行政"、"福利行政"等观念的影响，行政权的膨胀已经成为一种普遍趋势。其显著的标志便是预算支出大幅增长。①

---

* 　陈治，西南政法大学经济法学院副教授，法学博士。

① 　不仅在西方福利国家，社会保障、医疗、教育等社会服务领域的预算支出增长很快，据资料统计，20 世纪 60~80 年代此类支出占到这些国家 GDP 的 20% 以上，占其全部政府预算支出的 50% 以上，而且在构建公共服务型政府和实施民生财政的中国，2006~2011年，全国预算支出也以 18%~25% 的比例增长，其中与民生有关的单项支出比例更高，年度民生类支出占全部政府预算支出的比例达到 30% 以上。国外的相关数据参见〔美〕维托·坦齐、〔德〕卢德格尔·舒克内希特《20 世纪的公共支出：全球视野》，胡家勇译，商务印书馆，2005，第 41 页；国内的相关数据参见财政部发布的历年中央和地方预算执行情况的报告以及中央和地方的预算决算支出表。

预算的制定不但没有实现控制政府支出的目的，相反还成为"一个推动政府扩张并使之理性化和合法化的工具"，[①] 形式意义的预算法定及其所代表的民主控权模式受到严重冲击。对此，有学者主张回归预算控权的本质，并从财政立宪的高度强化对政府财政收支权力的约束；[②]也有学者主张"预算适应环境突发事件的压力需要有弹性"，[③] 应当改变预算仅仅反映"过去的选择而不是将来的需要"的状况，使政策制定者"有一定的弹性去重新指导从缓到急需求的支出，从而使收入和支出的关系更加紧密"。[④] 观念的分歧集中于立法者与执行者的预算权力如何配置的问题上：是赋予执行者一定的自由裁量权，放松对具体支配资金的行为约束从而协调预算与现实的矛盾，还是坚持预算的刚性约束，将政府支出严格限制在预算规定的范围内，保持预算自身的收支平衡？

从世界范围看，尽管仍然存在有关改革方向的争论，但是在制度建构上已经开始积极的尝试，即寻求将预算法定的约束力与现实发展的诉求联系起来。描绘出我国未来改革路线图的中共十八届三中全会《中共中央关于全面深化改革若干重大问题的决定》（以下简称《决定》）为实现预算法定提供了新的思路，其提出的预算审查重心转移、法定支出控制、建立跨年度预算平衡、规范地方政府发债等观点，既切合我国现实发展的需求，也符合国际预算法治发展的基本趋势；于2014 年 8 月经全国人大修订通过的《预算法》亦在强化预算约束力与适应现实发展之间找寻平衡空间，但仍有亟待完善之处。笔者认为应

---

① 〔美〕卡恩：《预算民主：美国的国家建设与公民权》，叶娟丽等译，上海人民出版社，2008，第 93 页。

② 这是美国著名经济学家布坎南的核心观点。他的研究集中于对政府征税权的宪法控制，对政府支出的论述相对较少。

③ 朱大旗：《从国家预算的特质论我国〈预算法〉修订的目的和原则》，《中国法学》2005年第 1 期。

④ 阿尔伯特·C. 海迪等：《公共预算经典（第二卷）——现代预算之路》苟艳楠、董静译，上海财经大学出版社，2006，第 117 页。

当对形式意义的预算法定之下的僵化规则予以修正，放松对具体支配资金的行为约束，同时强化对重大资金使用变动、预算执行过程以及外部因素的控制，建构实质意义的预算法定保障体系。

二　形式意义的预算法定与制度反思

如果说预算民主强调的是预算权配置上的分权制衡，那么，预算法定就是体现分权结果的制度安排。一般认为它包含以下几层意思：一是预算的形成及运作过程受到法律约束，即预算的要素法定、预算的程序法定、预算的责任法定；二是预算必须提交立法机关审议，一经通过就具有法律效力，成为各级政府及其部门在财政年度内安排各项支出的依据；三是对于已通过的政府预算，未经法定程序，任何主体都无权擅自改变；四是在特殊情况下，需要增加支出或变更既定支出的用途，必须得到立法机关的批准。以上所揭示的是预算法定的形式蕴涵。形式意义的预算法定意味着预算本身相当于法律，具有严格的约束效力。预算执行就是一个完成预先规定的收支计划的过程。当然，不同类型的预算——收入预算与支出预算在效力上有所差异。收入预算并不能单独赋予政府强制性征收的权限，[1]　因此，预算的效力实际体现在支出预算上，即预算对政府支出行为的拘束力。预算法定的形式意义在于两方面：一是"向行政机关发布它必须予以执行的命令"，[2]　从这一意义出发，预算实际上是一些授予政府权力并要求其运用所掌握的资源达致一定目的的行动指令；二是通过审批预算编制与监督预算执行将政府的支出行为控制在预算之内，"公共预算是要将

---

① 台湾大学蔡茂寅教授对此有专门论述。他认为："收入预算只是对特定年度内国家收入的预估，既非命令征收机关应当获取预算金额之收入，亦非准许征收机关只获取预算金额之收入即为已足。"参见蔡茂寅《预算法之原理》，元照出版有限公司，2008，第77页。

② 〔美〕哈耶克：《法律、立法与自由》第1卷，邓正来等译，中国大百科全书出版社，2000，第214页。

政府支出限制在政府可能获得的收入之内来防止透支，从而确保平衡"。① 在这一意义上，预算被赋予了控权的功能。支出金额、支出目的、支出时间、支出优先性顺序等都须按照预算规定执行。事后如要增加支出总额，也必须经一定程序重新编制预算调整案并提交立法机关审批。由此可见，形式意义的预算法定看重的是支出预算本身的效力——支出必须且只能在预算规定范围内进行。

然而，结合修订后的《预算法》相关规定来看，尽管其对预算编制、执行设定了较为严格的控制机制，但并没有实现预算对支出的约束效力，预算形式法定面临失灵。

1. 预算编制机制对外部支出需求的控制作用有限

各级政府总预算由下级政府及其职能部门的预算自下而上汇总而成，主要反映的是完成部门职能所需的财政经费，与外部政策法规的决策过程严重脱节。但预算执行过程可能随时面临各种政策性、法定性的增支因素。单纯集中于公共资源内部分配的预算编制机制，即使能够控制一定部门的支出需求，也无法阻止来自外部政策法规所决定的支出需求，后者可能成为预算支出的直接依据。由于预算编制与政策法规分离，无法从预算的角度审查政策法规的合理性和相应成本，②因此，难以实现预算对支出尤其是法定支出的约束，预算本身的效力变得不确定。一旦遭遇预算执行中有新的涉及支出的法律法规颁布或旧法修订，那么，此时的预算根本不起作用。对于规定支出的其他实体法律与《预算法》的冲突问题，全会《决定》已经提出要"清理规范重点支出同财政收支增幅或生产总值挂钩事项，一般不采取挂钩方式"，就是旨在弱化现有实体法律对预算安排的冲击。对于如何看待新的法律法规中的支出规定，以及虽未直接触及"挂钩"但包含强制

① 〔美〕爱伦·鲁宾：《公共预算中的政治：收入与支出，借贷与平衡》，叶娟丽、马骏译，中国人民大学出版社，2001，第1页。
② 马骏：《中国公共预算改革：理性化与民主化》，中央编译出版社，2005，第248页。

性支出内容的规定，① 全会《决定》虽未明确意见，但所提出的进行"支出预算及政策的审查"，包含了控制新增法定支出的意涵。从根本上讲，要维护预算的效力应当避免在法律规定中直接做出支出安排，预算资源的具体分配应当属于行政机关裁量的范畴，需要立法机关控制的是对社会公共利益造成重大影响的预算资金使用行为以及更为宏观的预算执行过程和外部因素的审查。

2. 年度周期控制机制未达预期目标

形式上看预算执行者面临着周期性的收支约束，年度内应当实现预算平衡，不得超出预算规定的支出限额。但是由于控制目标只对当前财政年度有效，因此，执行者可以通过让开支或收入行为提前或推迟进行的方式，起到操纵控制目标的效果，以满足当前财政年度预算执行情况良好的要求。② 例如预计本财政年度决算时可能出现支出增加或收入减少，为此将下一年度应征收的部分提前征收，或者本应在本年度支出的部分延迟支出，使当年的财政收支避免赤字。年度周期控制还意味着预算资金的分配是以年度为单位进行的，其本意是确保支出行为严格控制在年度批准的预算范围之内，但结果却可能变相激励执行者寻求更多预算资源，或者在年终进行"突击花钱"以"消化预算"，这不仅降低了预算支出的绩效，而且背离了公共预算的社会公共属性。值得注意的是，全会《决定》提出的建立跨年度预算平衡

---

① 直接触及"挂钩"的强制性支出规定较多，如《农业法》规定"国家每年对农业总投入的增长幅度应当高于国家财政经常性收入的增长幅度"；《科学技术进步法》规定"国家财政用于科学技术经费的增长幅度，应当高于国家财政经常性收入的增长幅度"；《教育法》规定"国家财政性教育经费支出占国民生产总值的比例应当随着国民经济的发展和财政收入的增长逐步提高。各级人民政府的教育财政拨款的增长应当高于财政经常性收入的增长，并使按在校学生人数平均的教育费用逐步增长，保证教师工资和学生人均公用经费逐步增长"；《义务教育法》规定"国务院和地方各级人民政府用于实施义务教育财政拨款的增长比例应当高于财政经常性收入的增长比例"。未直接触及"挂钩"但包含强制性支出规定的主要是一些规范性文件，如《汶川地震灾后恢复重建对口支援方案》规定"一省帮一重灾县，举全国之力，加快恢复重建"，明确要求全国 19 个省市以不低于 1% 的财力对口支援重灾县市 3 年。

② 〔美〕艾伦·希克：《当代公共支出管理方法》，经济管理出版社，2000，第 86 页。

机制，就是旨在延长预算执行的控制周期，避免短期控制目标被人为操纵或者改变，同时将控制重心放在中长期的预算平衡上。

3. 预算调整审批机制不具实质意义

《预算法》修订前针对预算执行可能出现的变更设计了预算调整审批机制，但是其适用范围仅仅覆盖支出增加与收入减少两种导致财政总额超支的情形以及举借债务增加的情形，关注的核心是预算平衡问题。至于那些不属于财政总额的变动，例如在"不同预算科目间的预算资金调剂使用"，即使在流转科目的性质、功能、用途等方面显著不同，或者流转金额比例较大，流转方向可能危害公共利益（如从社会民生类支出向行政管理类支出流转）等情形也被归入行政决定的范围，只需按规定报经财政部门批准即可实施。《预算法》修订后将预算调整的适用范围扩大至预算总支出与预算安排的重点支出的调减，使预算调整不再是简单的预算追加的代名词，立法审议的关注点也不再局限于预算平衡，而是包括改变预算的相关情形，使预算执行中的控制有所增强。修订后的《预算法》还将超过预备费的应急性支出与因执行行政决定或措施导致增支（或减收）的情形纳入预算调整范围，一定程度上也有利于控制预算外的行政裁量因素。应当说，《预算法》的修订方向值得肯定。但是修订前的《预算法》将"依照有关法律和行政法规规定应当增加的支出"与"地方各级政府因上级政府增加不需要本级政府提供配套资金的专项转移支付而引起的预算支出变化"均排除在预算调整范围之外。《预算法》修订后，删去了"依照法律和行政法规规定应当增加的支出"不适用预算调整的规定，但是由于在《预算法》的其他地方并无进一步的相关规定，因此，关于法定支出的预算规制问题实际上被立法回避了。更为严重的是，即使将预算调整的范围进一步扩大至法律法规引起的预算总额变动，预算调整的审批机制又能否实质上控制预算支出增加，同样值得怀疑。预算调整有可能成为预算执行中一种常态化的变更机制，只要预算执行中出现需要增加总支出情形的，就可以通过预算调整加以实现，或者在年初编制预算分配资源时，就明确地预期在年中会启动预算调整程序来满足现实的增支需求。因此，预算调整更像一种"随用随取"的工具，而预算本身也几近于一种摆设。

4. 公债控制机制有待规范

《预算法》修订前规定"中央预算中必需的建设投资的部分资金可以通过举借国内和国外债务等方式筹措"，地方政府各级预算"除法律和国务院另有规定外，不得发行地方政府债券"，这是保持预算收支平衡和强化预算效力的制度体现。但是，不仅中央财政发行的国债规模近几年大幅增长，[①] 而且地方政府变相发债的现象也屡见不鲜。[②] 这表明法律设置的限制性规定实际上被规避了。同时，公债收入在《预算法》上并未被列为预算收入，公债发行不受人大的预算监督；公债利息偿付虽被纳入年度全国财政支出决算表中，提交人大审议，但相关信息极其简化，人大要履行有效监督几乎不可能。这从另一个侧面印证了公债是在法律和预算外运行的。《预算法》修订之后取得的一个重大突破便是全面规范了地方债的发行、使用及偿还机制，同时建立了跨年度预算平衡及赤字填补机制，但仍然存在完善空间，这突出表现在地方债的限额管理缺乏实质约束。按照现有规定，地方债的总额由国务院确定、报全国人大或常委会批准，分地区限额由财政部在全国人大或其常委会批准的地方政府债务规模内根据各地区债务风险、财力状况等因素测算并报国务院批准。在现有制度框架

---

①　在 1998～2002 年实施扩张性财政政策的背景下，曾达到平均每年发行 4515.5 亿元、年均增长 28.56% 的国债规模。而至 2011 年，根据财政部公布的数据，中央财政国债发行额已达 15609.80 亿元，拟安排的国债发行余额限额为 77708.35 亿元，实际国债余额为 72044.51 亿元。参见《2011 年和 2012 年中央财政国债余额情况表》，http：//yss.mof.gov.cn/2012zhongyangyusuan/201203/t20120322_ 637079.html，访问时间：2013 年 3 月 17 日。

②　通过中央财政发行国债再转贷地方政府、财政部代发地方债以及更为普遍的设立地方投融资平台公司变相发债等方式已经使得地方债的发行绕开了合法性缺失的障碍，举债规模超过 10 万亿元。

尤其是尚未建立系统性的总额控制机制的背景下，单方面地确定地方债限额而不对其他控制要素（例如总支出）进行全面规定，将导致对该限额的评判缺乏参照体系与客观标准，进而难以形成对政府举债权的实质性约束。

5. 赤字控制机制存在弊端

赤字与公债联系密切，公债既可能成为弥补赤字的手段，也可能成为诱发新一轮赤字增长的原因。当然，除了公债，还存在其他使预算支出增加、导致收支失衡的因素，因此，对赤字控制有必要单独加以考量。《预算法》修订之前，赤字控制的重心在于预算编制，也就是在提交人大审议的预算中不得出现赤字，禁止"赤字预算"。但是预算获得通过之后，执行中出现的赤字又当如何削减？修订后的《预算法》第41条规定"各级一般公共预算按照国务院的规定可以设置预算稳定调节基金，用于弥补以后年度预算资金的不足"，第66条规定"各级一般公共预算年度执行中有超收收入的，只能用于冲减赤字或者补充预算稳定调节基金"，"省、自治区、直辖市一般公共预算年度执行中出现短收，通过调入预算稳定调节基金、减少支出等方式仍不能实现收支平衡的，省、自治区、直辖市政府报本级人民代表大会或者其常务委员会批准，可以增列赤字，报国务院财政部门备案，并应当在下一年度预算中予以弥补"。上述规定直面预算执行中可能存在的预算赤字问题，既不回避亦非全然否定，而是采取动态调节的方式，允许跨年度实现预算平衡，从而在一定程度上改变了过去重在预算编制环节的赤字控制的做法，为预算执行中的赤字控制提供了弹性空间。但是上述规定延续了此前利用中央预算稳定调节基金或者年度预算执行中的超收收入来削减赤字的实践做法，存在很大局限。由于中央预算稳定调节基金本身就是从财政超收收入中提取进行"盈亏调剂"的产物，因此，赤字能否削减及其额度大小实际上取决于当年的财政超收状况。由于赤字控制重心"前移"，缺乏对预算执行中的赤字削减的制度供给，由此就带来了多方面的问题：一是将超收收入用于减赤可能刺激超收，使超收常态化，并让收入预测中的人为低估现象更为严重；二是立法机关如何对超收收入用于减赤缺乏监督机制；三是超收与赤字在数量增减上直接对应，容易忽视赤字控制的另一重要手段——支出削减，形成超收、超支的恶性循环。相比之下，国外预算法上逐步改革赤字控制机制，将控制重心"后移"，重点关注预算执行中的支出超过收入的情形，并通过赤字上限调整机制、现收现付机制等实现对赤字的灵活控制。这对我国的预算法治改革提供了有益启示。

三　实质意义的预算法定及其建构进路

要保持预算本身的效力并不意味着必须执行僵化的规则。事实上，由于引起事后变动的因素大量存在，例如突发性的公共事件，经济危机以及各类应对政策、措施都可能刺激预算支出增长，客观上导致预算无法按照最初通过的方案执行，因此，如果一味坚持僵化的规则，回避预算与现实的矛盾，不仅不能维持预算的效力而且会导致诸多负面影响。实践中绕开预算而由行政机关径行决定支出的现象屡见不鲜，这就可见预算形式法定的失灵。一个典型例子是 2008 年为应对国际金融危机而启动的 4 万亿元公共投资计划，在实施中直接绕过了立法机关预先审批的环节，由中央政府自上而下地确定资金来源、使用领域。显然，决定如此大规模的反经济周期支出并没有事先做出预算安排，至于对它对其他预算项目的影响以及能否实现年度内的预算平衡则更缺乏系统考量。此外，在实践中大量存在的应急性支出也往往在预算外运行。与前述反周期性支出筹划缺位不同，应急性支出有筹划，但是不够充分。《预算法》规定预备费是应对自然灾害救灾及其他难以预见开支的储备资金，在预算编制时应当按照预算支出额的一定比例提取。但事实上预备费并不能有效弥补预算执行中的资金缺口，事后的资金调度行为主要依照的是行政命令而不是事先的预算安排。

克服预算形式法定的失灵，关键是确立预算实质法定。实质意义的预算法定包括两个层面的内容。（1）弹性空间的赋予，表现在允许一定范围内的预算科目流转、经费继续使用，允许预算执行中债务或赤字增加，允许优先满足应急性支出的需求，从而在支出金额、支出目的、支出期间、支出优先性的顺序等方面具有一定弹性空间，以协调预算与现实的矛盾。（2）控制重心的转移，表现在不仅要审查预算科目内部的安排，而且注重预算决策与外部因素的关联；不仅要求预算执行者的支出行为获得初始授权，更要确保事后的运作过程具有可持续的正当基础。可以说，实质意义的预算法定是向执行者让渡了一定自由，但是却由此产生了一种更有效的控制。它的意义在于：一是使预算的适用范围随着事前授权的扩大而相应扩大，有利于遏制执行者的预算外支出行为，从而更能强化预算的效力；二是使预算执行中的变更更加多元，并且具有实质控制的效果，从而实现立法者与执行者预算权的平衡配置；三是使预算与现实之间建立双向互动的关联，既能保持预算对现实的开放性，也能缓冲乃至抵制现实对预算的压力，从而建立预算支出的新型法律规制秩序。

为实现这一兼具弹性与可控性特点的预算法定，制度建构包括微观、中观和宏观三种进路。

1. 确立预算变更的技术规则，即微观控制型进路

制定预算的多数活动是技术性的，改变预算的过程同样依赖于大量的技术性规则。"预算通过一系列技术性因素与环境适应"，[①] 包括追加拨款、削减开支、延期支付、重新立项、应急基金和预算科目流转等。这些技术性因素通过改变既定的预算安排以确保预算执行中的弹性，又依据"预算改变"的程度来划分立法审议与行政裁量的界限，从而确保弹性的适度。具体而言，即将可能影响社会公共利益的

---

① 〔美〕爱伦·鲁宾：《公共预算中的政治：收入与支出，借贷与平衡》，叶娟丽、马骏译，中国人民大学出版社，2001，第 278 页。

重大执行变动纳入立法审议范围，其他轻微变动则由行政裁量决定。因其制度设计围绕预算资金使用展开，故称为微观控制型进路。以预算科目流转为例，英国预算法规定"一个部门可以在一个决议拨款中的两个款项之间进行拨转，但不能将一个决议拨款转到另一个决议拨款。这种拨转须经议会批准"。日本预算法规定政府只能在"细目之间作调整。细目指的是同一政府部门内部同一种政策目的且同一种经济性质内部的调整"。① 此外，按照日本灾害防治法律的规定，灾害应急支出超过法定预算的，应当向国会提交补正预算以弥补法定预算的不足，而不得从行政性经费或其他科目中流转资金用于应急支出，这也体现了"同一政策目的"、"同一经济性质"的限制要求。美国《1990 年预算执行法》设定了一个"防火墙条款"，禁止把国防支出、国际援助支出等项目所节约经费转移为国内其他自主性支出，② 这也是基于科目性质、目的的考虑对预算科目流转方向进行的限制。整体观之，域外预算法上对预算科目流转的态度宽严不一，但都提供了有条件流转的弹性空间。

2. 实施新绩效预算，即中观控制型进路

新绩效预算区别于传统预算最大的特点在于将预算资金的分配与预算资金使用效果联系起来，从投入控制转变为结果控制，从对支出部门的外部控制转变为自我管理。赋予管理者使用资金的自由度与灵活性，同时管理者对自己的决策后果承担责任。因此，它的弹性体现在资金具体使用上，管理者有权根据环境的变化和自身的特点来选择最有效率的投入组合，同时保证其决策权力能够向下属工作人员提供足够的激励。"适度"体现在绩效与预算的联系以及运用绩效信息对管理者进行绩效问责上，也就是说，资金运用的弹性是受结果束缚的。"一旦结果目标

---

① 财政部《财政制度国际比较》课题组编《日本财政制度》，中国财政经济出版社，1999，第 57 页。
② 张志忠：《美国政府绩效预算的理论与实践》，中国财政经济出版社，2006，第 83 页。

不能实现，他们就要承担管理责任"，① 并且下一年度的预算规模将被削减。因上述制度设计注重对预算执行过程的绩效控制，在此前提下放松对预算资金使用的具体控制，故称为中观控制型进路。自 20 世纪 80 年代以来，不少国家推行的预算制度改革便是以新绩效预算为主流。例如美国制定的《政府绩效与成果法》，要求各个部门在为项目进行辩护和要求拨款时必须明确产出和结果并对它们进行测量；其另一部法律《联邦职业培训合伙法》规定"主持培训的人的报酬，不是根据登记的参加职业培训的人数，而是根据受训的人得到就业的人数来计算"；② 新西兰的《公共财政法》明确规定以产出和结果为基础编制预算。

3. 制定预算总额计划，即宏观控制型进路

预算总额计划是在中长期（一般是 3 ~ 5 年）预算年度内对财政支出总额、财政收入总额、财政收支差额及政府公债确定约束条件的制度安排。由于它是先自上而下设定支出目标及总额，再由各部门具体编制预算，注重宏观层面的预算引导以及政策过程和预算过程的外部联系，故称为宏观控制型进路。其弹性表现在目标指引、跨年度经费授权和保持指标动态平衡上。例如澳大利亚预算制度改革的目标是"发展更好的手段来识别和确定预算的轻重缓急，以确保最好的总体结果能够实现"；新西兰的《财政责任法》要求政府说明广泛的战略优先顺序，指导政府的预算准备。③ 此种目标指引本身不具有直接约束力，是方便政府能够在总额控制下灵活确定年度预算开支重点。又如，德国《经济增长与稳定法》、我国台湾地区"预算法"等都设立了跨年度经费授权制度，行政机关有权分年编列跨越几个会计年度的继续使用经费，立法机关不必逐年进行年度预算审查。④ 如果年度预算有增支需求或者出现赤字增长

---

① 马骏：《中国公共预算改革：理性化与民主化》，中央编译出版社，2005，第 136 页。
② 〔美〕奥斯本、盖布勒：《改革政府：企业精神如何改革着公营部门》，上海译文出版社，1996，第 123 页。
③ 〔美〕艾伦·希克：《当代公共支出管理方法》，经济管理出版社，2000，第 130 页。
④ 李允杰等：《政府财务与预算》，五南图书出版股份有限公司，2007，第 341 页。

情况，则允许在支出、收入、赤字、公债指标之间寻求动态平衡。例如美国《1990 年预算执行法》规定：联邦政府预算案中的赤字上限可以上调，条件是因增支或减收引起的赤字可以通过增收（开辟新的收入来源）或减支（减少其他开支）的办法得到弥补；在州及地方一级政府，由于禁止预算出现赤字，美国一些州宪法中还允许发行少量的公债以弥补收支缺口，或者要求先行以年度税收进行补偿，当发生紧急事态或者税收失败而引发财政赤字时得发行限量公债，并在规定时限内偿清。[①]弹性的适度体现在总额控制与关联审查上。首先确立收入、支出、赤字、公债等各项分类指标的总额计划，然后对所有影响预算的行动（包括法律法规和公共政策）进行关联审查，以便及时纠正对总额计划的偏离。例如加拿大、澳大利亚政府成立专门委员会评估、审查支出项目的效果并有权决定改动甚至取消一个项目。

四　我国《预算法》之完善建议：基于实质意义的预算法定的考量

从形式意义的预算法定到实质意义的预算法定，这不仅意味着一种观念的转变，更应成为一种制度的选择。这就涉及我国《预算法》是否以及如何吸纳实质意义的预算法定并为之建立法治化的保障体系的问题。首先需要回答的是，为什么应当在《预算法》中吸纳实质意义的预算法定，它究竟是克服实践中效力不彰的一剂良药还是会适得其反？我们现在更需要的是预算支出中的权力让渡，还是强化控制？可能存在的质疑是：目前亟待解决的是预算支出中的不规范现象，因此，首要目标应当是重申财经纪律和强化预算管理，那么，实质意义的预算法定还是否必要？应当指出的是：第一，实质意义的预算法定是对预算效力的维护而不是否定，这与当前我国《预算法》的修订方向一致；第二，实质意义的预算法定要求让渡的权力与更加有效的控

---

① 冉富强：《美国州宪法公债控制的方式、实效及启示》，《政治与法律》2011 年第 9 期。

制相互伴随，互为条件，不可分割，这与强调财经纪律与预算管理并不矛盾；第三，实质意义的预算法定已经在预算法治改革中有所体现，要截然区分规范性与灵活性、控权与授权的改革进路并人为设定时间先后并不现实，亦无必要①。在此前提下，对于《预算法》的完善可以依照以下思路展开。

1. 扩大预算的事先授权

首先，为支持财政政策实施，在《预算法》上可以规定建立财政政策调节基金。如果整体经济活动的疲软危及宏观调控目标，政府为弥补额外增加的支出缺口，就可以动用该笔资金；同时为保证来源渠道的稳定性，有必要规定从公共预算收入中提取的比例及与收入总量的动态关联机制。其次，为支持突发性公共支出的需要，在现有预备费制度之外，建立应急预算，就突发事件、危机状态下的收支状况做出提前安排。应急预算是在人大批准的法定预算之外单独编制、滚动修改的特殊收支安排。在《预算法》中应当明确规定应急预算的资金

---

① 我国实践中两种改革进路常常交错铺开。1994 年分税制改革之前，我国的预算法治以适度放权为重点，目的在于调动地方财政积极性，改善地方政府公共产品的供给效率；分税制改革是以对地方的财政自主权进行限制为目标重构政府间纵向财政分配关系，因而，突出了对预算支出合法性、合规性审查和监督的重要性，使得分税制框架本身更多呈现出控制取向的制度特点。此后，以《预算法》实施为依托，我国的预算法治开始步入预算管理科学化、精细化、规范化、信息化、绩效化改革同步推进的阶段，实施了复式预算改革（1992～1995 年）、部门预算改革（2000 年）、政府财政信息管理系统建设（2000 年）、公共收支改革（1999～2002 年）、预算收支分类改革（1999～2004 年）、财政绩效评价改革（1992～2011 年）等多项措施，在强化合法性、合规性控制的同时，对于遏制财政资金使用中的低效率、损失浪费现象也产生了积极作用。比如复式预算是将财政年度内所有的收支按资金来源和用途进行划分，从而有利于区分各部分预算收支情况、建立预算收支间稳定的对应关系，便于对资金使用效果的评估与监督，为形成绩效信息提供了必要的技术条件；又如国库集中收付制度与政府采购制度的建立与完善并非单纯针对资金使用的规范性问题，也旨在提高资金使用的效率，2002 年颁布的《政府采购法》的立法宗旨便明确规定为"规范政府采购行为，提高政府采购资金的使用效益"；另外，专门围绕绩效评价及绩效管理法治化的改革早在 20 世纪 90 年代初即已启动，至 2011 年我国出台加强预算绩效管理的规范性文件，关于财政绩效问题的法治化探索实际上已经持续了二十年，成为贯穿我国预算法治改革进程的一条主线。最后，从新修订的《预算法》规定来看，既包括旨在强化预算控制的规定，比如要求"各级政府的全部收入和支出都应当纳入预算"，亦将"讲求绩效"作为预算法的基本原则。可见，实践中规范性与灵活性、控权与授权两种改革进路从来没有也无必要截然区分或者进行刻意的前后安排，它们可能交替成为法治改革不同阶段的重心，也可能同时融入某一特定立法文件中成为共同推动制度变迁的力量。

来源以及应急预算支出的适用范围。在资金来源方面，为减少应急性支出对既有预算安排的冲击，应当限制通过预算科目流转来充盈应急性支出的做法，而应从公共预算收入中获取；在支出的适用范围方面，应当规定预备费、应急预算、预算调整不同的适用范围。预备费主要用于三个方面：用于危机防范、预警阶段的增支需求；在危机处置阶段用于相关职能部门的应急性增支需求；在危机处置阶段用于社会救助的小于总支出一定比例（如3%）的增支需求。应急预算主要用于在危机处置与重建阶段的达到总支出一定比例（如10%）的增支需求。预算调整主要用于各种应急性支出与正常执行的预算支出之和超过预算总支出的增支需求。

2. 确保预算变更机制的多元且可控

（1）这里的"预算变更"是比《预算法》上的"预算调整"涵盖更宽泛的概念，它既包括涉及总额变动的预算调整，也包括预算执行中的其他变动，例如预算科目流转、预备费动用、超收收入使用、预算周转金使用，对此，都应当在《预算法》中予以明确，以确定与不同变动相适应的控制机制。（2）规定人大审议与行政裁量在决定上述变动中的权限，既实现人大对预算执行过程的动态与事前监督，也不妨碍预算执行中所需的弹性。例如对预算科目流转附加条件，规定超出一定范围的流转活动，如特定经费的流转、人员经费流入、民生经费流出、经费流转总额达到总支出一定比例等不允许行政裁量决定，而须经人大批准。当然，为提高效率，审议可以由人大内设机构来完成，并且允许对预算调整方案的修正，而并非仅仅限于批准或否定。如果调整权限过于单一（要么全部通过，要么全部否定），既会给审议机关或机构带来沉重的程序负担，也无法真正保障预算的效力。（3）扩大预算调整的适用范围，增强人大对预算执行中影响社会公共利益的重大变动实施监督的权力。属于预算调整范围的，应当包括预算总额的追加、追减及预算赤字水平的改变。建议在《预算法》

规定的基础上，将预算执行中因法律法规导致预算支出总额增加的情形纳入预算调整范围，从而为预算之外的增支需求设置程序"过滤"机制。(4) 为避免预算调整过于频繁启动，也有必要限定预算调整的启动次数与时间。《预算法》规定"预算调整方案应当说明预算调整的理由、项目和数额"，目的是通过对预算调整方案编制形式的要求，在一定程度上限制政府预算调整的启动权。但是由于预算调整启动的次数、时间等未做规定，而在理论上，基于政府部门裁量的"必须做出并需要进行"的预算调整可以多次反复进行，导致预算调整启动过于频繁，失去实质可控性，因此，预算调整的启动次数和时间应当限定。结合预算执行的实践，可以规定一年内预算调整的启动次数不得超过两次，时间集中于第三季度。

3. 建立绩效预算的基本框架

绩效预算是建立在绩效约束之下的、适度放权的预算管理机制。现行《预算法》缺乏对绩效预算的规定。新修订的《预算法》在绩效对预算编制的影响、预算绩效评估的法定性方面做出了进一步规定，但是仍然无法满足绩效预算法治化的基本要求，即以立法的形式明确规定绩效预算的概念，建立绩效信息的形成、披露机制，规定绩效信息与预算决策的多种联系方式。至于建立绩效信息与预算决策紧密程度的关联机制以及以绩效为导向的约束机制则是在此基础上进一步发展的方向与目标。目前，《预算法》应当对绩效、绩效预算的概念，实施绩效预算的目的、程序、管理机构及管理责任做出规定，以建立绩效预算的基本法治框架。

4. 制定宏观总额控制规则

(1) 宏观总额控制是依法独立于预算之外建立的约束机制。年度预算须在其控制范围内进行编制，立法机关也应遵照该总额控制机制审议预算。我国《预算法》可以在"总则"部分对宏观总额控制的含义、地位、方式、期限做出原则性规定。此外，基于中央预算和地方政府总预算实行分别编制的惯例，宏观财政总额控制应当分别适用于中央预算和地方政府总预算。（2）宏观总额控制不局限于单项指标，而是包括财政支出总额、财政收入总额、财政收支差额及政府公债在内的，反映财政运行状况的全方位指标，这样做可以避免单项指标对预算行为的扭曲。以赤字控制为例，如果一项财政约束条件限于财政赤字的削减，那么为达此目标，可能迫使当政者通过增加财政收入，而不是削减支出来实现。[①] 因此，《预算法》中有必要对宏观总额控制的具体指标做出全面列举。（3）财政支出总额是诸多财政指标中最重要也是最难控制的一环。收入、赤字、公债的增加往往都基于支出增加的需求。要实现财政支出总额的控制应当细化到主要支出项目上，尤其是法定支出项目不能被排除在财政支出总额控制清单之外。法律与预算之间本来就存在天然的屏障，这就是资源的稀缺性，因此，法定支出并不必然产生预算安排的结果，在同属于法定支出项目之间，也有权衡和裁量的空间。在《预算法》上可以设置新增法定支出的预算条件，即减少其他支出或者增加收入；规定法定支出的绩效评估机制，提升支出绩效水平；更重要的是，建立政策法规的预算成本审查机制，对于那些足以改变既定预算安排的政策法规进行成本审查。（4）宏观总额控制区别于年度控制的重要标志就在于时间延展。一个多年度的控制制度既可以在充分实施的过程中确立一些重要的分界点，从而为政策调整和实现跨年度的预算平衡提供机会，同时也可以防范短期财政控制的失效。《预算法》修订后，国务院出台的《关于深化预算管理制度的决定》规定实行以三年为周期的中长期财政规划管理。该规划对年度预算产生约束力，要求财政预算提高统筹能力，以保证涉及财政政策和资金支持的各部门规划都要与三年滚动财政规划相衔接，同时，要求涉及的相关项目亦应加强预算审核。这一制度确立了中长期财政规划的具体时限，同时提供了有利于控制财政支出

---

① 〔美〕艾伦·希克：《当代公共支出管理方法》，经济管理出版社，2000，第58页。

的项目预算审核原则，与这里提出的总额控制机制的思路是契合的。（5）在确保总额控制的前提下，进一步完善地方债运作机制。赋予地方政府适度举债权限，建立全面规范、公开透明的地方债运作机制是地方债治理的目标。然而，修订前的《预算法》以及《预算法》的修订意见稿都曾采取严格控制的立法态度，使地方政府正常的融资需求无法得到保障，反而滋生了大量不规范的地方债发行，对财政可持续性产生了不良影响。基于此，十八届三中全会《决定》提出"建立规范合理的地方政府债务管理及风险预警机制"，第一次在中央政策层面肯定了"开前门"、"治风险"的地方债规制方向。在此基础上，修订后的《预算法》最终建立了包括地方债发行额度、用途、偿还等在内的全面运作机制。为进一步强化地方债发行后的管理，国务院出台了《关于加强地方政府性债务管理的意见》，将地方债收支纳入全口径预算管理，同时建立风险预警机制与应急处置机制，严格控制债务风险，强化债务报告和公开制度，确保政府债务的社会监督。法律的修订以及有针对性的行政法规的出台，无疑为实现地方债的阳光化、规范化运行提供了制度保障，但是仍然存在进一步完善的空间。首先，应将地方债的总额管理与收入、支出、赤字等其他要素一起纳入总额控制机制中加以考量。其次，应参照目前中央和地方之间的举债机制建立省级以下地方债的规范运行机制，明确划分地方各级政府之间的举债权责。再次，应增设地方债的人大监督机制条款，赋予地方人大及常委会对本级政府举债行为的监督及问责的权力，尤其是规定人大对地方债举借规模审批的修正权。最后，应尽快出台政府综合财务报告制度的相关细则，推动政府债务的公开透明。

（本文原载于《政法论坛》2013年第2期，收入本书时结合《预算法》修订及新颁布的政策法规进行了修改）

试论民生支出优先的财政法保障

华国庆*

保障和改善民生，是贯彻落实科学发展观的具体体现，是推进和谐社会建设的必要条件，是社会稳定的基石。我国《国民经济和社会发展十二五规划纲要》（以下简称"十二五"规划）明确提出：坚持民生优先，完善就业、收入分配、社会保障、医疗卫生、住房等保障和改善民生的制度安排，推进基本公共服务均等化，努力使发展成果惠及全体人民。围绕保障和改善民生，我国各级政府于近年来采取了不少举措，如大幅度增加民生投入等。民生优先涉及诸多方面，其中，民生支出优先是民生优先不可或缺的重要保证。而民生支出优先则离不开包括财政法在内的法律的有效保障。但我国目前在民生支出优先的财政法保障方面还存在不少问题，亟须加以探讨和完善。

一　民生支出优先的内涵及其理论依据

（一）民生支出优先的内涵

"民生"一词最早出现在《左传·宣公十二年》，所谓"民生在勤，勤则不匮"。在中国传统社会中，民生一般是指百姓的基本生计。到了 20 世纪 20 年代，孙中山给"民生"注入了新的内涵，并将之上升到"主义"、国家方针大政以及历史观这样一个前所未有的高度。孙中山对民生问题较为经典的解释是："民生就是人民的生活——社

---

*　华国庆，安徽大学法学院暨经济法制研究中心教授。

会的生存，国民的生计，群众的生命。"①

目前，我国学界对何谓"民生"看法不一。有的认为，民生就是人民的生存和发展，它关系到人们在经济、文化、社会等各方面的现实权益和未来权益。② 有的认为，对"民生"概念的理解，可以分为狭义、广义和发展三个层次。狭义的民生仅指人们为了维持生存所必需的衣食住行、生老病死等生产、生活条件。广义的民生则在此基础上向精神文化娱乐等方面的需求条件延伸，增加了在物质和精神两个方面有关人的生活质量提高的需求。而从发展的层次上看，民生则是在不同时期、不同的发展阶段关于人的全部生存权和普遍发展权的需求、保护和满足。③ 有的认为，从社会学意义上讲，民生即人民之幸福，包括人民的基本生存和生活状态，以及民众的基本发展机会、基本发展能力和基本权益保护的状况等。具体来说，民生就是人民生计，包括与民众生活密切相关的衣、食、住、行、生、老、病、死等事项。从这个角度看，民生本身不是经济学和财政学的术语，而是属于社会学范畴。④

上述学者从不同层面揭示了民生的内涵，但有的失之过宽，有的过于原则，使得对民生问题研究的实践价值大打折扣。我们认为，对民生问题虽然可以从多学科的角度加以研究，并对何谓民生加以界定，但民生实质上是公民权利和国家义务有机结合的统一整体。一方面，民生是一国公民依法享有的宪法性权利；另一方面，改善和保障民生是政府应当履行的一项法定义务，公民民生权利的实现也依赖于国家履行相应义务。权利义务相一致也是法的精髓。故从法学层面对民生加以界定，更能把握其本质。鉴于此，我们认为，所谓民生是指与民众直接相关的其依法应享有的基本生存、基本发展等受到保障的

① 吴忠民：《民生的基本涵义及特征》，《中国党政干部论坛》2008 年第 5 期。
② 何玉春：《对民生问题的几点认识》，《商业文化》2009 年第 9 期。
③ 张松青：《2008 湖南民生调查报告》，中国统计出版社，2008，第 3 页。
④ 嵇明：《关于民生财政的若干思考》，《经济研究参考》2011 年第 19 期。

权利以及政府应当承担的民生保障的义务和责任。

从文意上来看，民生支出中的"支出"就是指财政支出，亦即政府为了满足民生需求而进行的财政支出行为。但从严格意义上来说，为满足民生需求而进行的财政支出并不能完全被认为是民生支出，如一些与民生没有直接关系的支出，国防、道路等基础设施建设等。否则，民生支出与政府财政支出就没有任何区别可言。鉴于此，我们认为，民生支出优先是指在一国财政支出中，应当将与民众直接相关的教育、医疗卫生、社保和就业、环保、公共安全等方面的支出放在优先地位，以提高人民之福利水平，实现基本公共服务均等化。

（二）民生优先支出的理论依据

之所以强调民生支出优先，从公共产品理论来说，是由民生之公共产品性质决定的。一方面，民生项目具有较大的外部效应。民生项目中的教育、医疗、养老保障、就业、生态环境保护、文化建设等，都有很强的外部效应。企业或有关单位提供了相关产品，但没有承担应有的成本费用或没有获得应有的报酬，如在医疗领域，国民受到良好的医疗服务，受益的不仅仅是他本人，整个家庭甚至国家和民族也会随之受益。因此，政府要承担那些具有明显正外部效应的民生责任。另一方面，有些民生项目具有私人物品属性，但少数能力不足的社会群体的民生事项需要政府支持。原则上，私人物品要依靠市场机制来提供，其价格由市场供求方式来决定。但由于社会成员的发展机遇和收入水平千差万别，有些社会成员不能依靠自身的收入水平来维持基本民生项目。如果政府不出面进行补助，低收入者就可能生活在极度贫困之中，甚至可能引发社会动荡。因此，政府纠正这种负的外部效应，避免动荡，维护社会稳定，必须消除贫困、保障民生。[①] 与此同时，保障民生是宪法所确立的人权保

---

① 嵇明：《关于民生财政的若干思考》，《经济研究参考》2011 年第 19 期。

障亦即保障民众生存权、发展权和人格尊严的一项重要内容，也是社会公平正义之使然。而民生支出优先，则是落实人权保障之宪法精神所不可或缺的。

二　我国民生支出优先的财政法保障现状评析

近年来，我国各级政府为改善和保障民生而采取了各种举措，民生支出的规模和数量也越来越大，但仍然存在不少问题。概括起来，主要表现为以下几个方面。

（一）地方政府缺乏保障民生支出优先的财力

事权与财权相一致是财政法的一项重要原则。对各级政府而言，只有拥有与事权相匹配的财力，才能履行其相应的职能。我国于1994年实施了分税制财政管理体制改革，就是旨在理顺中央与地方之间的财政分配关系。但从分税制财政管理体制改革迄今的情况来看，其之所以饱受诟病，主要在于1994年的分税制过分强调中央政府的宏观调控，如将主体税种确定为中央税，将零星分散的税种确定为地方税，并逐步提高了中央政府对共享税的分成比例，其结果是财权上收、事权下放，这也是导致地方政府财政困难的重要原因之一。正因为地方政府财力不足，故难以在改善和保障民生方面有所作为。从民生角度考察，一是公共产品供给不足。提供公共产品是政府的义务和责任，也是政府存在的合法性前提。近年来，随着经济快速增长以及财政收入逐年增加，各级政府也加大了对教育、医疗卫生、社会保障和就业等方面的支出，但长期以来对民生投入严重不足的问题却没有得到很好解决，如教育投入、基本社会保障水平等仍然偏低，与人民群众的期望尚有较大差距。相反，政府对竞争性领域仍然过度介入，如在1552家已发2012年年报的公司中，获得政府补贴记录的公司达到1424家，占比近92%，累计额度达到569.96亿元，占这些上市公司2012年净利润总和的12.32%。这也意味着，平均每家上市公司获得政府财政补助 4000 万元左右。① 二是公共服务均等化水平偏低。自改革开放尤其是建立社会主义市场经济体制以来，我国开始建立社会主义公共财政框架体系以及公共服务型政府，并取得了一些成效。但总体而言，我国目前公共服务均等化水平仍然偏低，城乡公共服务供给严重失衡，区域间基本公共服务水平悬殊较大。以义务教育为例，尽管各级政府近年来加大了对义务教育的投入，但农村义务教育经费不足的问题依然突出，校车事故频发就是最好的例证。

（二）民生支出不透明且缺乏民主参与

与国家财政不同，公共财政是公开的、民主的财政。现代国家为税收国家，这就意味着政府的所有财政收支行为都应当通过一定的方式向社会公开。尤其是财政收入如何被使用，使用是否合法、合理和有效率，包括纳税人在内的社会公众都应当有知情权、监督权。与此同时，作为承担受托人之责的政府应当按照人民之意愿，通过民主程序、民主方式来进行财政决策、民主理财并接受民众监督。

随着《政府信息公开条例》的颁行，我国财政公开逐步由地方向中央展开且内容更加全面，如中央各部委预算的公开、"三公"消费的公开等。但需指出的是，一些已经公开的内容过于简单、原则，如"其他支出"；一些应当公开的还没有公开，如各种名目繁多的专项补助等；而预算草案在各级权力机关审议前往往被当作一项"保密文件"等。与此同时，包括民生支出在内的财政支出基本上由政府单方面决策，甚至不提交权力机关审查批准，如中央政府为应对 2008 年金融危机而实施的 4 万亿元财政投资。民生支出缺乏社会公众参与，其科学性、民主性也就荡然无存，更谈不上对其进行有效监督。这样的财政也绝不是民生财政。民生财政应具有实证性与参与性，即它能够提供社会实证的验证机会和民主决策的参与条件，而不能一味强调自

---

① 张忠安：《政府补贴 570 亿创新高　逾两成国企利润越补越虚》，http://economy. enorth. com. cn/system/2013/04/17/010864553. shtml，访问时间：2013 年 6 月 4 日。

上而下的行政主导。比如民生财政绩效评价制度应当有反映社会公众对某项支出计划的切身感受和经验评价的内容，以此作为绩效评价的一种有效方法；又如民生财政的预算制度应当吸纳社会公众或代表对预算过程的亲身参与和民主决策。①

（三）民生支出优先缺乏立法保障

如前所述，我国已将民生优先确立为"十二五"规划目标，且也加大了在民生方面的财政投入，但民生支出的范围、规模和数量完全依赖于政府的自觉行动，民生支出优先尚不是政府应当履行的法定义务。在这种情况下，民生支出优先就很难得到切实保障。与此同时，现行立法如《教育法》虽然规定"财政性教育经费占 GDP 4%"，却没有规定相应的法律责任，这也是我国教育经费长期严重不足的一个重要原因。此外，由于我国现行《宪法》、《关于实行分税制财政管理体制改革的决定》等未对各级政府的事权进行明确划分，故不仅导致各级政府间民生支出的责任范围难以科学划分，而且一些应当由中央政府或者上级政府承担的民生支出责任却交由地方政府或者下级政府承担。

三　我国民生支出优先财政法保障制度完善的建议

民生支出优先，并非只是一个简单的财政投入问题，相反，取决于各级政府是否真正树立起民生支出优先的公共财政理念以及建立起与之相适应的责任落实机制、民主决策机制、绩效评价机制与监督机制等。为完善我国民生支出优先的财政法保障制度，建议如下。

（一）树立民生支出优先的公共财政理念

公共性是公共财政最根本的首要特征。公共性所强调的是，财政着眼于满足全社会的公共需要。亦即公共财政应当基于满足公共需要之目的、本着公平之理念而向全体社会成员提供无差别待遇的公共产品和公共服务。由此，公共财政政策必须以保障基本民生、满足公共需要为出

---

① 陈治：《构建民生财政的法律思考》，《上海财经大学学报》2011 年第 4 期。

发点和立足点。而民生支出优先则是公共财政之公共性的必然要求。

　　为落实民生财政支出优先之公共财政理念，首先，应当正确处理政府与市场的关系。从理论上来说，政府与市场是社会的一体两翼，而不是水火不容，但这并不意味着政府可以取代市场，如政府财政进入营利性领域与民争利，否则，就有违公共财政之非营利性特征。相反，政府应当减少或逐步退出对一般性、竞争性、经营性领域的投入，使公共财政更多向民生倾斜，切实保障民众的生存权、发展权。其次，在修改《预算法》时，建议将民生优先支出作为预算支出的一项原则，亦即预算支出更多向民生倾斜。为此，建议建立民生投入的稳定增长机制，实现财政资金进一步向民生倾斜，以充分彰显"以人为本"理念，真正把改革发展的成果惠及广大人民群众。与此同时，应当就预算超收收入的使用做出明确规定，亦即预算超收收入除用于弥补财政赤字外，应当全部用于民生领域。

（二）落实政府之保障民生优先支出责任

　　不同时代下国家承担的责任并不相同，但民生保障却是现代国家的基本责任。而该基本责任的实现离不开政府之保障民生优先支出责任的确立。民生保障，对于广大民众来说，其实就在于保障其与民生有关的权利，民生保障也只有被落实为权利才能直接为广大民众所真正享有。因为民生保障只有落实为一种权利，才能使国家和社会的民生保障行为不再是一种恩惠和施舍，转而成为其义不容辞的责任和义务。将民生保障制度化，将民生保障转化为广大民众的民生权利，对民生保障义务主体形成制度性约束具有十分重要的意义。[①] 鉴于此，如何真正落实政府之保障民生支出优先的义务和责任就显得至关重要。具体来说，应从以下两点着手。

　　第一，明确界定民生支出的范围。从公开的数据来看，各级政府民生支出均达到财政支出的 50% 以上。以 2012 年民生支出在财政支

---

　　① 　曹达全：《论民生保障法治建设的基本要求》，《中州大学学报》2010 年第 5 期。

出中占比为例，河南省为 72.1%，江苏省为 75.6%，河北省为 77.5%，云南省为 73.2%。但问题是，上述支出是否完全属于民生支出？如果答案是肯定的，那么为什么民众的幸福感却没有多大的提升呢？我们认为，不能将上述方面全部纳入民生支出的范畴，民生支出占财政支出的比重和规模也不能作为衡量民生财政的标准。在不同年份，财政各类支出总是有的增加快，有的增加慢，有的甚至还减少。如果仅以某些支出比例的增加，就称之为"民生财政"，一旦它们的比例下降，是否就不再是"民生财政"了?[①] 在世界其他国家如美国政府的财政支出统计中，类似交通运输、农业、能源乃至邮政等开支，是明确列在"经济事务开支"这个栏目下的，绝非福利型开支。公认的福利型开支，只能包括教育、医疗和社会保障这三大块。按此标准，它们占中国 2012 年财政支出的比例不过 29.5%。美国的税收负担和中国非常接近，美国政府 2010 年这三项支出占公共财政总支出比例却达到 60.1%。[②] 而我国财政部对民生支出界定的统计范围，共包括教育、科学技术、文化体育与传媒、社会保障和就业、医疗卫生、节能环保、城乡社区事务、农林水事务、交通运输、商业服务业、国土资源气象、住房保障支出、粮油物资储备管理事务等 13 个方面。相比之下，我国有关民生支出范围的界定则过于宽泛，改善民生几乎等同于整个经济社会发展。值得一提的是，深圳市政府于 2007 年出台的《深圳市民生净福利指标体系》将收入分配与公平、安全水平、社会保障水平、公共服务水平、人的全面发展水平五个方面作为民生净福利的具体范围，虽然为从整体上把握民生提供了可靠蓝本，但范围还是过宽。我们认为，民生必须与民众直接相关，如社会保障、义务教育、公共卫生、就业保障。

---

① 张馨：《论民生财政》，《财政研究》2009 年第 1 期。
② 罗伦斯：《不要用"民生支出"混淆"福利支出"概念》，《南方都市报》2011 年 10 月 6 日，第 4 版。

第二，科学划分政府间的民生支出范围。公共产品的公共程度或受益范围的差异、不同政府层次提供不同的公共产品的效率差异，决定了不同的公共产品应当由不同层级的政府提供。唯此，该公共产品的提供才是最有效率的。就民生而言，只有明确划分各级政府间的民生支出范围，才能将民生支出优先落到实处。但在我国，由于现行宪法等法律规范未对各级政府尤其是中央政府与地方政府之间的事权做出明确划分，使得各级政府之间的财政支出责任不明，尤其是地方政府承担了一些本应由中央政府承担的全国性公共产品的供给责任，由此造成了中央与地方财政支出责任的严重错位。与此同时，省级以下各级政府间财政支出责任也存在越位、错位与缺位状态并存的问题。为解决上述问题，建议：一是修改《宪法》，对政府间的事权尤其是中央政府与地方政府的事权做出明确规定，这是科学划分政府间民生支出责任的前提；二是制定政府间收支划分法，在科学划分各级政府财政收入的基础上，依据公平原则、效率原则和受益范围原则明确规定各级政府的民生支出责任。

（三）构建民生支出优先的民主决策、绩效评价与监督机制

民生的关键在于民主，只有民主，财政才能保障是民生财政，财政资金要遵循"取之于民，用之于民"的原则，必须依靠民主监督来保障。只有公众能充分享受到纳税人的权利，能通过自己选出来的代表对财政进行监督和审查，财政才能体现出民生性，才能建立民生财政。财政民主化的基础和前提则是财政的透明化或公开化，就是让广大民众和纳税人对财政资金的征集、筹措和使用等有知情权、议政权、参政权甚至决策权，让广大民众真正在财政"取之于民"和"用之于民"的过程中发挥主人翁的作用。要实现民生财政，就得实现民主理财。[①] 而要做到这一点，就必须建立起民生支出公开机制、民主决策机制和监督机制。否则，民生支出将容易成为一种名义而被假借和滥

---

① 郑明彩：《民生财政：公共财政的出发点与落脚点》，《市场论坛》2009 年第 7 期。

用。目前，我国正在修改《预算法》，我们认为，《预算法》的修改最重要的是如何通过预算实现对政府财政收支行为的有效控制。预算也是规范、约束政府民生支出行为的一个重要路径。此外，财政对民生的保障最根本的目标是在社会公平正义的情况下，切实保障和提高最广大人民群众的福祉。改善民生就要提高民众生活的便利程度、减轻负担程度。例如，政府投入了大量的财政资金进行医疗体制改革，如果政府投入的资金并没有改善民众的医疗水平、降低医疗成本，这样的民生支出即使算作民生支出，也没有实质意义。许多本意为民生的财政资金安排并没有产生应有的效果，因此财政支出上在以指标衡量的同时，也要通过指标体系的评价来实现，特别是在教育、医疗卫生、就业与社会保障等领域通过绩效指标来评价尤为重要。只有建立绩效指标体系评价，才能真正反映财政支出的合理性。[1]

（四）建立起与民生优先支出责任相匹配的财政收入法律制度

建立起与民生优先支出责任相匹配的完善的财政收入法律制度，这是保障地方政府有足够财力用于改善和保障民生的不可或缺的重要前提。第一，修改《立法法》，改革过度集中的税收立法体制，赋予地方以相应的税收立法权。目前，我国实行高度集中的税收立法体制，地方原则上无税收立法权，导致地方难以根据本地实际开辟税源、组织财政收入。根据分级财政理论，有必要将具有地方特色且对全国统一市场影响不大的小税种的开征停征权、税收减免权等全部下放给地方。当然，在赋予地方税收立法权的同时，也有必要加强对地方税收立法的监督，以防止地方借立法加重本辖区纳税人之税负。第二，完善分税制财政管理体制，解决税收收入过分集中于中央的局面。其中，最为关键的，一是科学、合理划分中央与地方税收分成比例；二是科学选择、确立地方税的主体税种，使地方政府拥有能够为其履行职能提供必要、相对稳定的财力的主体税种。第三，完善转移支付法律制

---

① 闫宇光、寇明：《财政民生支出指标框架体系研究》，《财政研究》2011 年第 10 期。

度。财政转移支付的目的主要是解决各级政府间纵向不平衡以及地方政府间横向不平衡等问题，最终实现各地公共服务水平均等化。目前，我国财政转移支付亟待解决的问题，一是借鉴发达国家的做法，按照"因素法"合理确定中央政府对地方政府的财政转移支付办法和资金用途。"因素法"有利于提高财政转移支付的透明度、可预见性和客观公正性，提高财政管理的科学化程度。这些因素应包括：人口因素、人均国民生产总值和人均财政收入、自然因素（包括土地面积、地理位置气候、资源、交通运输等）、特殊因素（包括少数民族人口、贫困县和贫困人口等）等。[①] 二是降低专项转移支付在整个转移支付中的比例并规范专项转移支付行为，最终建立起以一般转移支付为主的财政转移支付模式。因为只有一般转移支付，才具有实现地区间基本公共服务均等化之功能。三是制定财政转移支付法，就财政转移支付的原则、主体及其权利义务、方式、程序等做出明确规定，不仅为政府间财政转移支付提供明确的行为规则，而且更重要的是依法规范政府间的财政转移支付行为。

　　当然，民生支出优先涉及诸多方面，如何使其得到真正落实而不是成为一句空洞的口号，则离不开政治体制改革，如建立起政府及其官员向民众负责的选举与问责制度等。也只有政府及其官员真正向民众负责，民众能够通过直接或者间接的方式约束政府，民生优先的目标才能实现。

（本文原载于《法学论坛》2013 年第 5 期）

---

① 罗荆、唐红军：《对我国财政转移支付立法的思考》，《新疆财经》2006 年第 2 期。

三

税制优化与税法改革

论税法量能平等负担原则[*]

许多奇^{**}

党的十八大在提出"收入倍增"（到 2020 年实现国内生产总值和城乡居民人均收入比 2010 年翻一番）目标的同时，把解决收入分配失衡问题作为深化改革的当务之急：提高居民收入在国民收入分配中的比重、提高劳动报酬在初次分配中的比重，以及初次分配和再分配都要兼顾效率和公平，再分配更要侧重公平，成为深化改革的重要任务。在这一形势下，具有再分配功能的税法以及其中体现税收公平原则的量能平等负担（以下称量能负担）原则自然成为学界关注的热点。我国税法尚未直接确认量能负担原则，它还只是作为一种财税思想而存在。但它应不应该、能不能够成为我国税法的基本原则？确立这一原则对于我国深化收入分配制度改革，解决分配中贫富差距过大的问题，以及推动税制变革有何意义和作用？这些问题值得我们深入研究。

一 量能负担：从税收思想到税法原则

量能负担原则，又称量能课税原则，^① 作为衡量税收负担是否公平、平等的原则，其最基本的要求是"税收安排必须在遵循最小牺牲

---

* 本文为作者主持的 2011 年上海市曙光计划（11SG17）和 2012 年上海交通大学文理交叉重点课题（12JCZ04）的阶段性成果。

** 许多奇，上海交通大学教授、博士生导师。

① 量能负担原则是就纳税人角度而言的，从国家征税角度来讲，即为量能课税原则。

原则的同时，按照纳税人的负担能力平等征收"①。税收的分配依据必须是负担能力，纳税能力不同者负担不同的税收。换言之即能力强者多负担，能力弱者少负担，无能力者不负担。量能负担原则追求的是税收平等和税收公平，征税的目的不应仅仅是满足财政需要，更应是实质上实现税负在全体纳税人之间公平和平等的分配，使所有纳税人按照其实际纳税能力负担其应缴纳的税收额度。税收平等负担，从一种税收思想发展为一个重要的税收法律原则，经历了漫长的历史过程。

（一）量能负担税收思想的演进

公平、平等是人类社会的崇高理想和不懈追求。体现分配平等和公平的量能负担，作为一种税收思想，萌芽于古典政治经济学，在德国经济学家阿道夫·瓦格纳（Adolf Wagner）和现代财政之父理查德·阿贝尔·马斯格雷夫（Richard Abel Musgrave）的著作中得以表述，而经过一些现代西方经济学家和税法学家的努力，该理论不断得到新的发展。

17 世纪，随着英国资本主义生产方式的出现，中世纪遗留下来的繁重课税和包税制已不能适应资本主义经济发展的需要，于是一些学者试图按照资本主义生产方式的要求来改造税收制度。最早提出税收公平思想的是英国古典政治经济学的创始人和财政学的先驱威廉·配第（William Petty），他在其代表作《赋税论》（1662 年）和《政治算术》（1676 年）中提出税收应当贯彻公平、简便和节省三条标准。其中，公平是指税收要对任何人无所偏袒，税负也不能过重。在配第看来，英国税收制度所存在的缺点之一，就是它"并不是依据一种公平而无偏袒的标准来课征的，而是听凭某些政党或派系的一时掌权来决定的"②。人民之所以不愿意纳税，第一个原因便是"他们总是怀疑征

---

① See David N. Hyman, *Public Finance: a Contemporary Application of Theory of Policy*, Boston: South – Western College Publishing, 1999, pp. 662 – 663.

② 〔英〕威廉·配第：《政治算术》，载《配第经济著作选集》，陈冬野等译，商务印书馆，1981，第 72 页。

课过多，或者征收的税款被人贪污或浪费了，或者征课得不公平"，①
"最使人感到不满的，就是对他的课税，多于对其邻人的课税"。② 18
世纪末 19 世纪初是资本主义迅速成长时期，资产阶级在经济上普遍要
求自由竞争，反对国家干预。英国古典政治经济学鼻祖亚当·斯密
（Adam Smith）在其经济学名著《国民财富的性质和原因研究》（即
《国富论》，1776 年）中系统地阐述了他的限制国家职能、政府是经济
生活的"守夜人"以及应尽可能地削减政府支出和税收收入等观点。
在该书中，斯密第一次从理论的高度对税收原则进行了比较明确和系
统的阐述，提出了著名的平等、确定、便利、经济四大赋税原则。其
中，平等原则是指："一国国民，都须在可能范围内，按照各自能力
的比例，即按照各自在国家保护下享得的收入的比例，缴纳国赋，维
持政府。"③ 他的这一原则包含三个方面的含义：一是反对按身份定税
及贵族免税特权，主张所有国民应当平等纳税；二是税收中立，即税
收不改变财富分配的原有比例，不使经济发展受到影响；三是按负担
能力征税，即按每个国民在国家保护下所得的收入课征。斯密的公平
原则考虑了国民的负担能力，成为后世"负担能力说"和比例税制的
理论基础。

　　19 世纪后期，资本主义社会各种矛盾激化，贫富两极分化严重。
一些西方学者提出在资本主义经济制度不变的前提下，借助于某些社
会政策实现对资本主义社会的"改良"，而税收是解决社会问题的最
重要的工具。以此为基点，德国社会政策学派的代表人物阿道夫·瓦
格纳在其代表作《财政学》中提出了税收的四项原则，即"财政政策
原则"、"国民经济原则"、"社会正义原则"和"税务行政原则"。其
中第三项"社会正义原则"包括两个具体原则：一是普遍原则，指税

---

① 〔英〕威廉·配第：《赋税论》，陈冬野等译，商务印书馆，1963，第 20 页。
② 〔英〕威廉·配第：《赋税论》，陈冬野等译，商务印书馆，1963，第 32 页。
③ Adam Smith, *An Inquiry into the Nature and Causes of the Wealth of Nations*, New York：the
Modern Library, 1994, p. 888.

收负担应普及社会的每个成员，不可因身份或地位的特殊而有差异，应不偏不倚，凡一国国民都应负有纳税义务；二是平等原则，即根据负担能力确定征税多少，对收入多的多征税，收入少的少征税，贫困者不纳税，财产多者和不劳而获者征重税。[①] 瓦格纳主张国家通过征税调节社会财富分配不均、贫富两极分化的问题，缓和阶级矛盾，达到适用税收政策实行社会改革的目的。在瓦格纳之后，美国经济学家马斯格雷夫进一步将公平分配税负分为水平公平（横向公平）和垂直公平（纵向公平）两个方面。经济情况相同、纳税能力相等的人负担相等的税收，此为水平公平；经济情况不同、纳税能力不等的人，其税收负担也应不同，此乃垂直公平。他说："水平公平与垂直公平是一枚硬币的二面，二者必须紧密联结，如果没有垂直公平的配合，水平公平的要求充其量只能确保租税不致成为恣意的差别待遇而已。如果要达成更进一步的租税公平原则，水平公平须立基于垂直公平。"[②]

量能负担有一个负担能力测定标准问题，近代英国的约翰·穆勒（John Stuart Mill）将相等牺牲观念导入租税分配理论[③]，最早为量能负担中的能力测定提出了一个具有主观性的分析方法。他认为，在大家为公益而尽贡献时，必须做到普遍课征，使每个人的牺牲能够平等。"相等牺牲"，即纳税人纳税前后从其财富得到的满足或效用的差量相等，牺牲相等是根据每个人在课税过程中所牺牲的效用或边际效用的比较进行分析的。在穆勒之后，"相等牺牲"发展为绝对均等牺牲、比例均等牺牲和边际均等牺牲。

由于约翰·穆勒"相等牺牲"的纳税能力测定主观方法难以衡量且缺乏可操作性，20 世纪 20 年代埃德温·塞利格曼（Edwin R. A.

---

① 王传纶、高培勇：《当代西方财政经济理论》（下），商务印书馆，1995，第 226~234 页。
② Richard A. Musgrave, *The Theory of Public Finance: A Study in Public Economy*, New York: McGraw-Hill, 1959, p. 160.
③ 〔英〕约翰·穆勒：《政治经济学原理》，赵荣潜等译，商务印书馆，1991，第 354 页。

Seligaman）提出了客观能力标准。[①] 他认为，能力原则包括两个方面：一是从支出或消费方面计算纳税能力；二是从生产方面计算纳税能力，即享用劳动结果的能力。能力原则的发展经历了四个阶段，分别以人丁、财产、消费或产品、所得为标准。

　　现代西方的经济学家和税法学家进一步将量能负担税收思想与效用理论[②]结合起来，讨论了与量能负担有关的税种、税基、税率以及宏观税收政策等问题。

　　从税种来看，现代意义的量能负担方案在 19 世纪正确设计直接税的辩论中成形，它几乎与国家所得税体系广泛采纳的时间重合。

　　合理确定税基是税收量能负担实现的逻辑起点。经济学家西蒙斯（Henry Simons）认为，实现量能负担税收的方法，关键在于选择适当的税基。于是，他根据海格（R. M. Haig）的研究成果，进一步完善了由海格提出的"综合所得"概念。他明确指出，所得等于净收入价值的改变加上包括吃、穿、住、行等方面的消费利益，它是"对社会稀缺资源的利用实行控制"的指示器。[③] 简要的公式为：所得 = 收入净价值的改变 + 消费 = 总价值增加 - 总价值减少 + 个人消费。[④] 根据这一公式，综合所得是指一个人在给定年份中的年消费支出与其净资

---

①　Edwin R. A. Seligman, *Essays in Taxation*, New York and London：Macmillan & Co., 1925, pp. 3 - 4.

②　在发生边际革命的 19 世纪 50 ~ 70 年代，德国的戈森（Gossen, 1854）、英国的杰文斯（Jevons, 1871）、奥地利的门格尔（Menger, 1871）以及法国的瓦尔拉斯（Walras, 1974）等人差不多同时，但又都各自独立地发现了"边际效用递减规律"。该规律的内容是：在一定时间内，在其他商品的消费数量保持不变的条件下，随着消费者对某种商品消费量的增加，消费者从该商品连续增加的每一消费单位中所得到的效用增量即边际效用是递减的。英国新古典学派经济学家阿尔弗雷德·马歇尔（Alfred Marshall）进一步指出，货币也必须服从边际效用递减规律。既然如此，由于富人持有的货币量大于穷人，所以前者的边际效用小于后者。如果把一元钱从富人那里转移到穷人那里，整个社会的效用就会增加。所以，边际效用递减规律可以成为收入平均化的理论依据。

③　See Henry C. Simons, *Personal Income Taxation：The Definition of Income as a Problem of Fiscal Policy*, Chicago：The University of Chicago Press, 1938, p. 49.

④　Henry C. Simons, *Personal Income Taxation：The Definition of Income as a Problem of Fiscal Policy*, Chicago：The University of Chicago Press, 1938, p. 50.

产价值的增长额之和，这就是著名的"海格－西蒙斯的所得定义"，这一定义沿用至今。[①]

在税率方面，美国一些税法学家论证了累进税率制度的合理性。[②] 1952年，沃尔特·布鲁姆与哈瑞·凯尔文教授（Blum & Kalven）撰文解释了为什么纳税人有一部分收入可以免交所得税。因为按照量能负担的税收理论，必须预留一部分生存资金给纳税人使用。[③] 收入极少的纳税人通常需要这些收入支付必需品，例如食物、衣服和简单的住宿。放弃这部分收入将是巨大的牺牲。国家必须对这部分收入确立极低的税率或者根本不征税。此即布鲁姆和凯尔文教授所谓"最低生存标准免除"的部分免缴所得税。[④] 两位教授还在文章中集中论述了当时量能负担税收思想中两个最大的效用适用问题，即"平等牺牲"和"按比例牺牲"，[⑤] 主张用累进税、至少比例税来分配税收负担。从当时的美国税法理论来看，还普遍反对将量能负担作为超过免税部分适用累进税率的合理性解释，认为累进税率是政府为了贫富之间再分配的目的促使社会福利最大化而设计的。[⑥] 直到1987年，班克曼和拉尔

[①] 当然，大多数学者沿袭了西蒙斯的"所得"定义，但"将所有资产的价值增值变化考虑在内的想法并不可行，所得税应限于交易中已经实现的所得"。西蒙斯在之后的论著中也做出了妥协。参见 Henry C. Simons, *Federal Tax Reform*, Chicago: The University of Chicago Press, 1950, pp. 48, 74。

[②] 有学者争论，到底是消费还是个人所得更适合作为评估累进税收量能负担的税基。参见 Nicholas Kaldor, *An Expenditure Tax*, London: Allen and Unwin, 1955, p. 53。而当累进性被视为一种减少经济不平等的手段时，个人收入就比消费更合适作为税基对待。参见 Richard Goode, *The Individual Income Tax*, Revised Edition, Washington, D. C. : The Brookings Institution, 1976, pp. 24。

[③] 在美国，遗产税是典型的累进税，因为只有最富有的人才会负担该税种，而大部分公民并未涉及。参见 Michael J. Graetz & Ian Shapiro, *Death by a Thousand Cuts: The Fight over Taxing Inherited Wealth*, Princeton: Princeton University Press, 2005, p. 267。

[④] Walter J. Blum & Harry Kalven, Jr., *The Uneasy Case for Progressive Taxation*, 19 U. Chi. L. Rev. 1952, pp. 417, 420.

[⑤] Walter J. Blum & Harry Kalven, Jr., *The Uneasy Case for Progressive Taxation*, 19 U. Chi. L. Rev. 1952, pp. 486 – 501.

[⑥] 早在1914年，有学者鲜明提出"向不同收入者征收同样比例的税收符合平等负担原则"的观点。Frederic Mathews, *Taxation and the Distribution of Wealth*, Garden City, New York: Doubleday, Pace & Company, 1914, p. 152.

夫教授（Bankman & Griffith）提出"税制体系的最终目的为使得个人效用的同等偏好最大化"。纳税人所得增加，边际效用随之递减。对于更高的收入而言，每增加一美元的税率结构，实际上边际税率是累退的。① 换言之，同样从高所得者与低所得者身上征收一元的税收，高所得者付出的"牺牲"较小。因此，累进税率制最能公平地实现税负分担。在政府征收同样税收收入的条件下，累进税率制最易实现纵向公平。至此，美国主流税法理论终于赞同不论从效用分配的角度，还是量能负担的角度来看，累进税率制度都是合理的。

　　在国家宏观税收政策方面，美国经济学家彼得·戴蒙德（Peter Diamond）② 和詹姆斯·米尔利斯（James A. Mirrlees）③ 关于"最优税制理论"的研究成果是具有里程碑意义的。1971 年，《美国经济评论》发表了米尔利斯与戴蒙德的《最优税收与公共生产（一）：生产的有效性》和《最优税收与公共生产：税收规则（二）》以及米尔利斯的《最优税收理论探讨》几篇论文，奠定了现代最优税制理论的基础。④ 该理论旨在解决兼顾公平与效率的问题，致力于设计出折中的税制，使趋向公平的再分配所带来的社会福利最大，而这种再分配产生的效率损失最小，因而不同于之前英国剑桥大学的经济学家弗兰克·拉姆齐（Frank P. Ramsey）的"最优税率法则"。⑤ 拉姆齐在 1927 年提出

---

① Joseph Bankman & Thomas Griffith, "Social Welfare and the Rate Structure: A New Look at Progressive Taxation", 75 *Cal. L. Rev*, 1987, pp. 1905 – 1907.

② 彼得·戴蒙德（Peter Diamond），2010 年诺贝尔经济学奖获得者，世代交叠模型的提出者。

③ 詹姆斯·米尔利斯（James A. Mirrlees），1996 年诺贝尔经济学奖得主。

④ Peter A. Diamond and James A. Mirrlees, "Optimal Taxation and Public Production, Ⅰ: Production Efficiency", *American Economic Review*, vol. 61, 1971, pp. 8 – 27, and "Optimal Taxation and Public Production, Ⅱ: Tax Rules", *American Economic Review*, vol. 61, 1971, pp. 261 – 278; and J. A. Mirrlees, "An Exploration in the Theory of Optimum Income Taxation", *Review of Economic Studies*, Vol. 38, 1971, pp. 175 – 208.

⑤ Frank P. Ramsey, "A Contribution to the Theory of Taxation", *Economic Journal*, Vol. 37, 1927, pp. 47 – 61.

的"最优税率法则"是一个关于对不同需求弹性的商品如何征税才能做到效率损失最小的原则。它主张政府应对不同的商品实行不同的税率,商品各自的税率应该同该商品的需求价格弹性成反比。生活必需品因为其需求价格弹性很低,应当课以高税,而奢侈品则由于其需求价格弹性高,应课以轻税。这样的税收再分配方案具有内在的不公平性。与此不同,戴德蒙和米尔利斯却认为,最优税制的设置在满足效率原则的同时,还要兼顾税收公平原则的实现。其最优税收理论的政策结论包括如下内容:由于低收入家庭的效用在社会福利中的权重最大,因而在税收上应给予优惠。在商品税制设计方面,应对劣质商品实行补贴,对收入边际效应为正的正常品征税,在正常品中,对奢侈品课以重税。这些政策是量能负担思想在商品税(间接税)中的体现。

(二) 量能负担税收思想与所得税的开征

现代形式的所得税制度自 18 世纪末期起源于英国,至今只有两百多年的历史,大部分工业化国家只是在 19 世纪末期或者 20 世纪初期才开征该税。虽然在许多国家,战争筹款是所得税得以采用或者扩张的直接动因,但是从思想根源来看,所得税制度的确立与发展离不开量能负担税收思想的传播与影响。让我们以被称为"所得税母国"的英国为例。

1789 年,为了满足英法战争对军费的需求,以威廉·彼特(William Pitt)为首相的政府创设了"三部合成捐"(triple assessment),开始一系列立法,使所得税首次付诸实施。[1] 六个月后,彼特认识到"三部合成捐"方式的现实缺陷,开始探索直接评估征收的所得税,后者于 1799 年生效,并一直开征到 1816 年。[2] 其后,所得税几废几立,直到

---

[1] Stephen Dowell, *A History of Taxation and Taxes in England*, vol. 2, London: Frank Cass & Co. Ltd., 1884, pp. 201-215.

[2] F. Shehab, *Progressive Taxation: A Study in the Development of the Progressive Principle in the British Income Tax*, Oxford: Clarendon Press, 1953, p. 46.

1874 年，才成为英国的一个经常性税种。

在此期间，不论所得税的支持者还是反对者都深受亚当·斯密、大卫·李嘉图（Ravid Ricardo）古典政治经济学和边沁功利主义的影响。詹姆斯·米勒（James Mill）、约翰·拉姆齐·麦卡罗（John Ramsey McCulloch）、纳索·西尼尔（Nassau Senior）、斯图亚特·米勒（John Stuart Mill）都对所得税理论做出了有目共睹的贡献。[1] 他们指出，量能负担主要基于纳税人现实的经济实力而非潜在的经济力量征税，因而所得税便成为有利的税收工具。他们根据量能负担设计税收计划，指出起码有两个理由应对高所得者征收更高赋税：一是按照金钱边际递减效应，对于富人来说，每增加一美元的财富享受到的收益是递减的；二是富人能够承受的金钱损失风险比穷人大，因而有能力承担更多的税收负担。[2] 另外，英国开征所得税实行的是分类所得税制，从罗伯特·皮尔（Robert Peel）时期[3]开始，英国的所得税法按照不同所得来源要求纳税人汇报收入。这种制度之所以能在英国畅行无阻，是因为英国古典政治经济学家非常成功地宣传了其根据土地、资本与劳动力不同来源区分财富的宏观政治经济学，[4] 并产生了深远的影响。

（三）量能负担成为税法原则

所得税制度的确立虽较为晚近，但发展迅速，最终被各国立法确

---

① Stefan Collini, *Public Moralists：Political Thought and Intellectual Life in Britain*，Oxford，England：Clarendon Press；New York：Oxford University Press，1991，pp. 13 – 90.

② Audrey R. Chapman，"Reintegrating Rights and Responsibilities：Toward a New Human Rights Paradigm"，in Kenneth W. Hunter & Timothy C. Mack eds.，*International Rights and Responsibilities for the Future*，Westport，Conn.：Praeger，1996，p. 10.

③ Robert Peel 爵士，英国政治家，他在出任英国首相期间，于 1841 年为了经济复苏再次将所得税引进，这次所得税政策一直持续到 1851 年。参见 J. A. Kay & M. A. King，*The British Tax System*，New York：Oxford University Press，1990，pp. 21。

④ 大卫·李嘉图（1772 – 1823），英国最有影响力的古典经济学家之一，在国际贸易和银行业的理论成就远超过税收学。该书第二章内容围绕其"宏观经济体系、累进税制、交换价格"等理论展开。Carl S. Shoup，*Ricardo on Taxation*，New York：Columbia U. Press，1960，pp. 25 – 39.

定为固定、经常开征的税种，甚至在许多国家都被确定为主体税种。在这一过程中，税收必须按照纳税人的负担能力平等征收的观念已被广为接受，并以税法原则的形式在税法乃至宪法条文中表现出来。法国《人权宣言》最早规定了全体公民应该平等负担公共开支。其第13条规定："为维持国家的武力，以及行政上的各种费用，共同的赋税，实不可缺。此种赋税必须由全体人民，依据其能力负担。"法国1946年宪法更进一步明确了公共负担平等原则（第12章）。意大利宪法第53条规定："所有的人均根据其纳税能力，负担公共开支。税收制度应按累进税率制定。"菲律宾宪法第28条第1款规定："税收则应该统一和公平。国会应制定累进税则。"宪法中公共负担平等原则是税法立法的直接依据。德国阿尔巴特·亨塞尔（Albert Hensel）教授曾深入研究了魏玛宪法第134条的规定，认为该条规定了量能课税原则的方向，立法者必须遵循。[①] 事实上，德国1919年和1977年的《租税通则》一直把负担平等作为租税的构成要件之一，其第85条课征原则规定："稽征机关应依法律规定之标准，平等核定及征收租税。稽征机关尤其应确保无不法短漏征收租税，或不法给与或拒绝租税退还及租税退给。"[②] 有些国家的宪法法院还将宪法中有关"税收平等负担"的条文转化为实践中违宪审查的指导原则。比如在法国，平等作为该国共和传统的中心价值本并不具备直接实施的法律效力，但经法国宪法委员会的确认，包含在《人权宣言》中的平等原则转化为具体的平等权利。在"税务歧视决定"一案中，宪法委员会首次明确引用1789年《人权宣言》并给其以宪法价值。此后，税务平等发展为平等公共负担的普遍原则，使其在内涵和外延上得到扩充，并在之后的一系列

① 〔日〕金子宏：《日本税法原理》，刘多田译，中国财政经济出版社，1989，第18~20页。
② 陈敏译：《德国租税通则》，台湾"财政部"财税人员训练所，1985，第104~105页。其英文版2011年修订稿参见网页：http://www.gesetze-im-internet.de/englisch_ao/the_fiscal_code_of_germany.pdf，2013年6月18日访问。

判例中确立了若干违反平等原则致使立法无效的标准。[①] 德国联邦宪法法院在判决中逐渐形成了一套合宪性审查标准，即从平等原则导出量能课税原则，并承认此项课税原则具有宪法上的效力根据。租税负担须依个人之经济负担能力，也就是按照纳税人彼此间不同的给付能力负担不等的租税。[②] 总之，在不少国家，"量能负担"已经成为经宪法、税收基本法和宪法法院确认的基本税法原则。

二　量能负担：应为我国税法的基本原则

我国税法尚未直接确认量能负担为基本原则。关于其应否成为我国税法的基本原则，理论界有不同的观点。我国著名税法学家刘剑文教授认为，在经济学上，所得税被认为是符合量能课税的最优税种。对于直接税而言，财产税适用量能课税存在值得商榷之处。而间接税不考虑纳税人的生活保障，不考虑与收入有关的费用开支，不考虑纳税人个人与家庭的各种特殊需要，较之所得税也存在一定的欠缺。因此如果将量能课税作为一个普遍原则，且衡量税负能力又以所得税为标准，那么其他税种都会出现违反量能课税原则的结果。如果不同的税种确定不同的标准，这实际上等于放弃了标准。他说："在西方税法发达国家，由于所得税法不仅占绝对优势，而且还在不断强化其作为主体税种的地位……但在发展中国家，特别是中国，所得税并不是主体税种，与商品流通有关的各种间接税才是税收的支柱。"[③] "而在一个间接税占主导地位的国家里，将量能课税原则作为宪法原则，将使得整个间接税法因为违反量能原则而无效，这种……危机将无可避免地引发财政危机。而如果将量能课税视为一种财税理想，而仅在有限的领域作为法律原则，这种折中的想法也许在现实社会中更具有可

---

① 张千帆：《西方宪政体系》（下册），中国政法大学出版社，2001，第127页。
② 葛克昌：《所得税与宪法》，台北翰芦出版公司，2003，第96页。
③ 刘剑文：《财税法专题研究》，北京大学出版社，2007，第200页。

行性和生命力。"① 笔者以为，如果从实然的角度看，即从我国现行税制来看，刘剑文教授的论述堪称精辟。但是从应然的角度看，即从税法的性质与作用、从我国税制改革的方向，以及从贯彻党的十八大文件精神，解决收入分配失衡问题的现实需要来看，量能负担应该成为我国税法的基本原则。

（一）税法的核心任务和主要社会作用是促进和保障公平分配，而公平分配的税法应是遵循量能负担的税法

美国法律哲学家埃德加·博登海默（Edgar Bodenheimer）在《法理学：法律哲学与法律方法》一著中指出，可以根据两个基本概念来分析法律制度：秩序与正义。秩序"意指在自然进程和社会进程中都存在着某种程度的一致性、连续性和确定性"②；而"满足个人的合理需要和主张，并与此同时促进生产进步和提高社会内聚性的程度——这是维续文明的社会生活所必须的——就是正义的目标"。③ 当人们自觉地以法律作为形成社会秩序的手段，制定法律规范"把有序关系引入私人和私人群体的交往中并引入政府机构运作之中"④ 时，有序关系并非就直接形成，因为法律本身还不是直接意义上的社会秩序，法律必须在被社会成员普遍接受和遵循时，才能形成社会秩序。而人们是否接受、是否遵循一种法律规则体系，主要取决于人们自身对正义价值的理解和追求，取决于法律规则体系自身所企图建构的社会秩序状态是否包含着人们所理解的正义精神。因此，法律是秩序与正义的综合体，"法律旨在创设一种正义的社会秩序"⑤。

---

① 刘剑文：《财税法专题研究》：北京大学出版社，2007，第 201 页。
② 〔美〕E. 博登海默：《法理学：法律哲学与法律方法》，邓正来译，中国政法大学出版社，1999，第 219 页。
③ 〔美〕E. 博登海默：《法理学：法律哲学与法律方法》，邓正来译，中国政法大学出版社，1999，第 252 页。
④ 〔美〕E. 博登海默：《法理学：法律哲学与法律方法》，邓正来译，中国政法大学出版社，1999，第 234 页。
⑤ 〔美〕E. 博登海默：《法理学：法律哲学与法律方法》，邓正来译，中国政法大学出版社，1999，第 318 页。

　　国家制定税法，旨在建立一种有序的税收征纳关系：税务机关依法征税，人民自觉纳税。同样，税法本身并不直接就是良好的税收秩序，税收秩序能否建立，关键在于国家制定的税法能否成为分配正义的制度保障。税收是国家强制地从私人手中取得部分财产而不给予任何对价的现象。固然国家财政需要应由国民来分担租税负担，而提供公共物品的目的性也能使人们愿意负担公共经费，但前提是必须以公平的方式来负担。因此，只有促进和保障公平分配的税法才会得到纳税人的尊重和执行，反之则会受到纳税人的抵制和反对。

　　何谓公平分配？对这个问题的不同回答，形成了两大传统："受益说"与"负担能力说"。在经济学和税收学的发展历程中，学者们围绕这两大传统进行了激烈的争论，争论的焦点在于何者更有利于公平的实现。"受益说"以亚当·斯密为代表，以交易理论和相对价格理论为基础。依"受益说"之观点，赋税是个人对国家提供之生命与财产保护所支付的对价，纳税人根据个人从政府提供的服务即公共服务（公共产品）中享受利益的多少而相应地纳税。享受利益多的人多纳税，享受利益少的人少纳税，没有享受利益的人则不纳税。所以也被称为"受益者付费说"。亚当·斯密曾解释说，政府支出与国民之间的关系，犹如一大地产之管理费之于共同的租户，各租户有依其所受利益之比例分担管理费的义务。[①]　"负担能力说"以约翰·穆勒（J. S. Mill）、瓦格纳和马斯格雷夫为代表，他们及其后来的响应者都认为税赋平等的实质不在于利益交换的平等性，而在于纳税义务对每一具体纳税人的负担平等。其实质是把税收公平的基点定位于纳税人税收负担能力的大小之上，纳税能力强者应多纳税，纳税能力弱者可少纳税，无纳税能力者则不纳税。

　　"负担能力说"与"受益说"的根本分歧在于对税收本质的不同

---

　　①　See Adam Smith, *An Inquiry into the Nature and Causes of the Wealth of Nations*, New York：The Modern Library, 1994, p. 891.

认识。"受益说"把税收公平的基点定位在纳税人从公共产品中享受的利益多少之上,是与其将缴纳的税收看成享用公共服务的对价分不开的。它从表面上看似乎公平,所受利益与缴纳成比例,却存在实质上的不公平。按照该说,那些在心智和身体上存在缺陷最需要政府保护的人,应当缴纳最大份额的对价,这显然与分配正义相悖,分配的正义在于纠正不平等和不公正,而非承认和加剧分配中的不公。根据现代宪法理论,国家必须被看作所有国民的国家,纳税义务人所缴纳的税款并非用以支付其所受领的具体对待给付,而是为了国家的一般性支出,为了实现政府公共管理职能。政府履行其职能满足公共需要的行为,对于纳税人与非纳税人(法律规定的满足一定条件而免除纳税义务的人)、纳税多的人与纳税少的人具有同样的效用,没有根本上的差别。也就是说,政府的财政支出并不由每一具体纳税人所缴纳的税款决定,不因其对每一具体纳税人应支付相当利益(所谓的对待给付)而受到拘束,同样,纳税人对政府的支出也没有请求权。"受益说"不仅在理论上站不住脚,在实务运作上也存在着无法克服的盲点。因为依"受益者付费"为分配平等之衡量基准受限于特定前提条件,即接受国家给付的受益人及受益程度需具体且可辨识。规费、受益费、社会保险等,似乎符合此前提;但国家公共支出如教育、国防等,具有外部性,其受益对象及程度难以具体判断。因此,以"受益者付费"作为衡量税收公平的标准既不合理,也不可行。

持"量能负担说"的学者则认为,税收的征纳不应以形式上实现依法征税、满足财政需要为目的,而应以追求实质上实现税收负担在全体纳税人之间的公平分配为目标,使所有的纳税人按照其实质纳税能力负担其应缴纳的税收额度。税赋平等的实质不在于利益交换的平等性,而在于纳税义务对每一具体纳税人的负担平等,只有在这种情况下,征税才具有正当合理性。只有税收负担与纳税人的负担能力相称,才能实现公平课税,实现分配上的正义。

经济学与税收学上的"量能负担说"被引于税法领域，便成为税法上的"量能负担原则"。该原则在保护纳税人个体生存、调节社会贫富、保障经济健康发展方面成为不可或缺的准则，在现代税制发展过程中起着日益重要的作用。台湾税法学家葛克昌教授、黄茂荣教授等曾这样评价量能课税原则的意义：量能课税原则本身，有意在创设国家与具有财务给付潜能的纳税义务人之间的距离，以确保国家对每一国民给付之无偏无私，不受其所纳税额影响。[①] 亦即纳税义务人缴纳的租税与国家的具体对待给付不具有对价性，国家不因纳税义务人给付的多寡而提供不同的具体服务。量能课税原则，是依据税捐正义的观点所建立的税法基本原则。[②] 由于其符合社会通念与国民道德情感，亦有利于国家财政挹注，因此，量能课税屡屡被引为税法的结构性原则、基本原则。[③]

我国税法既然以彰显宪法平等原则、促进和保障分配公平为己任，那么，作为分配正义标准的量能负担就应当成为我国税法的基本原则。

（二）我国收入差距扩大和财产贫富悬殊问题已成为影响经济发展和社会稳定的"瓶颈"问题，发挥税法再分配功能需要量能负担原则

我国现代化建设已进入"黄金发展期"和"矛盾凸显期"相伴的发展阶段，收入差距和财富分配呈现日益严重的两极分化现象，成为影响经济发展、威胁社会和谐的焦点问题。[④]

我国分配领域的问题集中体现在"两个比重"偏低，即劳动报酬在初次分配中的比重从 2000 年的 93.79% 下降到 2007 年的 83.49%，

---

① 葛克昌：《税法基本问题：财政宪法篇》，北京大学出版社，2004，第 121 页。
② 黄茂荣：《税法总论：法学方法与现代税法》（第一册），台北植根法学丛书，2005，第 379 页。
③ 蔡维音：《全民健保财政基础之法理研究》，台南正典出版文化有限公司，2008，第 165 页。
④ 施正文：《分配正义与个人所得税法改革》，《中国法学》2011 年第 5 期。

居民收入在国民收入中的比重从 1994 年的 62.18% 下降到 2007 年的 57.92%，[①] 反映了在生产要素收入结构中劳动要素的比重偏低、居民收入相对于企业和政府收入的比重偏低。[②] 最近国家统计局公布了自 2003 年以来逐年的全国居民收入基尼系数。数据显示这些年中国居民收入基尼系数一直在 0.47 以上，2008 年以前逐年上升，最高点达到 0.491，近几年有轻微回落，2012 年为 0.474。根据世界银行 2011 年公布的全世界 162 个国家和地区的收入或消费基尼系数（不同年份），基尼系数超过 0.47 的国家和地区只有 34 个。[③]

　　导致我国目前收入分配格局形成的原因是多方面的和复杂的，虽然初次分配不公是主要原因，但二次分配中税收调节机制缺失也是重要原因。主要表现在三个方面。一是以间接税为主体的税制结构容易产生税负转嫁，并且具有极强的累退性。我国现行税制的基本框架是 1994 年税制改革形成的，之后随着宏观调控目标的调整，税制也进行了相应调整，但以间接税为主体的总体格局没有改变。2011 年，增值税、消费税和营业税为主体的间接税收入占税收收入总额的比重超过 70%，而能够在再分配领域发挥较大调节作用的直接税，如个人所得税、财产税等整体比重过低，不足 30%。我国增值税和营业税由企业缴纳，涵盖大多数商品和劳务，但商品经过多次加工环节后，最终商品和劳务大多数与居民生活息息相关，需求弹性较低。根据税负转嫁理论，在需求弹性较低时，需求方会承担大部分税负。这样，虽然企

---

① 工资总额是劳动报酬的重要组成部分，我国职工工资总额占 GDP 的比重由 1995 年的 13.32% 下降到 2008 年的 11.21%，城镇单位就业人员劳动报酬占 GDP 的比重也由 1995 年的 13.6% 下降到 2008 年的 11.7%。这说明我国劳动报酬所占比重的确在较短时间内快速下降了。参见宋晓梧《完善市场经济体须提高初次分配比重》，《经济参考报》2013 年 1 月 8 日，http://news.hexun.com/2013 - 01 - 08/149933562.html，2013 年 4 月 8 日访问。

② 参见梁季《"两个比重"与个人所得税》，《税务研究》2010 年第 3 期。

③ 王小鲁：《关于中国的基尼系数》，《华尔街日报》中文网 2013 年 2 月 5 日，http://qd.ifeng.com/mingrenhuiketing/detail_ 2013 _ 02/05/576328 _ 0.shtml，2013 年 4 月 6 日访问。

业缴纳税款，但是企业却可以通过税负转嫁的形式将税负转嫁给居民，大部分税负最终由居民承担。累退性主要是指纳税人的税负随着收入的增加而变小，越是高收入阶层所承担的税负越轻，中低收入阶层税负却相对偏重，这显然不符合量能负担原则，其直接后果就是税负的不公平。我国增值税和营业税都强调税收中性，采取了比例税率形式，势必导致这些税种具有累退性，即低收入阶层交纳的税收占收入的比重高于高收入阶层。这是因为：根据边际消费倾向递减规律，随着居民收入的增加，居民消费并不按相同的比例增加，在所增加的收入中用于增加消费的部分越来越少。这意味着收入越少，消费性开支占其收入的比重越大，承担被转嫁的税负就越重。此外，对全部商品课税时，由于需求弹性大小不同，课税所引起的提价速度也不同，往往是生活必需品最快，日用品次之，奢侈品最慢。商品课税的税负将更多地落在广大低收入者的身上。间接税的累退性进一步加剧了居民收入分配不公的局面。尽管出于公平考虑，我国在增值税和营业税的税制设计中也纳入了一些调节收入分配的因素——如对部分生活必需品实行13%的增值税低税率等，但这不可能从根本上改变增值税、营业税总体上对贫富差距的逆向调节效果。二是直接税某些制度规定不合理以及征管不严形成税收逆调节。例如，我国个人所得税制度的目标本是调节贫富差距，但其设计的税率结构不合理，工资薪金所得的累进税率要高于生产经营所得适用的税率；利息、股息、红利、财产转让所得、财产租赁所得等资本所得适用比例税率，导致劳动所得的税负有时会高于非劳动所得；45%的最高边际税率不仅税负过高，由于征管难度大，其实际征收效果也不佳，反而使高收入者税负降低。同时，征管能力欠缺又进一步放大了税制本身的缺陷。从我国情况来看，个人所得税成了名副其实的"工薪税"，没有起到"劫富"的作用。这是因为工薪收入规范化程度比较高，便于征管和监控，由单位代扣代缴，所以工薪阶层成为个人所得税的纳税主力。目前，工薪阶层缴税占个人所得税总额的 60% 以上。而大部分的工薪阶层都是中低收入者，这就加重了中低收入者的负担。当前个人所得税虽然实行超额累进税制，但由于政策设计和征管监控等原因，税收在调节高收入群体方面却有些失灵，高收入群体通过种种方式逃避了税负。据统计，约占人口总数 20%、拥有社会财富 80% 的人，所缴纳的个人所得税不到全部个人所得税的 10%。这样的税收调控会加剧收入分配不公，有悖于其调节收入分配的功能。[①] 三是富有调节分配功能的遗产税和赠与税的缺失，社会保障税没有到位等，也进一步削弱了税收对财产分配的调节作用，不利于税法促进和保障公平分配作用的发挥。

总之，造成我国目前收入分配不公的局面，二次分配中税收调节机制缺失难辞其咎。在这种情况下，党的十八大提出了解决收入分配失衡问题，缩小分配贫富差距的目标。国务院办公厅为贯彻落实《国务院批转发展改革委等部门关于深化收入分配制度改革若干意见的通知》（国发〔2013〕6 号）提出的各项目标任务和政策措施，下发了《关于深化收入分配制度改革重点工作分工的通知》（国办函〔2013〕36 号），提出了继续完善初次分配机制，加快健全再分配调节机制，建立健全促进农民收入较快增长的长效机制，以及推动形成公开透明、公正合理的收入分配秩序四个方面的任务，其中尤其强调完善缩小贫富差距的再分配机制。完成上述目标和任务要求"量能负担"成为我国税法的基本原则。

三　量能负担：能为我国税法的基本原则

税法的基本原则，是对一国调整税收关系的基本规律的抽象与概括，是贯穿税法的立法、执法和守法全过程的具有普遍性指导意义的

---

① 马涛：《建立税收在收入分配中的公平性》，《证券时报》网 2012 年 10 月 24 日，http：// epaper. stcn. com/paper/zqsb/html/2012 – 10/24/content_ 413955. htm，2013 年 4 月 8 日访问；参见张源《从调节居民收入分配角度论个人所得税税制改革》，《财会月刊》2010 年第 5 期。

法律准则。① 税法基本原则的确立标准，笔者认为最重要的有两条：一是税法基本原则必须体现税法所追求的公平、正义等价值目标，体现税法的本质特征；二是它须具有普适性，其效力能够贯穿于整个税法体系，对于所有的税收法律活动都能起到规范、指导作用。

量能负担是分配公平、正义的体现，税法本质的彰显，这一点前面已做分析，下面着重讨论量能负担的普适性问题。

（一）量能负担是税收立法之拘束性原则

在现有的税法基本原则中，具有拘束税收立法功能的，当首推税收法定原则。该原则要求"未经人民自己或其代表同意，决不应该对人民的财产征税"。② 即对纳税人的征税，以其同意——人民的代表机关或代议机关制定的法律为前提和基础，使"所有公民都有权亲身或由其代表来确定赋税的必要性，自由地加以认可，注意其用途，决定税额、税率、客体、征收方式和时期"③。法理上，税收法定原则是旨在对抗政府滥用征税权力、维护公民权益的根本法则，但这种对行政权力滥用征税权的限制及对公民财产权的保护是建立在对代议机关立法权绝对信任基础之上的：既然代议机关的代表由选民选举产生，他们当然能够代表全体选民的意愿，因此，由他们进行立法，就自然能够实现对行政权力的限制和对公民权利的保护。然而历史的发展却表明，即使通过民主选举的代表所组成的代议机关和按照代议制民主程序产生的法律，也并不能必然保证代表着公平与正义，必然保证不侵犯选民的利益。这是因为，一方面，"议员依其偏好及利益集团之压力"④；另一方面，"议会中普遍的无知和无能，或者说得温和一点，智力条件不充分"⑤，都有可能导致立法机关在一定政治经济条件下制

①　刘剑文主编《财政税收法》，法律出版社，1997，第154页。
②　〔英〕约翰·洛克：《政府论》，叶启芳、翟菊农译，商务印书馆，1996，第89页。
③　《法国人权宣言》第13条。
④　葛克昌：《税法基本问题：财政宪法篇》，北京大学出版社，2004，第30页。
⑤　〔英〕约翰·斯图尔特·密尔：《代议制政府》，汪瑄译，商务印书馆，1982，第85页。

定出来的税收法律偏离甚至背叛民意，造成对纳税人合法权利的侵害。而"如果立法过程中炮制了不合理的税法，而在执行过程中因遵从租税法律主义法理而被迫得以严格执行，其结果将是有害无益的"。① 在这种情况下，用什么来拘束税收立法呢？那就是宪法中公民的基本权利，税收立法应该受到宪法保障人权等价值体系的制约。"租税负担并非仅是议会多数问题，而是税法整体秩序所表彰之价值体系，与宪法之价值体系是否一致的问题。故租税立法裁量权应受宪法价值观约束，特别是受宪法基本权之约束。"②

量能负担原则直接体现宪法中的公平、平等、人权保障等价值观念，因而具有拘束税收立法的功能。以量能负担原则为指导，税收立法者立法时就会在顾及国家财政收入的同时，尽可能地考虑纳税人各种人的因素。在选择课税对象时，斟酌纳税人的个人条件，如生存保障、抚养义务、特别急难以及资本维持等，区别对待生存权财产、资本性财产和投机性财产，慎重对待直接税和间接税的比例安排，尽量使"租税人税化"③，以保障纳税人根据其负担能力公平负担纳税义务的权利。因此，与税收法定原则一样，量能负担也具有拘束税收立法的功能。两者不同的是，税收法定是拘束税收立法的形式性原则，量能负担则是拘束税收立法的实质性原则。

（二）量能负担是税法解释之准则性原则

税法的具体适用是以税法解释为前提的，这是因为即使立法者在税法中对课税要素规定再明确，税权界定再明晰，主体的权利和责任再细密，税法也还是一张"疏而有漏"的"税网"，还是无法完全做到与现实生活的一一对应，从而很难实现税法的无障碍调整。④ 通过

① 〔日〕北野弘久：《税法学原理》，吉田庆子等译，中国检察出版社，2001，第76页。
② 葛克昌：《所得税与宪法》，北京大学出版社，2004，第17页。
③ "租税人税化"是日本税法学者北野弘久的观点，他认为应在"租税中尽量考虑纳税者各种人的因素方面。人税化在税法学中意味着在租税中尊重人权"。参见〔日〕北野弘久《税法学原论》，陈刚、杨建广等译，中国检察出版社，2001，第105页。
④ 孙健波：《税法解释研究：以利益平衡为中心》，法律出版社，2007，第73页。

税法解释，税法得以具体化、明确化和体系化，矛盾规范能够排除，税法漏洞得到补充，税法的宗旨也由此得以实现。

以税法基本原则为准则进行有权解释，是保证税法解释的准确性，提高税收法治水平的必要举措。量能负担原则也是一个税法解释的准则性原则，原因有以下两点。

一是以量能负担原则为准则，是税法解释上合目的性的要求。法律解释的目标不在于探求法律文本的原意，而在于将立法中抽象的正义转化为适合于个案判决的具体的正义。税法解释的目标在于探求及阐明税法的旨意，其最终目标为具体的税收正义。因此，税法解释应指向税法目的，从目的的观点加以解释。文义的、历史的及体系的解释均仅仅是确认税法目的的手段。[①] 那么税法的目的是什么呢？课税固然以充足财政需要为主要目的，但那是课税的目的，而与税法的合目的性有所区别。税法的根本目的在于促进公平分配，实现分配正义，保障公民的财产权以及宪法赋予的各项基本权利。由于税收无具体的对待给付，所有纳税义务，只有依纳税人的纳税能力平等负担时，才具有合理正当性，才是实质公平的、正义的分配，公民的生存权等基本权利也才能免受侵犯。因此，量能负担原则与税法目的之间具有高度的吻合性，这使其能够成为税法解释的基本准则。

二是量能负担原则是税法解释具体原则的精神实质和法理基础。税法的原则除基本原则外，还包括解释适用中的具体原则，比如实质课税原则。实质课税主义发端于德国税法[②]，其因在税法解释方面发

[①]　Tipke，Lang，Steuerrecht，1989，S. 102. 转引自孙健波《税法解释研究：以利益平衡为中心》，法律出版社，2007，第76页。

[②]　德国《帝国税收通则》（1919年）第4条："税法的解释，应考虑其经济意义。"该主张被称为税法解释上的经济观察法。该规定在1934年被移入新制定的《税收调整法》第1条第2项中："进行税收法律解释时，必须综合考虑国民思想、税法的目的、经济上的意义，以及上述诸多因素的相互关系。"此外还增设第3条："对构成要件之判断同其适用。"经济观察法的作用自此扩大到事实判断上。

挥着重要作用而逐渐成为税法的解释原则。该原则强调，当行为的法律形式与经济实质不一致时，应当抛开法律形式束缚，直接针对经济实质课税。受德国税法影响，大陆法系许多国家和地区的税法均有关于该原则的规定。我国 2001 年 4 月 28 日第九届全国人民代表大会常务委员会第二十一次会议修订通过的《中华人民共和国税收征收管理法》第 35 条、第 36 条、第 37 条都体现了实质课税原则。1993 年 12 月，国务院颁布施行的《增值税暂行条例》第 7 条、《消费税暂行条例》第 10 条、《营业税暂行条例》第 3 条的规定也都有类似于实质课税原则的规定。① 质疑实质课税原则者，多认为其违反税收法定原则，有违法律的安定性与可预测性要求，并可能造成行政机关滥用权力。但笔者却以为，正确适用实质课税原则非但不会相悖于税收法定原则，相反，恰恰可以填补税收法定原则的欠缺，防止形式理解法律的损害，是税收法定原则的有益补充。实质课税原则的这一地位来源于其法理基础——量能负担原则。德国学者克鲁斯（H. Kruse）曾这样分析量能课税原则与实质课税原则（在德国称为经济观察法）之间的关系：量能课税的问题只能从经济上加以解答。税收应当与经济上的生活事实相关联，税法的理解应斟酌经济上形成可能性的多样性。至于事件经过、状态及交易活动所表现出的法律形式，并无法合理推论其给付能力。法律形式仅属于司法秩序中法律上的"应然"，课税应以经济上的"实然"为准。只有经济上的事件经过、状态及活动才属于这里的"实然"。因此，量能课税原则必然要求经济观察法。② 台湾学者黄茂荣也这样说：释字第 420 号③更对形式主义做重大突破，提

---

① 刘隆亨：《中国税法概论》，北京大学出版社，2003，第 66、67 页。

② 参见陈清秀《税法之基本原理》，三民书局，1994，第 199、200 页，转引自刘剑文、熊伟《税法基础理论》，北京大学出版社，2004，第 156 页。

③ 被公认为最早清晰界定实质课税原则的台湾地区"司法院大法官释字第 420 号"指出："涉及租税事项之法律，其解释应本于租税法律主义之精神，依各该法律之立法目的，衡酌经济上之意义及实质课税之公平原则为之。"参见黄士洲《从契约实例论实质课税原则的适用范围》，《月旦财经法杂志》2005 年第 6 期。

出实质课税原则，按该原则，原本即量能原则在税法事实认定与法律解释之方法。① 既然实质课税原则是量能负担原则在税法解释和适用中的具体表现，那么，量能负担原则成为税法适用与解释的准则就没有悬念了。

（三）量能负担原则是税收执法之指导性原则

税收执法主要指税务机关依法征税。依法征税似乎只要坚持税收法定就行了，为什么还要以量能负担原则为指导？首先，由于租税欠缺具体之对待给付，因此所有纳税义务，必须以"平等负担"或"量能原则"作为其正当性基础，亦即纳税义务人所负担之纳税义务系基于公共利益之平等牺牲义务。② 基于此，税务机关不仅有防止纳税义务人脱法避税和违法偷税漏税，保证国家财政收入的义务，也有有效地实现课税公平的责任，以达成使每个纳税义务人都相信经济负担能力相同之邻人，亦缴纳相同之税，从而自觉纳税的局面，这就需要在税收执法中以量能负担原则为指导。其次，税收法定与量能负担是指导税收执法的两个不可偏废的原则。税收法定原则着眼于税法的形式理性，通过各种形式要件防范税收权力的滥用；量能负担原则则着眼于税法的实质理性，希望税收能由全体纳税人以其纳税能力公平负担。在税收执法领域，两大原则必须互相支持，而不能有所偏废。将量能负担原则置于税收法定原则之上，认可突破法律形式课税的合法性，可能会使税收法定原则徒具形骸，影响税法的安定及纳税人的预期；将税收法定原则置于量能负担原则之上，则可能造成一部分人凭借技巧而逃脱税负，并可能增加其他纳税人的负担，与税法公平分配的本质背道而驰。③ 这是量能负担原则对税收执法具有指导意义的又一依据。

---

① 黄茂荣：《实质课税原则》，载《税法总论》（第一册），植根出版社，2005，第365页。
② 葛克昌：《量能原则与所得税法》，载《税法基本问题》，月旦出版有限公司，1995，第202页。
③ 参见刘剑文、熊伟《税法基础理论》，北京大学出版社，2004，第162、163页。

综上所述，量能负担原则能"成为租税立法之指导理念、税法解释之准则、税法漏洞之补充、行政裁量之界限"[1]，具有税法基本原则所要求的普适性特征。

四　量能负担：我国税法变革的指导原则

我国的财税改革在经过 1994 年这个里程碑式的转变之后，现行税收制度在保证国家财政收入，进一步促进改善民生以及促进经济社会发展方面发挥了十分重要的作用，需要肯定。但也应该看到，现行制度在发挥税法的再分配功能，缩小分配收入领域已经扩大的贫富差距方面显得比较疲软乏力。因此，要使我国税法真正成为分配正义的体现、公平分配的保障，深入改革是必由之路。我们都知道，进入视野的深化改革呈现出的是必须改的迫切性和牵一发而动全身的复杂性。那么，下面的改革之路该怎么走？笔者认为，深化改革必须以量能负担原则为指导。

（一）量能负担原则规定了我国税法变革的方向

税法变革的方向问题即税法应该是征税者之法还是纳税人之法。这是一个关乎国家与纳税人关系的根本问题。所谓征税者之法，就是保障征税者权力之法，保障国家财政收入之法。我国税法作为征税者之法，与国家主义传统一脉相承，具体表现为以下两点。一是宏观税负过重。所谓宏观税负是指政府收入占国内生产总值（GDP）的比重。按照国际货币基金组织（IMF）的统计口径，政府财政收入包括税收、社会保障缴款、赠与和其他收入。根据有关部门公布的数据，最近三年我国宏观税负占 GDP 的比重均超过了 30%，2010 年更是高达 34% 左右。[2] 根据社科院财经战略研究院初步测算，2011 年中国宏

---

[1]　葛克昌：《税法基本问题：财政宪法篇》，北京大学出版社，2004，第 117 页。
[2]　刘兴祥：《为什么当前要推行大规模减税》，《证券时报》2012 年 7 月 25 日，http://www.rmlt.com.cn/News/201207/201207251605595227.html，2013 年 4 月 8 日访问。

观税负（大口径的政府收入占 GDP 的比重）① 大约为 35%。② 对比其他国家的宏观税负水平，这一比例明显偏高。单从小口径的宏观税负（即全国税收占 GDP 的比重）来看，也是长期处于高速增长的状态，而且增长幅度越来越大。根据国家税务总局的统计，自 1995 年开始，我国宏观税负（小口径）持续上升，在 2009 年略有下降。1995～2010 年各年宏观税负（小口径）依次为：9.8%、9.9%、10.4%、10.8%、11.5%、12.8%、13.8%、14.1%、15.1%、16.1%、16.7%、17.4%、18.6%、18.4%、18.5%、19.4%。③ 有关数据显示，连续 16 年税收增长速度是 GDP 增长速度的 2 倍以上，也远远高于居民收入增长率。税负过高会引发一系列问题：民众福利难以实质性改善；企业的发展创新能力受到影响以及助长政府浪费；等等。二是为保证国家财政收入，税收征管长期实行层层下达税收任务的模式，完成任务的多少成为衡量各级税务机关工作好坏的主要指标，这就必然带来"过头税"的问题。尽管我国《税收征收管理法》明确规定，"依法征税，应收尽收，坚决不收过头税"，但一些地方迫于保增长的压力，不得不竭泽而渔、杀鸡取卵，寅吃卯粮，把来年、后年乃至以后更多年份的税收提前收了上来，甚至出现了"税不够，罚来凑"的现象。据深圳知名公共预算观察志愿者、"中国申请预算公开第一人"吴君亮观察，2012 年深圳市本级税收收入预算是 786.5 亿元，但只完成了 768.5 亿元，略微减少 2.3%，即少收 18 亿；罚没收入预算是 12 亿元，实际收了 21.5 亿元，多收了 9.5 亿，超预算达到近 80%。对此做

① 宏观税负是衡量一个国家税负总水平的指标，在我国通常分为小、中、大三种口径，分别是全国税收收入占 GDP 的比重、全国财政收入占 GDP 的比重，以及全国财政收入加上预算外资金和制度外各种收费占 GDP 的比重。参见冯文荣《税收负担与税制改革》，《北京师范大学学报》（社会科学版）2004 年第 5 期。

② 《社科院研究院测算中国宏观税负水平约 35%》，会计网 2012 年 5 月 22 日，http://www.kuaiji.com/shiwu/1091814，2013 年 4 月 8 日访问。

③ 参见《我国的宏观税负》，国家税务总局网，http://www.chinatax.gov.cn/n8136506/n8136608/n8138877/n11897203/11901181.html，2013 年 4 月 8 日访问。

法有撰文批评说:"罚收过严,增加过快,会恶化政府形象,增大官民对立,希望慎用,不要把人民当成提款机。"[1] 总之,征税者之法无视纳税人的基本权利,侵犯纳税人利益,也使税法陷入不可预见的境地,损害量能负担原则的基石作用,不是我国深化税法改革应该坚持的方向。

所谓纳税人之法,就是保障纳税人权利之法,保障纳税人生存权、财产权等基本人权之法。在我国,税法作为纳税人之法的观念较为淡薄,近年来,学界对于税法乃纳税人之法的呼吁和论证日渐高涨。要变革税法的发展方向,使其成为纳税人权利保障之法,必须依赖于宪法的规范和引导。量能负担原则不仅直接体现宪法中的公平、平等、人权保障等价值理念,而且相对于税法中现有的公平原则来说,显得更具体和丰富,也更具有税法特性。因此,量能负担原则应该成为指引当代中国税法变革方向的实质原则。

(二)量能负担原则规定我国税制变革的基本走向

税制结构是税收制度的核心,也是税收调节贫富差距的关键环节。税制结构包括税系结构和税种结构两个层次,下面我们主要讨论税系结构。税系结构是各个税系的配置和主体税种的选择。从各国税制实践看,按照主体税种选择的不同,税制结构模式可以分为四种类型:以流转税为主体、以所得税为主体、以财产税为主体、以流转税和所得税为双主体。不同税制结构模式调节贫富差距的能力高低不同:调节能力最弱的是以流转税为主体的税制结构模式;调节能力最强的是以所得税或财产税为主体的税制结构模式;双主体税制结构模式的调节能力介于上述模式之间。

在税制结构上,虽然我国流转税为主体的税制结构已经出现了流转

---

[1] 《深圳去年罚款超预算近8成 被指"税不够,罚来凑"》,《中国日报网》2013年1月6日,http://news.ifeng.com/mainland/detail_2013_01/16/21268333_0.shtml,2013年4月5日访问。

税与所得税双主体的特质，但所得税的比重还是相对较低（见表1）。

表1　中国主体税种结构概况

单位：亿元，%

年份	税收总额	增值税	营业税	消费税	流转税总额	流转税所占比重	企业所得税	个人所得税	所得税总额	所得税所占比重
2000	12581.51	4553.17	1868.78	858.29	7280.24	57.86	999.63	659.64	1659.27	13.19
2001	15301.38	5357.13	2064.09	929.99	8351.21	54.58	2630.87	995.26	3626.13	23.70
2002	17636.45	6178.39	2450.33	1046.32	9675.04	54.86	3082.79	1211.78	4294.57	24.35
2003	20017.31	7236.54	2844.45	1182.26	11263.25	56.27	2919.51	1418.03	4337.54	21.67
2004	24165.68	9017.94	3581.97	1501.90	14101.81	58.35	3957.33	1737.06	5694.39	23.56
2005	28778.54	10792.11	4232.46	1633.81	16658.38	57.88	5343.92	2094.91	7438.83	25.85
2006	34804.35	12784.81	5128.71	1885.69	19799.21	56.89	7039.60	2453.71	9493.31	27.28
2007	45621.97	15470.2	6582.17	2206.83	24259.20	53.17	8779.25	3185.58	11964.83	26.23
2008	54223.79	17996.9	7626.39	2568.27	28191.56	51.99	11175.63	3722.31	14897.94	27.47
2009	59521.59	18481.2	9013.98	4761.22	32256.40	54.19	11536.84	3949.35	15486.19	26.02
2010	73210.79	21093.5	11157.91	6071.55	38322.96	52.35	12843.54	4837.27	17680.81	24.15
2011	89738.39	24266.6	13679.00	6936.21	44881.81	50.01	16769.64	6054.11	22823.75	25.43

资料来源：《中国统计年鉴2013》。

　　这种税制结构的优点是财政增收功能强（流转税具有较好的财政增收功能）、征管成本低；缺点是收入分配调节功能较差（调节功能强的所得税所占比例偏低）。有一种观点认为，税制结构最终由生产力发展水平决定，对它的取舍只能顺其自然，不能人为改变，也就是说目前我国尚不具备改变税制结构的客观条件。笔者也赞成税制结构与一国的经济发展水平关系密切，但结论却是：深入进行税制改革是我国经济发展的必然要求。根据世界各国经济发展规律，当一个国家的人均GDP处于3000~10000美元时，就意味着该国的经济社会开始进入一个新的发展阶段。在这个阶段，社会矛盾逐渐凸显并可能激化，因此，如何处理好社会矛盾直接关系到一个国家的前途和命运。2011

年我国人均 GDP 达到 5432 美元①，北大国家发展研究院名誉院长、原世行高级副行长林毅夫在 2013 年博鳌"中国改革议程：释放新的制度红利"分论坛上表示，中国已经不再享有过去那么多廉价劳动力，国民平均收入已经达到 6000 美元。② 可见，我国已步入中高收入国家行列。这意味着我国经济社会的发展已进入这样一个"敏感"阶段，该阶段面临的突出矛盾已由原来计划经济体制时期严重的低效率转变为构建社会主义市场经济进程中出现的严重的不公平问题。因此，遵循量能负担原则，优化税制结构，充分发挥税法的调节分配的功能，并不是人们主观上的头脑发热，而是我国经济发展的必然要求。

遵循量能负担原则，结合我国税收征管的具体条件，笔者认为，由以流转税为主体的税制结构到流转税与所得税并重的双主体结构，再到以所得税为主体的税制结构③，应是我国税制变革的基本走向，而构建流转税与所得税并重的双主体税制结构则是我国当前乃至今后较长一段时期的任务。完成这一任务的具体建议如下。首先，继续深化个人所得税、房产税等相关税种的改革，扩大这些税种的收入，提高这些税种的比重。在个人所得税方面，推行综合与分类相结合的税制模式，合理界定税基，减少税率档次，并适当地调低最高边际税率，以便简化税率结构，适度降低中低收入者的税收负担，更好地体现量能负担原则。在财产税方面，应明确并培育房产税在财产税系中的主体税种地位，在推进房产税改革、完善房产税税种设计的基础上，逐步提高房产税收入占财产税收入的比重。此外，要适时开征遗产税和赠与税，改变当前财产转让环节税种过少的现状。其次，在降低流转税比重的同时，重视流转税系内部各税种之间的协调，促进税种结构

---

① 国家统计局：《中国统计年鉴 2012》，参见 http：//www. stats. gov. cn/tjsj/ndsj/2012/indexch. htm，2013 年 6 月 18 日访问。

② 林毅夫：《中国国民收入达 6 千美元 劳动力不廉价》，2013 年 4 月 8 日。参见财经网 http：//economy. caijing. com. cn/2013 - 04 - 08/112651344. html，2013 年 4 月 18 日访问。

③ 所得税是与量能负担原则高度一致的最为公平的税种。Richard Goode, *The Individual Income Tax*, Washington, D. C. : The Brookings Institution, 1976, p. 11.

优化。在流转税系内部，增值税一直是中央税收依赖的税种，为避免改革后增值税在流转税乃至整个税制中的"一税独大"，应适当降低增值税税率。此外，要通过进一步改革消费税，提高其在流转税中所占比重，加强消费税对高消费者收入的正向调节。

（三）量能负担原则将体现公平分配的具体税收制度建设提上日程

税法是以规定征纳双方权利义务为主要内容的法律，协调、兼顾国家利益与纳税人利益是税法的基本立场。公民有依法纳税的宪法义务，同时也享有宪法赋予的各项基本权利。国家有依法征税的权利，但国家征税的目的是向社会公众提供必需的公共产品，且国家也有尊重与保护人权、保护公民生存权等宪法基本权利的义务。从上述国家与纳税人之间的关系来看，税法的本质功能是保障纳税人的基本权利，税法是权利之法。而发挥税法的本质功能，需要通过建立促进公平分配、体现量能负担原则的税法具体制度来实现。

一是个人所得税中的退税制度。个人所得税是最能体现量能负担原则，调节收入分配的税种。为了减轻低收入阶层的税收负担，缩小收入差距，我国已经调高个人所得税免征额。但笔者认为这还不够，可以考虑实行退税。在这方面，美国的做法值得借鉴。面临金融危机加深、经济增长减速、消费状态低迷的困境，美国政府在1990、1991和2001年实行过退税政策之后，2008年2月13日，布什总统又签署了一份为美国中低收入纳税人提供退税、为企业投资提供税收激励、提高国有企业抵押贷款限额的经济刺激法案，退税是其中的重要组成部分。按照2008年的退税法案，大多数工薪阶层单身可以获得600美元的退税，已婚夫妇可以获得1200美元的退税。那些没有纳税义务的美国人如果符合年收入为3000美元的最低资格线，也能获得退税。符合条件的纳税人如果有抚养年龄在17岁（以2008年12月31日为限）以下孩子的，还可多获得300美元的退税（或称为孩子税收抵免）。

这笔退税款将等于纳税人的净纳税义务，但不会超过 600 美元（单身）或 1200 美元（联合提交税单的已婚夫妇）。还有一些纳税人虽然收入超过资格线，但抚养的孩子满足退税的年龄要求，也能获得退税。高收入者没有退税。当一个人 2007 年调整后总收入达到 75000 美元，或已婚夫妇调整后的年总收入达到 150000 美元的时候，其退税收入（包括每个孩子的 300 美元的退税收入）就开始减少。在这个收入水平之上，每多获得 1000 美元的收入，退税就减少 1/2，或超过的收入部分减按 5% 的比率进行退税。直到总收入达到某个点，就会失去退税资格。① 上述美国退税法案的实施虽然主要是为了增加中低收入者的税后可支配收入，提高社会的边际消费倾向，从而刺激消费需求，拉动宏观经济增长，带动经济复苏，但它客观上符合量能负担原则，有利于缩小贫富差距。2008 年以来，除了美国以外，新加坡、中国香港特区和澳门特区的政府也相继宣布了退税和分红计划，或将财政盈余退还给纳税人。这种取之有度、用之审慎、多则退还的财政原则，是令人称道的。为了缩小我国目前已经拉大的贫富差距，促进公平分配，在政府财政能力允许的情况下，我们为什么不能借鉴其他国家与地区退税的经验，建立符合我国国情的退税制度呢？

二是物价指数连动课税机制。这种机制是指在所得税的课征中，包括所得定额免税的计算基准、免税额、标准扣除额、薪资所得特别扣除额、残障特别扣除额以及课税级距等，都随物价指数的变化幅度而进行调整。我国台湾地区税法已建立这种机制。② 这种机制的必要性与合理性在于：物价上涨会带来"隐形增税"，这种隐性增税加重了低收入者的负担，违反了量能负担原则。纳税人因物价上涨而带来的"虚幻所得"，并不是所得的真正增加。只有在收入总额中扣除因通货膨胀的所得增加，才能真实地反映纳税人的纳税能力。笔者认为，

---

① 甘行琼：《退税与减税——中美两国经济刺激案之比较》，《财贸经济》2008 年第 2 期。
② 郎铁民：《量能负担原则视角下中国税法变革方向与模式考察》，《企业导报》2012 年第 8 期。

在我国税法中正式采用税收指数化条款前，作为过渡，可以赋予财政部和国家税务总局对免税额、扣除额等进行适当调整的权利，当物价等参照指数达到一定量的积累，税收有调整的必要时，财政部和国家税务总局可以行使调整权，以更好地保障纳税人的基本生活需要。

德国哲学家黑格尔说过："凡是现实的都是合乎理性的，凡是合乎理性的都是现实的。"① 曾经具有内在合理性的某些现存事物，会随着事物的发展而逐渐丧失其合理性，变为不现实；而那些符合事物发展规律，哪怕还只是处于萌芽状态的事物，却一定会变为现实。这就是事物发展的辩证法。由量能负担原则规定的我国税法变革目标的实现（税法由征税者之法到纳税人之法，税制由以流转税为主体到以所得税为主体，以及科学合理的退税制度和物价指数连动课税机制的建立），或许需要一个较长的时期。但是，量能负担原则是分配正义的体现，是现代宪法保障人权精神的彰显，以该原则为指导的税法变革符合现代税法发展的方向，具有客观必然性，因此，我们有理由相信，经过努力，我们的目标一定会实现！

（本文原载于《中国法学》2013 年第 5 期）

---

① 黑格尔的这一命题是他在 1820 年为其《法哲学原理》（出版于 1821 年）所写的序言中提出的。原文为：Was vernunftig ist，das ist Wirklich；und was wirklich ist，das ist vernunftig. Grundlinien der Philosophie des Rechts. 1961 年 6 月，商务印书馆出版了范扬、张企泰翻译的《法哲学原理》，在该书第 11 页，这一命题被译为 "凡是现实的都是合乎理性的，凡是合乎理性的都是现实的。"《马克思恩格斯选集》第 4 卷，人民出版社，2012，第 221 页，也是这样翻译的。

分配正义与个人所得税法改革[*]

施正文[**]

一 分配正义与税收调节

正义是人类社会的美德和崇高理想。虽然"正义有着一张普洛透斯似的脸（a Protean face），变幻无常、随时可呈不同形状并具有极不相同的面貌"，[①] 但正义的基本含义是各得其所，查士丁尼《民法大全》和古罗马的很多法学家就奉行这种正义观——"正义是给予每个人他应得的部分的这种坚定而永恒的愿望"，正义就是"使每个人获得其应得的东西的人类精神意向"。古希腊思想家亚里士多德正是将平等的正义分为分配正义和校正正义两类，而在对财富、荣誉、权利等有价值的东西进行分配时，对不同的人给予不同的对待，对相同的人给予相同的对待，就是分配正义。分配正义的复杂性，还在于政府是否和如何介入分配问题，以哈耶克、诺齐克等为代表的自由至上主义反对任何以"社会正义"之名干预经济秩序乃至整个社会秩序，而以罗尔斯为代表的平等自由主义则坚信通过实施"分配正义"可以保障公民的自由与平等地位。[②] 尽管理论上存在分歧，但由于市场分配

---

* 本文是作者主持的司法部国家法治与法学理论研究项目"中国税法通则立法基本问题研究"（项目批准号：08SFB2043）的阶段性成果。
** 施正文，中国政法大学民商经济法学院教授、博士生导师，中国政法大学财税法研究中心主任。
① 〔美〕E. 博登海默：《法理学：法律哲学与法律方法》，邓正来译，中国政法大学出版社，1999，第 252 页。
② 汤剑波：《分配正义的三个前提性条件》，《哲学动态》2011 年第 3 期。

失灵，各国都根据本国国情，相机运用国家强制手段进行再分配，以保障基本公平正义和构建和谐美好社会。

法是促进和保障分配正义的制度保障。"正义只有通过良好的法律才能实现"，"法是善和正义的艺术"。法律通过把指导分配正义的原则法律化，并具体化为分配关系中的特定权利和义务，实现对资源和利益的权威和公正分配。而作为以税收负担分配为规制对象的税法，则将按纳税能力平等课税的量能课税原则作为税法的基本原则。不仅如此，各国都在发挥税收组织收入职能的同时，重视运用税法调节分配和稳定经济，以促进经济社会的良性运行和协调发展。

在经济社会转型和快速发展中，我国收入差距扩大和财产贫富悬殊的问题日益突出，成为影响经济发展和社会稳定的重大问题，正在考验着我们的执政能力。我国分配领域的问题集中体现在"两个比重"偏低，即劳动报酬在初次分配中的比重从 2000 年的 93.79% 下降到 2007 年的 83.49%，居民收入在国民收入中的比重从 1994 年的 62.18% 下降到 2007 年的 57.92%，反映了在生产要素收入结构中劳动要素的比重偏低、居民收入相对于企业和政府收入的比重偏低。[①] 与此同时，反映我国居民收入差距的基尼系数逐年攀升，1996 年为 0.389，2006 年达到 0.496，目前可能已经超过了 0.5，已大大超过 0.4 的国际警戒线。

导致中国目前收入分配格局形成的原因是多方面和复杂的。在初次分配中，由于我国正处于经济转型期，政府与市场界限不清、垄断行业改革滞后、国有资源补偿制度不健全，[②] 使得不同阶层之间、地区之间、行业之间、城乡之间的收入差距巨大，初次分配出现了严重的贫富悬殊，这是造成收入差距扩大的最主要原因。在第二次分配中，一是税收调节收入分配的机制缺失，最主要的是现行税制是以间接税

---

① 梁季：《"两个比重"与个人所得税》，《税务研究》2010 年第 3 期。
② 林毅夫等编《以共享式增长促进社会和谐》，中国计划出版社，2008。

为主体的税制结构。从税收规模上来看，以增值税、消费税和营业税为主体的间接税的收入占税收总收入的 70%，而间接税实行比例税率，除了消费税实行差别税率外，其他间接税不仅不具有调节功能，还具有累退性。而直接税不仅收入规模小，税制公平性也不够（特别是个人所得税），具有调节功能的税种也缺失，例如我国至今没有开征现代意义上的房地产税和遗产税，对财富存量调节严重不足。另外，税收虽然是一种有效的分配政策工具，但它本身具有局限性，税收管收不管支，能"劫富"而不能"济贫"，可以"抽肥"但未必能"补瘦"。二是财政支出不公平，我国社会保障支出在财政总支出中的比重太低，2008 年仅为 10.87%；财政转移支付制度不健全，没有发挥调节地区收入差距的分配功能；公共服务在城乡之间严重不均，加重了农民负担，也致使城乡差距扩大。① 我国第三次分配总体上规模过小且缺乏统一组织，再分配功能极为有限。据统计，美国 2005 年慈善捐赠人均 870 美元，而我国最富裕的上海，同年人均捐款仅为 1.7 元人民币。②

　　尽管无论在理论上还是实践中，个人所得税都具有较强的再分配功能，但由于税制和征管的原因，我国现行个人所得税法在公平性上严重缺失。一是实行分类所得税制，公平性先天不足。根据纳税能力标准的量能课税原则，"所得应该是一种综合性收入（所得），即无差别地合并一切来源的收入，在此基础上适用税率进行征税。如果没有这种综合性，累进税率就不可能达到目的，不可能适应根据纳税者能力征税的要求"。③ 但现行个人所得税法却将所得分为 11 类，每类所得的扣除标准、适用税率和计税方法都不同，必然出现不同所得之间

① 闫坤、程瑜：《促进我国收入分配关系调整的财税政策研究》，《税务研究》2010 年第 3 期。
② 冯小六：《实现第三次分配缩小贫富差距》，《中国经济与管理科学》2009 年第 3 期。
③ 〔美〕马斯格雷夫：《财政理论与实践》，邓子基、邓力平译校，中国财政经济出版社，2003，第 344 页。

的税负不公平，更无法按照综合所得统一适用累进税率进行调节了，同时还为纳税人通过转换所得类别进行避税提供了空间。二是现行费用扣除没有考虑纳税人赡养情况、健康情况等家庭负担因素，而是采用"一刀切"的办法，不能体现宽免扣除的个性化要求，违背了量能负担原则。三是税率结构不合理，工资薪金所得的累进税率要高于生产经营所得适用的税率，利息、股息、红利、财产转让所得、财产租赁所得等资本所得适用比例税率，导致劳动所得的税负有时会高于非劳动所得。45%的最高边际税率不仅税负过高，由于征管难度大，其实际征收效果也不佳，反而使高工薪者税负降低。四是征管能力欠缺，进一步放大了税制本身的缺陷，导致个人所得税出现了"逆向调节"。由于工资薪金所得收入透明，实行代扣代缴，征管较为到位；而高收入者的收入多为利息、股息、财产转让所得等资本所得，收入渠道多而隐蔽，在控制上比劳动所得难度大，偷逃税比较严重。征管执法中的不平等，出现了富人比穷人少纳税的情况。

我国现行个人所得税制度是在 1994 年修订后的《个人所得税法》中确定的，以后又经过了 1999 年、2005 年、2007 年、2008 年和 2011 年的 5 次修改。但这些修改，都主要围绕费用扣除标准的调整，即使是 2011 年 6 月 30 日修订通过的《个人所得税法》，也只是在提高费用扣除标准之外，增加了关于工资薪金所得和生产经营所得的税率结构调整等内容，并没有涉及更为重要的实行综合所得税制的问题。因此，我国个人所得税法改革的核心问题并未解决，需要我们从功能定位和税制转型的高度，科学建构个人所得税法的基本制度，以发挥个人所得税在调节收入分配、构建和谐社会、推动科学发展中的重要作用。

二 个人所得税法改革的国际经验借鉴

自 1799 年英国首次开征个人所得税以来，个人所得税逐渐发展成为全球普遍开征的税种，其税收制度也在不断发展演变，并表现出一

定的规律性。特别是 20 世纪 80 年代以来，各国纷纷对个人所得税法
进行改革，经济全球化又使得各国税制表现出较强的趋同性。因此，
对个人所得税法进行比较研究，把握其发展趋势，对我国正在进行的
个税法改革无疑具有重要意义。

（一）税收收入规模大

从个人所得税收入规模来看，世界大多数国家个人所得税都是筹
集财政收入的重要来源，在发达国家成为主体税种。以 1986～1992 年
个人所得税收入占税收总收入的平均比例来看，美国为 46%，英国
31%，澳大利亚 56%，日本 39%，德国 15%。同期发展中国家的非洲
国家平均为 11.4%，亚洲国家平均为 12.7%。从 OECD 国家个人所得
税收入占 GDP 的比例来看，1996～2000 年平均值为 10.9%。[①] 较大规
模的税收收入，有利于发挥个人所得税调节收入分配和稳定经济的
功能。

（二）适时调整功能定位

从功能定位视角来看，个人所得税的制度变迁经历了三个阶段。
第一个阶段是筹集收入的个人所得税。英国、美国、德国等国家在最
初开征个人所得税时，都是以筹集战争经费为主要目的，且战争结束
后就停止征收。第二个阶段是筹集收入、调节分配和稳定经济并重的
个人所得税。这一阶段，个人所得税筹集收入的功能继续得到加强，
通过提高累进税率和对低收入者的减免税，个人所得税在调节收入分
配中发挥重要作用，累进税率也使其成为经济发展的"自动稳定器"。
第三个阶段是提高税制竞争力的个人所得税。由于税率提高带来更多
的逃避税，促进公平的目标事实上也没有实现，而税基的国际流动性
降低了高税率税制的国际竞争力，所以各国普遍进行了以"宽税基、

---

① 孙钢：《试析税收对我国收入分配的调节》，《税务研究》2011 年第 3 期。但由于劳动所
得和股息所得最高边际税率的不断下降，近年来 OECD 国家个人所得税占比呈小幅下降
趋势。

低税率"为特征的税制改革，个人所得税收入分配功能在一定程度上被淡化，以至于公平原则常常让位于国际竞争力原则。[①]

（三）普遍实行综合所得税制

综合所得税制是将纳税人的各种应税所得合并在一起，减去扣除项目后，再统一适用累进税率进行计征。它较好地考虑了纳税人的综合纳税能力，体现了税收公平原则，能够有效调节收入分配。据统计，在110个国家和地区中，有87个国家（地区）先后采用了综合所得税制（或以综合为主的混合所得税制），比例高达近80%。[②] 并且是否实行综合计征，与经济发展水平并没有显著关联，诸如新加坡、泰国、墨西哥、印度、越南等都实行了综合所得税。需要指出是，最近20多年的个人所得税改革出现了多元化趋向，一些国家尝试采用了二元所得税或单一税，但综合所得税仍然是各国普遍实行的税制模式。

（四）降低税率和拓宽税基

"低税率、宽税基"是世界税制改革的基本特征。OECD国家2000~2008年个人所得税最高边际税率由46.51%下降到41.94%，而实行二元所得税的国家则对资本所得采用较低的比例税率。税率级次也在减少，税率结构朝着扁平化方向发展，大多数国家的税率级次为3~5档。在降低税率的同时，为了保证财政收入和减少对经济的扭曲，个人所得税的课税范围不断扩大，各国都减少了种类繁多的减免税、特别扣除、退税等，资本利得、附加福利等也纳入税基，增强了税制的中性和效率。[③]

（五）源泉扣缴与自行申报相结合的征管机制

建立与税制相匹配的征管机制是各国个人所得税法改革的重要内容，其基本特征是实行源泉扣缴与自行申报相结合。对于工资薪

---

① 杨志勇：《收入分配与中国个人所得税制改革》，《涉外税务》2009年第10期。
② 孙玉栋、陈洋：《个人所得税综合税制国际比较与评价分析》，《郑州航空工业管理学院学报》2008年第1期。
③ 李文：《国外个人所得税改革的趋向及动因》，《涉外税务》2009年第10期。

金等大多数所得，凡是适宜源泉代扣代缴的，都实行扣缴制度，对不适用源泉扣缴的也在取得收入的同时要求其预缴税款。同时，各国普遍实行自行纳税申报制度，包括日常自行申报和年终自行申报。为了督促纳税人诚实申报，要求所得支付方有义务向税务机关进行信息申报，并配合优质纳税服务和严格税务稽查，大大提高了纳税遵从度。

三　分配正义与个人所得税法的功能定位和模式选择

（一）个人所得税的功能定位

在现代复合税制体系中，个人所得税不仅是很多国家筹集财政收入的主体税种，也是最具有良好收入分配功能的税种。在三大类税收中，商品税一般不具有收入调节功能，所得税和财产税调节收入分配的效果较好，其中所得税调节财产流量分配，财产税调节财产存量分配，二者相互配合，矫正所得及财富分配的不公平。特别是个人所得税，由于一般实行综合所得税制，将各种来源的收入汇总计税，并考虑纳税人的家庭生计因素实行相关扣除和减免，在此基础上采用累进税率，达到高所得者多缴税、低所得者少缴税或不缴税的目的。随着经济社会发展到一定阶段，个人所得税可以在大规模筹集财政收入的同时，对社会成员收入分配进行有效调节，是各国普遍重视的政策工具。并且，各国根据本国经济社会发展的阶段和情况，相机调整政策目标，以更好地发挥个人所得税的作用。

目前中国现代化建设已进入"黄金发展期"和"矛盾凸显期"相伴的发展阶段，收入差距和财富分配呈现日益严重的两极分化现象，成为影响经济发展、威胁社会和谐的焦点问题。改革收入分配制度，合理调整收入分配格局，将成为未来相当长一段时期内中国宏观调控和法治建设的重要任务。中央十分重视和专题研究了收入分配问题，有关部门也正在起草收入分配调节方案。① 《十二五规划纲要》第32章专门规定了要合理调整收入分配关系，明确提出要坚持和完善按劳分配为主体、多种分配方式并存的分配制度，初次分配和再分配都要处理好效率和公平的关系，再分配更加注重公平，加快形成合理有序的收入分配格局，努力提高居民收入在国民收入分配中的比重，提高劳动报酬在初次分配中的比重，尽快扭转收入差距扩大趋势。因此，我国收入分配格局的合理化，既需要调整初次分配中政府、居民和企业三者关系及劳动、资本、技术等生产要素关系，也需要调整二次分配中居民间分配关系。② 而个人所得税正是调节居民收入差距的重要政策工具，加上我国现在缺乏对财富存量进行调节的房地产税和遗产税，流转税又存在着累退性，在这种背景下，中国个人所得税法改革的目标应当为在发挥其组织收入和稳定经济、兼顾公平和效率的同时，在逐步提高其收入规模的基础上，侧重于强化其调节收入分配的功能。

但是应当注意的是，税收理论告诉我们，不同税种作为政策工具在收入分配和结构调整中的作用是以其收入规模为基础的，某一税种获取收入的数量在很大程度上决定了其作为政策工具的力度和效果。如果个人所得税的收入规模很小，即使其全部由高收入阶层负担，对整个收入分配调节作用也有限。我国个人所得税收入近年来呈较快增加态势，但2009年的收入也只有3949亿元，占税收收入和GDP的比重分别为6.6%和1.2%，不仅低于OECD国家平均30%的水平，也低于发展中国家8%的平均水平。由此可见，我国个人所得税规模偏小，比重偏低，征收面偏窄，严重制约了其收入分配功能的发挥。

提高个人所得税收入规模可以通过增量调节和存量调节两个路

---

① 2006年5月26日，中央政治局召开会议专门研究收入分配问题，国家发改委具体负责收入分配调节方案的起草工作。

② 贾康、梁季：《我国个人所得税改革问题研究》，《财政研究》2010年第4期。

径。[1] 增量调节是在保持税制结构基本稳定和个人所得税收入比例不变的前提下，调整高中低收入者之间个人所得税负担的分布。增量调节的基本思路是将个人所得税设定为"富人税"，通过实行综合税制改革，大幅度提高费用扣除标准，将大多数工薪阶层排除在纳税人之外，对高收入者实行自行申报。这种改革控制了纳税人数量，可以克服征管条件约束问题，改革初始成本较低，但由于不能从根本上扭转个人所得税收入规模过小的问题，收入分配功能难以有效发挥。存量调节是通过降低间接税规模来扩大个人所得税收入比重，不仅在个人所得税内部进行存量调节，而且在整体税制结构上提升直接税比例，可以从根本上提升税收对收入分配的调节功能。我国目前的税制结构以间接税为主，2009 年增值税、消费税、营业税、关税等货物与劳务税（流转税）占税收收入的比重为 70%。这种税制结构不仅不具有调节收入功能，还使我国整体税制具有较强的累退性。同时，由于间接税具有转嫁性，使得我国消费品价格较高，造成消费不足，甚至促使国人出国购买消费品；鼓励出口而抑制进口，是对外贸易失衡的重要原因。[2] 因此，既然我们定位了有效发挥个人所得税的调节功能，就要按照顶层设计的思想，从税制结构转型的高度来规划和审视个税改革，在转换税制模式、扩大征税范围的同时，推进增值税等间接税改革，降低其税收负担，为个人所得税改革留下更大空间。只要我们把握好改革的节奏和时机，科学设计税收制度，权衡各方利益关系，个人所得税改革将成为我国税制结构、经济结构乃至社会治理模式转型的重要契机，值得研究和尝试。

在重视个人所得税收入再分配功能的同时，也必须认识到其有限性。我国个人所得税的收入规模提升、税制模式转型和征管能力建设都需要一个逐步完善的过程，个人所得税也只能对收入（财富流量）

---

① 张斌：《个人所得税改革的目标定位与征管约束》，《税务研究》2010 年第 9 期。
② 张斌、高培勇：《出口退税与对外贸易失衡》，《税务研究》2007 年第 6 期。

进行调节，国际税收竞争也限制了高边际税率的采用。而我国收入分配问题极为复杂，初次分配失衡是更为主要的原因，所以，必须对个人所得税的再分配功能有一个理性认识，不能寄希望于个人所得税"包打天下"。在发挥税收调节职能的同时，要完善市场体制，在初次分配中尽量实现公平与效率的统一；要强化政府社会保障责任，完善财政转移支付制度，特别是要履行提供均等化基本公共服务责任，从起点上增强居民获取财富的能力。①

（二）个人所得税的课税模式选择

世界各国个人所得税的课税模式分为三种：综合所得税、分类所得税和综合与分类相结合所得税（混合所得税）。综合所得税是把纳税人全年各种不同来源的所得进行汇总，在做法定宽免和扣除后，按照累进税率统一计征，代表性国家是美国。其优点是能充分体现量能课税原则，无论是横向公平还是纵向公平都得到了很好体现；缺点是计税依据的确定比较困难和复杂，遵从和管理成本高。分类所得税是把所得按其来源和性质分为若干类别，对不同类别的所得分别扣除费用并适用不同税率进行计征，代表性国家是中国。其优点是可以对不同所得实行差别待遇，对征管要求低；其缺点是不符合量能课税原则，并容易产生避税。综合与分类相结合所得税是将分类所得税制和综合所得税制的优点兼收并蓄，实行分项课征和综合计税相结合。代表性国家是日本，其"所得税法按照源泉或性质，把所得划分为利息所得直到杂项所得等 10 种类型。这样划分是考虑计算各种所得过程中其税负能力的不同。这显然是分类所得税的一种残余，但另一方面，由于所得税法规定把各种所得金额合计后适用一种税率表，因此可以说我国税制基本采用了综合所得税制"。同时，"在综合所得税制中，对特定种类的所得不与其他种类的所得合计而实行分离课税，这种课税方

---

① 刘尚希：《分配与公平》，《涉外税务》2010 年第 7 期。

式称为分离课税。分离课税目的在于对特定所得放宽适用累进税率。"① 混合所得税制模式既较好地体现了税收公平原则,又能适应税收征管条件不完备的税收环境。

在所得税发展的早期,由于人的扣除制度不发达,或者说实行比例税率的时代,分类所得税实行最为普遍。随着所得税制度的不断发展,各种统一的人的扣除制度以及累进税率被采用,应该按照个人的综合所得多少纳税被认为是公平的,综合所得税随之取代了分类所得税。但由于其本身的缺陷,实际上很多国家并未实行纯粹的综合所得税,而是兼具部分分类所得税的特征。特别是近30年来,随着全球化的迅速发展,资本加速流动带来了税基的高度流动性,各国纷纷对资本所得采取轻税政策,并对综合所得税进行改革尝试,突出表现在二元所得和单一税的实行。二元所得税20世纪80年代末90年代初最早在丹麦、芬兰、挪威和瑞典实行,它将个人收入区分为资本所得和劳动所得,对资本所得课以比例税率,对劳动所得课以累进税率,而且对资本所得课税的税率等于对劳动所得课税的最低档次税率。② 继北欧四国采用二元所得税后,奥地利、比利时、希腊和意大利推行了与二元所得税十分接近的课税模式。美国、日本、德国等也在研究推行二元所得税改革方案,如美国在2003年布什减税方案中采取临时性措施,对原来要缴纳综合所得税的股息所得,按5%或15%的税率纳税;另外,持有时间超过1年的资本收益也单独按比例税率纳税。上述国家采用二元所得税改革的原因,是该税制模式对资本所得征收较低的比例税率,可以消除累进税率对经济的扭曲,可以减少对高储蓄纳税人的歧视,减少税收套利行为,降低通货膨胀导致虚增资本所得的税收负担。单一税是2001年以来俄罗斯和一些东欧国家在个人所得税制

---

① 金子宏:《日本税法原理》,刘多田等译,中国财政经济出版社,1989,第121~122页。
② 卢艺:《从国外二元所得税制的经验看我国个人所得税课税模式选择》,《税务研究》2010年第6期。

改革中采用的课税模式，其特征如下：一是单一税率，对劳动所得和其他各类所得都平等适用单一的比例税率；二是消费税基，以全部所得扣除储蓄后的消费额作为税基；三是整洁税基，取消大部分税收优惠，使税制更加中性。单一税简化了税制，降低了征纳成本，较低的比例税率提高了纳税遵从，受到人们的好评和重视。

在我国个人所得税改革中，税制模式的选择是至关重要的核心问题，因为它直接决定了个人所得税的功能定位。我国是目前国际上极少数实行典型分类所得税制的国家，其税制自身在科学性和公平性上的缺陷，严重影响了个人所得税再分配功能的发挥，甚至产生逆向调节效果。由分类所得税制向综合所得税制转型已成为共识，但对于具体选择什么样的综合税制尚存在分歧。① 2003 年 10 月中央通过的《关于完善社会主义市场经济体制的决定》中明确提出，要"改进个人所得税，实行综合和分类相结合的个人所得税制"，这一改革目标一直被后来的决策部门所确认。但在综合与分类相结合所得税制是过渡目标还是终极目标，是否应当采用二元所得税或单一税等问题上还存在争论。需要指出的是，在理论和逻辑上，所得税模式实际上只包括分类所得税和综合所得税两种，纯粹综合所得税、综合与分类相结合所得税、二元所得税、单一税在本质上都属于综合模式，只是综合的特征和程度不同而已，它表明综合所得税制在具体实现形式上呈现多元化的趋势。

我们认为，在确定我国个人所得税课税模式时，必须统筹考虑侧重于发挥调节收入分配功能、符合我国征管条件、顺应国际改革趋势等因素。纯粹的综合所得税对征管条件和纳税遵从有很高的要求，我国目前尚不完全具备这一配套条件；纯粹综合所得税不区分所得类型统一适用税率也存在公平性问题。所以，纯粹综合模式不适合我国，在国际上被实行的也很少。实行二元所得税的国家是在其综合税制的基础上改进的，与我国在分类税制基础上改革并不相同；西方推行二

---

① 高培勇：《个人所得税改革内容、进程与前瞻》，《理论前沿》2009 年第 6 期。

元所得税是为了降低资本所得税负，提高税制竞争力；而我国是要侧重发挥个税调节功能，解决资本所得课税轻于劳动所得课税问题，因此二元所得税也不能采用。单一税的确有助于简化税制和促进税法实施，在俄罗斯等国家获得了阶段性成功，[①] 但我国的劳动力供给、个税收入、经济政策等与俄罗斯不同，实行单一税意味着将完全放弃个人所得税调节收入分配功能，这与我国当前国情和所赋予个人所得税的功能是背道而驰的。而实行综合与分类相结合的所得税制，既发挥了按收入多少进行纳税的量能课税原则，又可以对某些所得实行分类课税，给未来对劳动所得和资本所得税收政策的调整保留空间，与我国税收征管环境也比较配套，符合各国个人所得税发展的实践和潮流。所以，我国个人所得税制模式应当选择综合与分类相结合的课税模式，并将它作为税制改革的长远目标，结合中国实际进行制度创新，乃至形成中国式综合课税模式。[②]

综合与分类相结合所得税制又可以分为交叉型和并立型两种类型。交叉型混合所得税是对各类所得扣除必要费用后，按比例税率实行分类征收，纳税年度结束时，再汇总全部所得，统一扣除费用后按累进税率计算全年应纳税额，分类征收的已纳税款允许抵扣。并立型混合所得税是对部分应税所得项目按比例税率实行分类征收，其余应税所得在取得时实行源泉扣缴，到年终时予以综合再适用累进税率征税，分类征收的已纳税款不允许抵扣。交叉型更接近于综合所得税制，但税制比较复杂，征收难度大，实行的国家很少。并立型形成分类（或分离）征收与综合征收互不交叉的并立结构，税制比较简单，又可以量能课税，征管也较为方便，我国应当采用并立型综合与分类相结合的个人所得税制。现在关键是如何科学界定和划分综合所得与分类所得，这是需要重点研

---

① 参见《李稻葵炮轰个税体制弱智：已经沦为"工资税"》，《21 世纪经济报道》2011 年 5 月 4 日。

② 李波：《公平分配视角下的个人所得税模式选择》，《税务研究》2009 年第 3 期。

究的问题。可以参照若干标准进行划分：一是按照所得性质分为劳动所得和资本所得；二是按照费用扣除分为有费用扣除所得和无费用扣除所得；三是按照所得源泉分为经常性所得和临时性所得；四是按照所得控管分为容易控管所得和难以控管所得；等等。就我国实际情况看，在改革初期可以同时采用多个标准，将工资薪金所得、生产经营所得、承包承租经营所得、劳务报酬所得、财产租赁所得等经常性、容易控管所得纳入综合征税范围（它们多数属于勤劳所得和财产所得）；将利息股息红利所得、财产转让所得、稿酬所得、特许权使用费所得、偶然所得等非经常性所得（多属于投资性、无费用扣除和不易监管的所得）实行分类征税。[①] 以后根据经济社会发展和公共政策变化，再相应调整综合征收适用所得的性质和范围。

四 科学设计侧重公平的个税实体制度

在确定了我国个人所得税侧重公平的功能定位和实行综合与分类相结合的课税模式后，如何据此科学设计税收实体要件，是当前个人所得税法改革的关键内容，主要包括费用扣除的标准和方法、税率结构和水平、征税范围、与企业所得税的协调等。

（一）费用扣除

费用扣除是影响个人所得税计税依据的核心要素，较之分类课税模式，综合与分类相结合的课税模式在费用扣除方面应当体现更高的公平程度。除了在分类征收所得项目中继续采用现行税法的扣除规定外，重点是重构适用于综合征收的新的扣除制度。概括来说，应当扣除的费用包括成本费用、生计费用和特殊政策费用（如公益捐赠扣除）等三类。成本费用扣除是与取得应税收入相配比的交易或经营性费用，这是为了体现个人所得税按纯所得课税的特点而设置的费用扣除，例如劳务报酬所得应当扣除交通费，个体私营业主生产经营所得

---

① 席卫群：《并立型分类综合个人所得税制设计》，《涉外税务》2009 年第 1 期。

应当扣除有关成本费用和损失，财产租赁所得应当扣除修缮费等。成本费用扣除在不同纳税人之间差别很大，应当采用据实扣除的原则。在美国联邦所得税法中，这类扣除属于计算调整后毛所得（Adjusted Gross Income）之前的扣除。[1]

　　费用扣除制度的核心是生计费用扣除，是纳税人维持基本生活所支付的费用，在美国联邦税法中称为"调整后毛所得"之后的扣除，包括宽免和标准扣除或分项扣除（两者中较低者）。为了体现分配正义，我国对于综合征收中生计费用扣除，应当摒弃现行"一刀切"的定额或定率扣除制度，采用基础扣除和特别扣除相结合的个别扣除法，以反映纳税人的实际情况，体现"以人为本"精神。[2] 基础扣除是维持个人基本生计费用的扣除（在美国叫作"宽免"），以个人为单位确定扣除数额。基础扣除除了个人基础扣除外，还包括抚养基础扣除，即纳税人个人抚养小孩和赡养老人的扣除（无工作配偶也适用抚养扣除），并应当适用与个人基础扣除相同的标准。所以，如果联合申报的一对夫妇抚养一个孩子，则他们可以得到 3 份基础扣除。特别扣除是考虑纳税人个人和家庭特殊情况的社会福利性扣除，包括缴纳的社会保障费用、大病医疗支出中个人承担的部分、全日制教育学费支出、住房贷款利息或租金支出等。[3] 另外，纳税人发生的与雇佣活动有关的费用，例如交通通信费用、寻找工作费用、没有被报销的商业费用、为提升劳动技能而参加教育培训支付的费用等，也应当包括在特别扣除之内。为了寻求公平和效率的统一，对于特别扣除可以借鉴美国做法，由纳税人选择适用标准扣除或分项扣除。标准扣除具有统一的扣除限额，不需要纳税人提供凭证；分项扣除需要逐项列出支出费用，并提供相应凭据。

---

① 孙凯编著《美国联邦税收制度》，中国税务出版社，1997，第 20 页。
② 翟继光：《从"以人为本"看我国个人所得税制度的缺陷和完善》，《税务研究》2009 年第 3 期。
③ 黄凤羽：《个人所得税综合计征的制度设想》，《税务研究》2011 年第 3 期。

　　基础扣除标准的确定应当遵循最低生活费用不课税原则，这是宪法保障公民生存权、平等权和发展权的需要，[①] 也是个人所得只有在超出其个人及家庭最低生活水准部分始有负担能力的量能课税原则要求。在日本，最低生活费用就是指满足日本宪法上"健康且富有文化的最低生活"所需要的费用。我国个人所得税生计费用扣除标准的确定也应当有比较视角、时代要求和发展前瞻。要按照我国宪法保障和尊重人权的要求，展现中国作为快速发展的大国形象，在确定扣除标准时适当考虑"文化"需求的费用，以保障国人对具有人性尊严的生活的正当要求，使我国人民生活有些色彩。[②] 为了使最低生活费用量化，保证立法裁量权的合理行使，应当对居民基本消费支出进行统计调查和科学测算，为基础扣除标准的确定提供实证依据。需要说明的是，在我国修订个人所得税法时关于工资薪金所得费用扣除标准的争论中，有的人提出扣除标准应当提高到 5000 元甚至 10000 元，这种意见实际上使费用扣除偏离了生计费用扣除的性质定位，是使个人所得税成为只对有限高收入者征收的"富人税"。在累进税率情况下，单纯提高费用扣除标准不仅影响了个人所得税的征收覆盖面和收入规模，影响公民纳税意识的培养，受益最多的也不是低收入者而是中高收入者。[③] 费用扣除标准还应当采用就高不就低的原则，参照发达地区生活标准来确定，并全国统一适用，以防止产生逃避税和人才不合理流动。因为各地居民维持最基本生活的消费水平差异不大，生活质量的不同才是平均消费水平差异的主要原因。费用扣除标准也应当内外统一，要取消对外籍人员附加费用扣除和其他优惠扣除的规定。

　　在物价上涨和通货膨胀日益成为常态的情况下，为消除其"税率

---

① 刘剑文：《个人所得税工薪所得费用扣除标准的确定——人权保障与实证分析》，http：//www.cftl.cn/show.asp？c_id=24&a_id=4676。

② 施正文：《税法要论》，中国税务出版社，2007，第 51 页。

③ 英国在 2010 年出台了一个政策，即年收入超过 10 万英镑的个人，其个人所得税的免征额随超过部分的大小逐渐递减，收入每超过 2 英镑，免征额减少 1 英镑。这样收入崎高的人免征额就可能等于零，这项改革就是为了避免单纯提高免征额对富人更有利而实行的。

爬升"而产生的增税效果，应当借鉴各国实行的税收指数化制度，建立费用扣除动态调整机制。可以在法律上授权国家税务主管部门在每年初，根据上年通胀水平（CPI），公布当年生计费用扣除标准（包括基础扣除和标准扣除）。

（二）税率结构

税率结构是个人所得税调节收入分配最具显示度的制度安排，是能否实现公平与效率相统一的核心环节。实行综合与分类相结合课税模式后，对于分类征收的所得将继续实行比例税率，税率水平可维持现行的 20%。对于综合征收所得，将其汇总后适用累进税率，因此，如何设计累进税率制度成为立法的核心问题。

影响累进税率制度功能的因素包括边际税率水平、级次数量和级距跨度三个方面。边际税率包括起始税率和最高边际税率两个方面。OECD 国家个人所得税起始税率平均值为 14.65%，其中美国、英国为 10%，德国为 14%；但发展中国家和地区及新兴国家起始税率远远低于 OECD 国家，如巴基斯坦 0.5%、马来西亚 1%、香港地区 2%、新加坡 3.5%、台湾地区 6%。从国际上看，由于过高的税率容易带来替代效应，并刺激纳税人逃税，影响税制竞争力，其结果可能事与愿违，最优课税理论提出的税率设计应呈倒"U"形的观点也与此相一致。最近 20 多年世界税制改革的重要趋势就是降低税率，2008 年 30 个 OECD 国家和 13 个发展中国家及地区的最高边际税率，在 45% 以上的国家有 6 个；40%~45% 的国家有 11 个；30%~40% 的国家有 12 个；20%~30% 的国家有 11 个；20% 以下的国家有 3 个，几乎都是实行单一税率的国家；美国最高税率为 35%。[①] 在纵向公平备受关注的情况下，提高适用于高收入者的超额边际税率可以确保累进程度的增加。关于税率级次数量，美国曾经采用过 12 级税率，韩国也曾采用过 16 级税率，但目前多数国家税率级次为 3~5 级，例如美国、日本为 6

---

① 刘丽：《我国个人所得税累进税率结构设计探讨》，《税务研究》2011 年第 3 期。

级，英国、德国为 3 级。减少税率级次有利于简化税制，提高征管效率。级距跨度影响税负累进程度，级距宽可以使收入分布相邻人口税负变化平缓，而级距窄则相反。为了增加对高收入者的调节力度，应当增大高边际税率适用的级距跨度。

我国现行工资薪金所得税率结构存在下列问题。一是起始税率适用的级距跨度小，3% 起始税率适用的收入区间为 0~1500 元，不到扣除标准的 1/2，这使得工薪所得者一旦成为纳税人很容易按较高的边际税率纳税。而 OECD 国家起始税率适用的收入区间平均为扣除额的 8 倍，发展中国家和地区及新兴国家起始税率适用的收入也到扣除额的 1~2 倍。二是级距过密，级数偏多，应纳税所得额从 1 元到 9000 元，法定税率跳跃了 3 个级次、17 个百分点；而从 9000~80000 元，法定税率跳跃了 4 个级次、25 个百分点，但应纳税所得额却增长了 71000 元。这说明低收入者适用税率的累进幅度大于高收入者，导致高收入者与低收入者之间税负的不公平。[①] 三是 45% 的最高边际税率偏高，影响了我国税制国际竞争力，不利于纳税人遵从。为解决上述问题，公平税收负担，提高税收征纳实际效果，我们提出了个人所得税综合征收所得适用的税率表（并与现行税率表进行比较）（见表 1）。

表 1　改革前后个人所得税累进税率表比较

单位：%

级别	改革前的税率表（工资薪金所得适用）		改革后的税率表（综合所得适用）	
	全年应纳税所得额 （月换算为年）	税率	全年应纳税所得额	税率
1	不超过 18000 元的部分	3	不超过 36000 元的部分	3
2	超过 18000 元至 54000 元的部分	10	超过 36000 元至 120000 元的部分	10
3	超过 54000 元至 108000 元的部分	20	超过 120000 元至 240000 元的部分	15

---

①　刘怡等：《工薪所得个人所得税税率的累进设计：问题与改进》，《税务研究》2010 年第 9 期。

续表

级别	改革前的税率表（工资薪金所得适用）		改革后的税率表（综合所得适用）	
	全年应纳税所得额 （月换算为年）	税率	全年应纳税所得额	税率
4	超过 108000 元至 420000 元的部分	25	超过 240000 元至 960000 元的部分	25
5	超过 420000 元至 660000 元的部分	30	超过 960000 元的部分	35
6	超过 660000 元至 960000 元的部分	35		
7	超过 960000 元的部分	45		

　　与现行工资薪金所得累进税率相比，改革后的综合所得累进税率有下列特点和变化。一是将最低档次税率适用的应纳税所得额上限由现行的 18000 元提高到 36000 元，扩大了其适用的低收入阶层。二是大幅度降低了中等收入阶层的税负水平，应纳税所得额在 36000 元至 240000 元之间的税率为 10% 和 15% 两档，有利于培育中产阶层。三是适当降低了高收入者的税率，最高边际税率由现行的 45% 下降到 35%，有利于高收入者扩大投资和促进依法纳税，增强了我国税制国际竞争力。四是税率级次由现行的 7 级减少为 5 级，简化了税制。总之，改革后的个人所得税税率表，税率结构和税负水平更趋合理，中低收入者的税负得到降低，有利于促进居民收入增长和拉动有效消费。高收入者的名义税率下降，但由于高收入者来自薪酬外的更多收入由原来适用比例税率改为适用累进税率，加上纳税遵从度提高，实际税负将上升。① 因此，改革后的税率制度是一项重要的制度创新，既保持了适度的累进调节力度，又有效提升了税制竞争力和税法遵

---

　　① 虽然名义税率下降，但由于高收入者的实际税负不会降低，所以改革后个人所得税的收入规模会进一步扩大。统计结果表明，对个人所得税收入贡献最大的是高收入者，例如美国 2008 年最富裕的 1% 人群缴纳了 40% 的个人所得税，5% 高收入纳税人缴纳了 60% 的个人所得税，50% 的低收入纳税人只缴纳了 3% 的税收。考虑到中国居民收入分布呈宽底座的"金字塔"形，而美国为"橄榄"形，这样更有利于提高我国高收入者对税收收入的贡献。

从度。

（三）其他制度

按照拓宽税基的要求，在降低税率和提高费用扣除标准以后，应当按照可税性和综合所得税基理论，[①] 逐步将各类应当纳税的所得纳入征税范围，例如可考虑将部分农业生产经营所得、网上销售所得等纳入应税所得，同时清理和减少不合理税收优惠。在立法技术上，可以将对应税所得的规定由现在的正列举改为反列举，以增加应税所得概念的外延包容性。在个人所得税纳税人的界定上，明确使用和区分居民纳税人和非居民纳税人，在对非居民纳税人判定中，将居住时间标准由现行的 1 年改为 183 天，以与大多数国家相一致，更好地保护我国税收管辖权。要重视个人所得税与企业所得税的协调，保持两种所得税对经营所得课税税率的大致均衡；通过采用股息扣除法、归集抵免法、分税率法等方法，减少和消除对股息、红利所得的双重课税。要结合分税制财政体制改革，在中央和地方之间合理分配个人所得税收入，为改进个人所得税征管体制创造条件。

五　建立有效的征管程序制度

近 20 年来，为配合税制改革，OECD 成员国推出了一系列税收征管改革，形成了与综合所得税制相适应的个人所得税征管制度，包括累计源泉扣缴制度、非累计源泉扣缴制度、预填申报制度和完全自行申报制度等四种类型。[②] 其中，采用最为普遍的是累计源泉扣缴制度，其做法是雇员需要向雇主提供自己可以享受税前扣除的各种权利；雇主据此就雇员年度内累计实现收入和可扣除费用，计算出累计应税所得和应纳税款；用累计应纳税款减去以前各期已经缴纳的税款，确定

---

① 张守文：《收益的可税性》，《法学评论》2001 年第 6 期。
② 夏宏伟、王京华：《OECD 成员国个人所得税征管制度比较研究》，《涉外税务》2009 年第10 期。

本期应扣缴的税款。在累计源泉扣缴制度下，如果雇员仅从一处取得劳动所得，雇主全年扣缴的税款基本上等于纳税人年度内应缴纳的税款，所以税法通常并不严格规定纳税人一定要进行税务登记并在年底进行自行申报。雇主会按年或分期向税务机关报送其向雇员支付的所得和扣缴税款等方面的信息，雇员通常没有信息申报义务。当前我国征管改革滞后、征管条件不具备被认为是个人所得税改革的主要障碍，由于累计源泉扣缴制度充分重视源泉扣缴并减少了汇算清缴工作量，较好地处理了源泉扣缴、自行申报和信息报告三者之间的关系，值得我国借鉴。因此，我国个人所得税征管程序制度建设的目标，应当在总结借鉴国内外征管改革经验的基础上，实行源泉扣缴与自行申报相结合、以源泉扣缴为主的征管模式。

（一）健全源泉扣缴制度

支付单位的代扣代缴制度，具有从源头上控制税源、征收成本低、征管效率高等优点，是各国普遍采用的最为主要的征管手段，我国也积累了丰富的源泉扣缴经验，应当进一步完善现行的全员全额扣缴明细申报制度。[①] 凡是能够实行源泉扣缴的所得都要尽可能采用代扣代缴方式，例如对工薪所得实行累计源泉扣缴制度，以纳税人累计收入减去累计扣除计算累计应纳税所得额，乘以年度税率再减去上一期累计缴纳的税款，确定本期应扣缴的税款；工薪所得以外的综合所得，按照一定的预征率（中间税率）代扣代缴个人所得税。累计源泉扣缴可以避免因为纳税人年终不主动自行申报纳税带来的税款流失。在价值取向上，源泉扣缴应注重效率，例如可以只允许进行基本生计费用扣除，这样就增大了预征基数，有助于防止逃税和促使其年终申报。对于不适用源泉扣缴的所得，纳税人应当在取得收入的同时有义务分期向税务机关预缴税款。

---

① 庞凤喜：《增强涉税信息的对称性应成为强化税收征管的聚集点》，《涉外税务》2009 年第 10 期。

（二）实行自行申报制度

实行综合与分类相结合所得税制以后，在重视源泉扣缴的同时，对综合征收所得，必须结合实行自行申报制度，因为源泉扣缴只是初步确定了纳税人的应纳税额，纳税人最终税收负担是由年终综合申报确定的。在年终综合申报中，应当充分归并综合征收所得，全面考虑各项费用扣除，以凸显公平价值。自行申报包括日常自行申报和年终综合申报两类，日常自行申报是对不适用源泉扣缴的所得适用的申报制度，年终综合申报是根据纳税人年度综合收入计算纳税，以弥补源泉扣缴和日常自行申报的不足。考虑到年终申报对征纳双方提出的要求比较高，可以规定对具备一定条件的纳税人（如综合收入在一定标准以下或者只从一处取得收入）不进行综合申报。另外，通过利益机制诱导纳税人主动申报，如费用扣除、获得退税、加大处罚等。

（三）建立个人收入信息监控制度

如何提高收入透明度，有效监控个人涉税信息，是个人所得税征管改革的基础环节，成为征管程序制度立法的重要内容。（1）建立纳税人纳税号码制度。我国可以考虑采用居民身份证作为纳税人的个税纳税号码，归集纳税人的基本信息、收入信息和纳税信息，实行单一账号管理。（2）建立支付方信息报告制度。为解决征管中的涉税信息不对称问题，应当在法律上设定支付方的信息报告义务，支付方向纳税人支付收入并代扣代缴税款以后，应向税务机关报告纳税人的明细收入及扣税信息，并应在支付收入或纳税年度结束后的一定期间内，为纳税人开具收入及扣税情况的证明。（3）建立税务与银行等第三方信息交换和共享制度。加强涉税信息采集管理和征税协作，加快建立税务与银行、工商、公安、房地产、证券、社会保障、海关等部门的计算机联网，实现个人涉税信息的交换和共享。（4）加强对申报资料的稽核评估。为了提高涉税信息的真实性和有效性，应当建立纳税信息自动比对和处理系统，定期对扣缴和申报信息进行交叉稽核和评估，对虚假申报或不申报进行稽查处理。（5）大力推行非现金结算。严格控制现金交易，广泛推广使用信用卡，大额支付活动必须通过银行进行非现金结算（转账结算）。此外，要推进个人收入的完全货币化，取消或限制以发放有价证券、奖励别墅和出国旅游等形式支付工资。要严格财经纪律，打击地下经济，减少灰色收入。

（四）允许以家庭为申报单位

个人所得税的申报单位包括个人申报和家庭申报两种。家庭是纳税人生活和消费的基本单位，家庭申报可以充分考虑纳税人的家庭负担情况，有助于实现课税公平，也有助于防止家庭成员之间的避税；但实行家庭申报会影响税收的婚姻中性，产生"婚姻惩罚"或"婚姻奖励"，家庭申报对征管的要求更高。个人申报在征管上更容易操作，不会对婚姻中性产生干预；但由于不能充分考虑纳税人个人家庭情况，容易引起税负横向不公平，也容易产生避税。此外，申报单位的选择对劳动供给也会产生影响。在实践中，各国都是根据本国情况，选择或调整其申报单位。我国税收对婚姻和女性就业的影响较小，为了更好地发挥个人所得税公平分配的功能，我国应当采用以个人申报为主、家庭申报为辅的方式，即允许纳税人选择采用家庭申报，在取得收入时分别预征税款，通过年终汇算清缴实现按家庭计税。考虑到我国的家庭结构，为减轻征管障碍，应当只允许采用夫妻联合申报一种形式，暂不允许采用其他家庭申报形式。①

（五）提高纳税服务水平

个人所得税综合税制改革对纳税人的纳税申报和税法遵从提出了更高要求，进一步优化纳税服务尤为迫切。要增加纳税服务机构设置和人员配备，将各种电话业务工作集中到省市一级税务机关，提高咨询电话的一次接通率和答复率。要切实保护纳税人权利，实行对纳税咨询答复的时限承诺制度。要采用多种服务手段并制定考核指标体

---

① 李华：《家庭还是个人：论我国个人所得税纳税单位选择》，《财政研究》2011 年第 2 期。

系，大力发展税法服务中介机构，提高全民纳税意识。①

（六）加强税收征管信息化建设

个人所得税的纳税人数量异常庞大，信息众多复杂，所以各项征管制度的实行都需要税收信息化为其提供技术保障和工作平台。应当在规范、整合目前省级个人所得税服务管理信息系统的基础上，建立覆盖全国的纳税人个人所得税服务管理信息系统，对同一纳税人全国各地源泉扣缴明细申报信息、自行申报信息、第三方提供信息和税源管理信息等进行汇总、分析、处理、使用。

六　加快个人所得税法改革的实施路径

（一）制定推进个人所得税综合税制改革工作意见

从 2003 年中央明确提出"实行综合与分类相结合的个人所得税制"至今已经 8 年了，但个人所得税综合税制改革进展缓慢，有关主管部门甚至连个人所得税改革的工作规划都没有，个人所得税法的修改依然局限于分类所得税制框架下的对工资薪金所得费用扣除的局部调整。这种微调不仅不能从根本上解决问题，甚至会引起更多的不公平，并产生认识误区。为合理调整收入分配关系，个人所得税法的全面修订应当成为我国立法的重点。建议由全国人大常委会或国务院制定"关于推进个人所得税综合税制改革的工作意见"，为个人所得税改革制定时间表和路线图，对改革的指导思想、目标、原则、内容、措施、时间、组织保障等做出安排和规定。有关主管部门应当着手开展调研，起草法律草案，广泛征求意见，限期在 2 年内拿出法律草案提交全国人大审议，力争"十二五"规划内实施综合与分类相结合的个人所得税制，以回应社会对个税改革的呼声，加大收入分配调节力度，维护社会公平正义，让党和政府关于调节收入分配的政策承诺落到实处，真正取信于民。

---

① 石坚：《个人所得税制模式转换的配套条件研究》，《税务研究》2009 年第 3 期。

（二）加快税收征管法修订步伐

与个人所得税综合税制改革相匹配的征管程序制度，在很多方面与现行征管制度具有根本性差异，而我国税务机关征管能力跟不上的一个重要原因是征管制度建设滞后、创新不足。按照我国税收立法例，很多个税征管基本程序制度将由税收征管法规定。但实际上，现行税收征管法是建立在以企业为纳税人的基础之上的，实行个税改革以及全面开征房地产税后，税收征管将面临以自然人为主要纳税人的税收环境，所以我国直接税改革将要求税收征管机制的革命性变革。我国2001年最近一次修改税收征管法至今已10年了，有关部门从2008年启动了征管法修订工作，但至今尚未拿出成熟的草案提交审议。为配合个人所得税法改革，应当加快税收征管法修订步伐，将健全涉税信息管理制度和建立纳税评定制度作为立法重点，并赋予税务机关对自然人的税务检查权和强制执行权，完善税收法律责任制度，改革税收救济制度，为我国征管改革提供程序法律保障。①

（本文原载于《中国法学》2011 年第 5 期）

---

① 汤贡亮：《税收基本法研究回顾与展望》，《税务研究》2008 年第 1 期。

可持续的地方税体系之构建[*]

——以税权配置为视角

陈少英[**]

党的十八届三中全会《关于全面深化改革若干重大问题的决定》（以下简称《决定》）明确指出："深化税收制度改革，完善地方税体系，逐步提高直接税比重"；而恰逢分税制改革20年之际，中央政治局审议通过的《深化财税体制改革总体方案》，又吹响了新一轮财税体制改革的进军号。"深化财税体制改革不是政策上的修修补补，而是一场关系国家治理现代化的深刻变革，是一次立足全局、着眼长远的制度创新和系统性重构。"[③] 因此，重新审视现行分税制下的央地财政关系，完善地方税体系，是国家治理现代化的重要内容；探讨国家权力及权力背后财政利益在央地间的分配，不仅关系到深化财税体制改革目标的实现，也关系到地区经济的均衡发展乃至社会整体效益，是极富挑战性的研究领域。

一 央地之间分权：地方税体系构建的逻辑起点

（一）地方税基于央地分权而产生

目前，我国理论界在对地方税体系进行研究的过程中，对"地方

---

[*] 本文系上海市高校一流学科（法学）建设计划（经济法学科）的阶段性成果。

[**] 陈少英，华东政法大学教授、博士生导师。

[③] 楼继伟：《一场关系国家治理现代化的深刻变革》，新华网，http://news.xinhuanet.com/fortune/2014 - 07/03/c_ 1111449207. htm，2014 年 8 月 15 日访问。

税"的概念，尚未达成共识。但无论何种定义都无一例外地包含三个要素，即税收立法权、税收执法权和税收收益权。因此，地方税的起源、发展和变革无不围绕着央地如何合理分权、分利而展开。那么，央地为什么要划分税权呢？

1. 基于政治学的解读

国家权力之所以需要分配，是实现人民主权的需要，是解决人民主权原则应然性和实然性冲突的理性选择，是政治国家逻辑自给自足的需要，也是遏制国家权力的消极作用的必然选择。① 分权理论起源于英国史密斯在其《地方自治与中央集权》一书中提出的中央集权与地方分权的结构理论，其实践典型地体现在美国由联邦集权化向联邦政府与州政府并存的分权模式的转变。杰斐逊反对权力过分地集中在联邦政府手中，主张除一部分必须由联邦政府集中的权力以外，应当把国家权力分散到地方各级政府，以便组成真正互相牵制、互相平衡的政府制度，以更有效地防止中央政府走向专制。他说："把一切州权都集中到全国政府手中，就会增加盗窃、投机、掠劫、冗官及钻营官职的机会。"② 通过层层分权使每个人管理自己的眼睛可以监视到的范围，从而使一切都可以管理得尽善尽美。

2. 基于法学的解读

凯尔森在其代表作《法与国家的一般理论》中认为，法律秩序并不是一个相互对等的、如同在同一个平面上并立的规范体系，而是一个由不同级别的规范组成的等级体系。"法律共同体要有最低限度的集权和最高限度的分权，否则就会趋于瓦解。"③ 法律秩序的集权和分权可能在数量上有所不同。集权或分权的程度取决于那个秩序的中央

---

① 邹平学：《国家权力分配原理论纲》，中国民商法网，http://www.civillaw.com.cn/article/default.asp？id=32573，2014年8月17日访问。
② 刘绍贤主编《欧美政治思想史》，浙江人民出版社，1987，第318页。
③ 〔奥〕凯尔森：《法和国家的一般理论》，沈宗灵译，中国大百科全书出版社，1996，第338页。

和地方规范的数目和重要性的相对比例。[①] 只有把握好集权和分权的限度，国家才能处于安全状态。

3. 基于经济学的解读

财政分权理论起源于 20 世纪 50 年代。1956 年美国经济学家蒂布特提出了"以足投票"的理论，认为各地居民根据各区管理、税收政策、信息提供和公共服务等不同的配置情况，可以自由迁徙，选择最能满足自身偏好的地区居住。其结果是，地方政府要以提供居民最需要的公共产品来吸引民众。[②] 马斯格雷夫认为，分权理论的基础在于公共物品的层次划分。由于公共物品的受益范围不同，造成了不同的公共物品由不同的政府来提供，决定了政府职能的层级性和政府间事权财权的划分。分权下的地方政府能够依照本地居民的消费偏好提供有效的区域性公共物品，促进公共部门内部资源的合理配置，从而使得本地居民的收益与纳税有直接匹配关系。[③] 奥茨由此引申出了"公共服务应该由那些能够涵盖服务的收益和成本的最低级次的政府承担"[④]，并明确将财产税作为地方性公共物品融资的主要来源。[⑤] 坦齐又在奥茨的基础上认为，中央对地方的了解没有地方多，而且存在很高的信息费用、交易成本、控制和摩擦成本，所以地方政府承担一定的职能是定然的。[⑥] 但考虑到地方政府公共支出管理体制的监管问题，某些职能还是应当由中央政府进行补充，或者由中央和地方政府共同承担。

---

① 〔奥〕凯尔森：《法与国家的一般理论》，沈宗灵译，中国大百科全书出版社，1996，第 335 ~ 337 页。

② C. M. Tiebout, "The Theory of Public Expenditure," *The Journal of Political Economy*, 1956, pp. 416 – 424.

③ 许正中、苑广睿、孙国英：《财政分权：理论基础与实践》，社会科学文献出版社，2002，第 10 ~ 11 页。

④ 转引自张晏《分权体制下的财政政策与经济增长》，上海人民出版社，2005，第 23 页。

⑤ W. E. Oates, *Fiscal Federalism*, New York：Harcourt Brace Jovanovich, 1972.

⑥ v. Tanzi, "Fiscal Federalism and Decentralization：A Review of Some Efficiency and Macroeconomic Aspects," in M. Bruno, B. Pleskovic eds., *Annual World Bank Conference on Development Economics*, 1995, pp. 295 – 316.

通过对央地分权的多维解读不难看出，政治学和法学基于"权力导致腐败，绝对权力导致绝对腐败"[①]这一命题，从制约和控制权力的视角主张央地分权。因为只有在横向分权的基础上实行央地纵向分权，才能更有效地防止权力的高度集中和垄断，更有效地发挥分权制约体制的作用。而在经济学看来，权力垄断的潜在成本高过任何一种形式的垄断。[②]分权的目的就在于降低因权力垄断而提高的成本，使政府运行的效益达到最优。因此，"如何在各个政府部门之间，尤其是在不同层级政府之间配置权力，实际上是国家治理的基本问题"。[③]而央地财政关系不仅仅是组织管理关系，它从利益关系上来说是国家治理的最重要的内容之一。央地财政分权的实质就在于：一个地区的居民对于与自己最为接近的地方事务基于宪法规定有自我决定的权限，即有权决定该地区公共物品的种类和数量。这里，作为民主机制自然延伸和扩展的财政分权，"其真正的民主合意性并不在于分工结果，而在于纳税人能通过民主机制和民主程序来充分表达个人的偏好，使个人多样化的、有差异的需求偏好得到充分和同等的尊重"。[④]因此，财政分权不仅反映政府间有效提供公共物品的分工，更体现了地方居民在地方性公共物品上的决策民主。这种基本的财政制度一般称为财政联邦，它实际上要求各级财政事权财权划分明晰、自求平衡，成为一级真正的财政预算主体。那么，地方政府在"事权和支出责任相适应"的基础上，匹配一定的财权，就形成了地方税。由此可见，地方税作为国家税收法律体系的重要组成部分，是社会发展到一定阶段的产物，是中央政府与地方政府间权力划分的必然结果。

（二）地方税体系基于分税制而形成

所谓"地方税体系"是指由多种地方税种组成，具有一定收入规

---

① 〔英〕阿克顿：《自由与权力》，侯健、范亚峰译，商务印书馆，2001，第342页。
② 〔美〕波斯纳：《法律的经济分析》（下册），蒋兆康译，中国大百科全书出版社，1997，第809页。
③ 刘剑文：《中央与地方财政分权法律问题研究》，人民出版社，2009，第6页。
④ 刘剑文：《中央与地方财政分权法律问题研究》，人民出版社，2009，第15页。

模，明确的税权划分，相对独立的征收管理机构的统一体。地方税体系的形成与一国的财政管理体制密切相关，而不同形态的财政国家[①]实行不同的财政管理体制直接影响地方税体系的形成。税收国家与市场经济、民主法治有着内在的逻辑联系，故笔者将其作为一种理论分析工具，探讨税收国家理论与地方税体系形成的关联度，审视分税制体制下央地的财政关系，使之服务于中国地方税体系的构建。

1. 家产国家不可能形成地方税体系

在古代中国，封建王朝的历次变法，诸如汉朝的王莽改制、唐朝杨炎的"两税法"、宋朝王安石变法和明朝张居正的"一条鞭法"，都始终围绕央地间的财政博弈而展开。其中，比较成功的财政制度改革当属唐朝的"两税法"。"两税法"基于庄园经济的兴盛，土地兼并严重，封建统治者既失去了可以征税的土地，又失去了可以征税的劳力。安史之乱后，潘镇割据，"纪纲废弛，百事从权，至于率税多少，皆在牧守裁制"[②]，地方与中央抢夺税源，争夺税收，中央政权日益危险。"两税法"的主要目的是通过税收制度的改革，将游离在中央税收系统之外的税源纳入两税的征收范围。中央对地方的税额进行划分，在提取一定份额后留存于地方。"两税法"似乎是通过"税收"的制度安排来实现央地财政利益的平衡，但有学者认为，宋代以前中国的土地是国家所有制，私人最多也就拥有土地的占有权，因此田赋充其量是一种租金。我国地方税萌芽于清朝末年的厘金，此后，在北洋政府及国民党政府时期先后颁布了有关地方税的法规。可见，以土地收入为主、中央高度集权的家产国家，岂有可能形成地方税体系。

---

① 自国家产生以来，与社会经济发展的不同阶段相适应，国家在政治上经历了专制集权国家、公民法治国家和现代社会法治国家等形态；政治国家的另一面即财政国家，财政国家在不同的历史阶段也呈现出不同的形态：从财政支出的角度来看，财政国家呈现为所有权者国家、企业者国家和给付国家；从财政收入的角度来看，财政国家呈现为家产国家（或资产收益国家）和税收国家。

② 黄永年：《论建中元年实施两税法的意图》，《陕西师大学报》（哲学社会科学版）1988 年第 3 期。

2. 资产收益国家无真正的地方税体系

中华人民共和国成立后，中央人民政府发布了《关于1951年度财政收支系统的划分的决定》，对1950年1月制定的《全国税政实施要则》中规定的14种税进行了划分，将印花税、屠宰税、城市房地产税、特种行为消费税、车船使用牌照税和契税列为大行政区或省的收入，由地方根据中央颁布的统一税法制定本地的具体征收办法。这一决定标志着新中国地方税的产生。此后直至改革开放前，随着税制改革以及中央与地方集权分权关系的调整，地方税的税种及征收范围也相应进行了调整，但地方税税种少、收入规模小的基本格局未曾根本改观。因为在这一时期，中国是典型的"资产收益国家"，主要通过各种非税手段获取财政收入，其中最主要的收入就是国企利润。尽管有中央税和地方税的划分，但随着社会主义改造的完成，城市房地产税、契税等财产类的地方税失去了税源基础，而作为中央税的流转税便成为征收的重点。① 而且，在全国范围内开征的税种都是由中央立法，税收工作完全或基本上由中央统一管理，只是在不同时期，曾把一些较小税种的管理权和使用权下放给地方。这种中央高度集中税权、地方税权极其薄弱的状况，一直持续了40多年。②

在高度集权的财政管理体制下，国家财政统收统支，中央与地方的税收分配关系是国家统一收税，然后将税款在上下级政府之间进行分割，不涉及或很少涉及央地的税权分配。中央拨付给地方政府的税收收入虽也称地方税收入，但它与本文所谈的地方税是截然不同的概念。即使在分级包干体制下，中央与地方间的收入分配关系仍是以全国税收总额为对象，通过"讨价还价"式的谈判来确定，地方税的税种、税收规模与地方财政收入没有必然的联系。所以，在没有实行分

---

① 当时，对国有企业只征收一种工商税，对集体所有制企业只征收工商税和工商所得税。其余的税种除了农业税和关税之外都形同虚设，收入微不足道。

② 朱大旗：《"分税制"财政体制下中国地方税权问题的研究》，《安徽大学法律评论》2007年第2期。

税制的背景下，所谓的地方税体系只能是有其名而无其实。

3. 税收国家有助地方税体系的形成

税收国家作为现代经济化国家的一种形态，是国家发展到现代社会的产物。"所谓租税国，乃相对于所有权者国家、企业者国家而言，是指以租税为国家主要收入的国家。在租税国中，课税不但是国家收入之合法形态，也是唯一之合法形态。"[1] 税收国家着重强调税既奠定国家存在的经济基础，又奠定宪治的基础。[2]

在税收国家，税收因其自身的优越性而成为国家财政收入的主要形式[3]，使财权、财力的配置归结为税收、税权的配置，分税制成为税收国家普遍采用的一种理想的财政管理体制模式，它符合市场经济、公共财政、民主社会、宪治国家的要求。分税制的实质就是根据中央政府和地方政府的事权及支出责任确定其相应的财权，将国家的全部税种在中央和地方政府之间进行划分，借以确定中央财政和地方财政的收入范围，从而建立各自相互独立、相互协调的收入体系。早在18世纪末，西方一些国家就实行了分税制。美国自1878年通过宪法成立"三权分立"的联邦制国家以来，一直实行分税制的财政管理体制，美国是当今世界上实行分税制最彻底的国家之一。日本在明治维新以后也实行过分税制。到19世纪中叶，欧洲一些国家先后把分税制作为分级财政管理的重要形式。一百多年以来，尽管各国由于具体国情不同，形成了不同类型的分税制，但它们的共同之处在于：地方税体系的形成是实施分税制的必然结果，分税制能够从体制上确保地方税体系的独立性和稳定性；而建立和完善地方税体系又是顺利实施分税制的客观要求。

---

① 葛克昌：《国家学说与国家法——社会国、租税国与法治国理念》，月旦出版社股份有限公司，1996，第142～143页。
② 贺卫方：《人大审查财政预算的意义》，《南方周末》2003年1月16日。
③ 目前，大多数国家税收收入占其财政收入的比重一般都在80%以上，不少国家达95%以上。

二　地方税权缺位：中国地方税体系的运行考察

地方税体系由地方税种、收入规模、税权划分和征收管理等四部分组成。尽管这些要素在地方税体系中的地位和影响不同，但它们都是密切联系的完整的统一体，对科学、合理、有效、可持续的地方税体系来说，任何一个要素都是不可或缺的。因此，本文通过四要素来考察中国地方税体系的现状。

（一）中国分税制下的地方税体系

1994 年，为适应社会主义市场经济体制的需要，中国对财政管理体制进行了新中国成立以来规模最大、范围最广、内容最深刻的重大改革。依据 1993 年 12 月 25 日国务院发布的《关于实行分税制财政管理体制的决定》，从 1994 年 1 月 1 日起改革地方财政包干体制，对各省、自治区、直辖市以及计划单列市实行分税制财政管理体制。其后，1995 年 1 月 1 日起实施的《中华人民共和国预算法》第 8 条明确规定"国家实行中央和地方分税制"，从法律上肯定和确立了中国分税制的财政管理体制。2001 年 12 月 31 日，国务院下发《所得税收入分享改革方案》，就中国个人所得税和企业所得税的分享范围、比例、征管、分配使用等进行了新的调整。2002 年 12 月 26 日国务院批转财政部《关于完善省以下财政管理体制有关问题的意见》，就省以下各级政府的事权范围和财政支出责任、省以下各级政府财政收入的划分、省以下财政转移支付制度的规范等做出了原则性规定。这些法律和规范的出台，为地方税体系奠定了制度基础。至此，与分税制相联系的地方税产生了；同时，初步形成了我国地方税体系的基本框架。

1. 以税收收益权为标准划分税种，初步建立了地方的固定收入体系

从 1994 年起，在划分中央与地方事权的基础上划分了中央和地方的财政支出范围；根据事权与财权相结合的原则，将税种划分为中央

税、地方税、中央与地方共享税，使中央和地方分别拥有了自己的税收收入体系。其中列入地方固定收入的税种包括：营业税（不含铁道部门、各银行总行、各保险总公司集中缴纳的营业税），地方企业所得税（不含上述地方银行和外资银行及非银行金融企业所得税），个人所得税，城镇土地使用税，固定资产投资方向调节税，城市维护建设税（不含铁道部门、各银行总行、各保险总公司集中缴纳的部分），房产税，车船使用税，印花税，屠宰税，农牧业税，农业特产税，耕地占用税，契税，遗产和赠与税，土地增值税 16 种。列为中央与地方共享收入的税种包括：增值税、资源税、证券交易税 3 种。其中，增值税中央分享 75%，地方分享 25%。资源税按不同的资源品种划分，大部分资源税留作地方收入，海洋石油资源税作为中央收入。证券交易税，中央与地方各分享 50%。① 分税制从体制上相对固定了央地间的财政分配关系，地方政府拥有了自己的固定收入，与计划经济时期相比有了较大进步。

2. 以税收征管权为标准，分设国、地税两套机构，地方税的征管归地方

国税局负责中央税和共享税的征收，共享税中地方分享的部分由国税机构直接划入地方金库，地税局负责地方税的征收。然而，由于税权划分不明，导致税收征管中出现问题。首先，征管范围交叉，如集贸市场和个体工商业户的税收由国税局代征，地方对属于自己的收入不能充分行使税收征管权；而国税局因其收入大多划归地方并没有征税的积极性，最终影响了地方的财政收入。其次，共享税的征管存在矛盾，如国、地两局都负责企业所得税的征收，违背了分税制确定的共享税由国税局征收的原则，而且对同样类型的企业、同样的税种，由不同的征管机构征收，难以保障执法的公平性和纳税人的平等待遇。再次，征税权与其他执法权脱节，部分地

---

① 到 2002 年，中央分享 97%，地方分享 3%。

方收入由国税局代征后，其他执法权如税务管理权、税收检查权、税务行政复议权如何与征税权统一，存在诸多矛盾。① 最后，征税权与管理权脱节，按现行规定，地税局只对单纯缴纳地方税的纳税人具有税务登记权，而对既纳增值税又纳地方税的纳税人则没有税务登记权，造成征税权和管理权脱节，致使地税局难于有效控制地方税源。②

3. 税收立法权高度集中于中央，地方基本没有税收立法权

按国务院《关于实行分税制财政管理体制的决定》规定，划分税种以后，"中央税、共享税以及地方税的立法权都要集中在中央，以保证中央政令统一，维护全国统一市场和企业平等竞争"。2000 年 7 月 1 日实施的《中华人民共和国立法法》明确规定，财政、税收基本制度是法律保留的事项，但经全国人大或全国人大常委会授权，国务院可根据实际情况对其中的部分事项先制定行政法规。被授权机关（国务院）应当严格按照授权目的和范围行使该项权力，并不得将该项权力转授其他机关。③ 2001 年 4 月 28 日全国人大常委会修订通过的《中华人民共和国税收征收管理法》第 3 条明确规定："税收的开征、停征以及减税、免税、退税、补税，依照法律的规定执行；法律授权国务院规定的，依照国务院制定的行政法规的规定执行。任何机关、单位和个人不得违反法律、行政法规的规定，擅自作出税收开征、停征以及减税、免税、退税、补税和其他同税收法律、行政法规相抵触的决定。"前述系列规定，使中国税收无论是中央税、共享税，还是地方税的立法权都高度集中于中央，集中于国家法律、国务院行政法规的层面，在地方政府税权方面，除民族自治地方依法享有一定的税收减、免权外，其他地方只对城镇土地使用税和车船税的税额有确定

---

① 参见孙开《财政体制改革问题研究》，经济科学出版社，2004，第 32 页。

② 参见苏明《中国地方税权划分的理论分析和改革方向》，《财政经济评论》2004 年卷下，经济科学出版社，2004，第 80 页。

③ 参见《中华人民共和国立法法》第 8 ~ 10 条。

权，以及对营业税中的娱乐业税率和资源税中的"资源等级表"未列举名称的征税对象税额有决定权。"总体而言，地方在税收立法方面处于无权状态。"①

（二）中国地方税的税种结构考察

"地方税"从形态上表现为归属于地方政府的若干税种和一定规模的税收收入，但其本质上反映的是央地之间的税收权益分配关系。1994 年的分税制改革，主要着眼于税收收益权的划分，虽然减少了改革的阻力，但使得原本就划分不合理的事权随着时间的推移而积累起越来越多的问题，从根本上制约了地方税体系的建设。

1. 央地之间税种划分不科学

分税制按税源大小划分税种，缺乏科学与规范性。即主要的、收入来源稳定且增收潜力较大的税种，都列入了中央固定收入或中央与地方共享收入，而次要的、收入不稳定、征管难度大、征收成本高的中小税种留给地方。不仅如此，税种划分不彻底，如把中央企业缴纳的属于地方税的营业税、城市维护建设税也都一起划分为中央收入。其结果如下。一是提升了中央财政的地位。分税制前，中央财政收入比重较低，曾一度不断下降；分税制后，中央财政收入从 1993 年的 22.02% 提高到了 1994 年的 55.70%，央地的分配格局发生了重大变化，中央财政处于主导地位，宏观调控能力得以强化。二是改变了地方收支运行情况。分税制前地方本级财政收支能自求平衡，但分税制改革使得地方财政收入从 1993 年的 77.98% 下降到 1994 年的 44.30%，下降近 34 个百分点，远低于地方财政支出，而且两者的差距呈越来越大的趋势。

2. 地方税体系缺乏主体税种

在我国，地方税收入和地方政府的税收收入是两个不同的概

---

① 朱大旗：《"分税制"财政体制下中国地方税权问题的研究》，《安徽大学法律评论》2007年第 2 期。

念。前者指基于税收收益权和税收管理权而归属于地方政府的地方税，后者指地方政府在分税制体制框架内获得的税收收入的总和，包括地方税收入和中央与地方共享税中地方获得的部分。从目前来看，地方税的税种不少，但课税范围窄，税收弹性差，税源不稳定，征收成本高，收入规模小，在地方政府的税收收入中占比极低（见表1）。

表1 地方税收入占地方政府税收收入比重

单位：%

年份 / 税种	2006	2007	2008	2009	2010	2011	2012	2013
城镇土地使用税	1.34	2.00	3.51	3.52	3.07	2.97	3.26	3.19
房产税	3.38	2.99	2.93	3.07	2.73	2.68	2.90	2.93
耕地占用税	1.22	0.96	1.35	2.42	2.72	2.62	3.43	3.36
土地增值税	1.32	2.09	2.31	2.75	3.91	5.02	5.75	6.11
车船税	0.33	0.35	0.62	0.71	0.74	0.73	0.83	0.88
契税	5.19	6.27	5.62	6.63	7.53	6.73	6.07	7.13
印花税	1.29	1.64	1.55	1.54	1.57	1.50	1.46	1.46
城市维护建设税	7.36	5.97	5.75	5.43	5.31	6.35	6.20	6.02
合计	21.43	22.27	23.64	26.07	27.58	28.60	29.90	31.08

数据来源：《中国财政年鉴》和财政部官网（财政数据）。

上述问题在于，地方税体系缺乏名副其实的主体税种，其组织收入的功能有限，近年略有提高，但占地方政府税收收入的比重也只有20%左右。因此，地方政府的税收收入基本依靠营业税、城市维护建设税以及增值税、企业所得税、个人所得税等非规范的地方税或共享税，它们占地方政府税收收入的80%之多，其中营业税、增值税、企业所得税平均占地方政府税收收入就高达68.54%，非规范的地方税和共享税成为地方税体系的主体税种（见表2）。

表2　2004～2011年地方各项税收排名前5位的税种

单位：亿元

年份	第一	第二	第三	第四	第五
2004	营业税 （3470.98）	国内增值税 （2404.43）	企业所得税 （1596.00）	个人所得税 （694.82）	城市维护建设税 （669.74）
2005	营业税 （4102.82）	国内增值税 （2860.76）	企业所得税 （2139.89）	个人所得税 （837.97）	城市维护建设税 （791.02）
2006	营业税 （4968.17）	国内增值税 （3196.38）	企业所得税 （2681.14）	个人所得税 （981.54）	城市维护建设税 （933.43）
2007	营业税 （6379.51）	国内增值税 （3867.62）	企业所得税 （3132.28）	个人所得税 （1273.78）	契税 （1206.25）
2008	营业税 （7394.29）	国内增值税 （4499.18）	企业所得税 （4002.08）	个人所得税 （1488.08）	城市维护建设税 （1336.30）
2009	营业税 （8846.88）	国内增值税 （4565.26）	企业所得税 （3917.75）	契税 （1735.05）	个人所得税 （1582.54）
2010	营业税 （11004.57）	国内增值税 （5196.27）	企业所得税 （5048.37）	契税 （2464.85）	个人所得税 （1934.30）
2011	营业税 （13504.44）	企业所得税 （6746.29）	国内增值税 （5989.25）	契税 （2765.73）	城市维护建设税 （2609.92）

注：由于从2011年开始在全国试点"营改增"，为准确反映地方政府主要税收收入的数据，故数据截至2011年的。

数据来源：《中国财政年鉴》。

　　基上，且不说地方各财政层级集中依赖的几个特定税种与其自身性质并不匹配，单是税源结构的趋同就不利于地方政府财源的稳定和经济调节功能的发挥。第一，地方税体系中多数税种的纳税人主要是企业，地方政府为保持GDP和税收收入增长，愿意为辖区企业而非居民提供服务和保护。第二，地方税体系中的主体税种——营业税，其收入的一半来自建筑业和销售不动产，房地产投资扩张和房价上涨带动地方税收收入增长，无疑鼓励了地方政府推动房地产业投资和价格上涨。第三，地方税体系中的一些重要税种主要在生产环节课征，因而促使地方政府不顾资源环境代价，不管产能过剩而极力追求工业企业规模扩张。这些问题从分税制改革之初就已存在，只是因为"优化资源配置、维护市场统一"的"营改增"，使既有问题与新的矛盾交织在一起，倒逼着财税体制配套改革。如果维持现有财力分配格局，增值税无异于按行业变相分配税收，这就容易引发严重的纵向税收竞争；如果扩围后增值税仍作为共享税，在分成比例不变的情况下，无疑会加剧地方政府财力窘境；如果提高地方政府增值税分成比例，将激励地方政府更加依赖工业规模的扩张以放大增值税的税基。因此，设置和培养地方稳定税源、构建可持续的地方税体系已是箭在弦上。

（三）中国地方税规模的税权考量

合理确定地方税规模是分税制的基础，也是地方政府履行职能的财力保障，它反映了地方税权的实现程度。国际上有多项衡量一国地方税规模的指标，本文主要从两项指标分析。一是地方税占全国税收总额的比重。这一比重反映中央与地方间税收分割的比例，它集中体现了一国税权的集中与分散程度。通常情况下，集权制、单一制国家这一指标的数值较小，如英、法两国只有10%左右，韩国近年来才达到20%左右；而分权制、联邦制国家这一指标的数值则较大，如美、德两国地方税所占比重分别在35%和52%左右，近年出现下滑趋势。① 我国地方税收入占全国税收总额的35%左右，高于单一制国家的平均水平。② 二是地方税占地方财政支出的比重。这是通过考察地方税对地方政府实现其职能的贡献度来评价地方税的规模，由于在地方财政收入中，主要为地方税收入和中央政府的补助，因此这一比重间接地体现了中央对地方的控制程度。美国是税收分权最为彻底的国家，州和郡（市、镇）地方税收入只占本级财政支出的45%左右；日本"都道府县税"与"市町村税"也分别仅占本级财政支出的30%左右。③

---

① 参见王金霞《转型时期我国地方税体系的构建》，《瞭望》2014年第34期。
② 由于我国的社会保障基金尚未纳入税收体系，将其他国家的社会保障税剔除掉再加以比较，该指标所反映的我国的地方税规模仍远远高于绝大多数的单一制国家，与日本的水平相当，略低于联邦制国家的平均水平，却要高于其中的澳大利亚和奥地利两国。
③ 参见郝硕博、李上炸《对地方税体系的探讨》，《税务研究》2009年第6期。

在我国，由于地方税收入占地方政府税收收入比重较低，地方财政支出对其的依存度也很低，1995 年地方税占地方财政支出的比重为 44.3%，与各国的平均值大体相当，而到了 2006 年只有 8.68%，2013 年升到 14%。如此大的地方财政缺口，一方面，美、日等国是由规范的、法制化的转移支付以及地方政府的债券收入来弥补，而我国地方依赖中央转移支付的总量过大，且制度不规范，① 原《预算法》规定地方政府不允许发行公债，以致我国地方财政并不具有一级独立性（即"一级政权、一级税权"）；另一方面，美、日等国建立了真正意义上的地方税体系，地方政府对其拥有的税种享受相对独立的税权，而我国地方政府只有不完全的税权。

通过地方税收入规模的国际比较可以看出，中国地方税收入占全国税收总额的比重并不算低，但占地方财政支出的比重却很低，以致难以满足地方政府正常支出的需要。这种现象反映出我国的宏观税负偏低，因为在国际上地方税收入占 GDP 的比重并不高；与此同时还反映出地方政府的财政收支中，除了预算内收支外，还有大量的预算外和制度外的收支。具体讲，其一，随着收费规模的膨胀，出现了"以费代税"甚至"税收缺位、收费越位、费大于税"的局面，扰乱了社会分配秩序，分散了政府财力。其二，地方政府凭借在土地收益分配体制中的垄断地位，以"土地生财"来弥补地方财政收入的不足，2009 年上海市财政收入的 25% 来自房地产，成为名副其实的"土地财政"。其三，地方政府通过地方融资平台等非正规方式举债，随意性强，收支不透明，资金使用效率低，债务风险大。② 根据国家审计署数据，2013 年 6 月地方政府债务总额为 17.9 万亿元，较 2010 年的

---

① 2012 年，中央和地方政府收入占比分别约为 48% 和 52%，支出占比分别约为 15% 和 85%，约 33% 的收入由中央先集中再向地方转移，涉及资金规模近 4 万亿元，其中专项转移支付规模过大，项目过于细碎，要求地方配套资金过多，隔层转移造成效率损失。

② 地方债的审批、发行、使用、统计、监督各环节均缺乏基本、完整的制度，数据准确性和透明度极低，财政部门不能全面掌握债务信息。

10.7 万亿元增长了 67%。其四，地方政府滥用转移支付制度，导致财政支出充满人为色彩，而正是"权力部门化"、"部门利益化"催生了"跑部钱进"的腐败现象。

那么，地方税固定税种筹集的收入规模较小，不能满足地方政府财力需要，迫使地方政府寻找替代财源，引发了财政秩序失范的表象背后，更深层次的问题又是什么呢？第一，在央地税收收益权划分方面，我国追求的改革目标与绝大多数国家不同。绝大多数国家的目标是将财政自主权下放给地方，使其更接近于民众。"而在中国中央政府试图将财政和宏观经济政策控制能力从地方手中收回。"这意味着改革背后的真正驱动力是中央利益而非地方利益，这个体制能给中央政府带来利用税收作为宏观经济调整工具的更大的可行性，但这却是通过进一步限制地方政府的财政自主权来实现的。[①] 第二，在央地事权范围划分方面，我国并未界定各级政府的财政支出责任。一方面，中央包揽过多、越俎代庖严重，如地区性银行、邮电通信事业等本应由地方承担的事务由中央安排支出；另一方面，应当归中央处理的事务却推给了地方，如国防武警军费、九年义务教育费用等。政府间事权与支出划分范围不明确，影响了各级政府的长远规划，降低了财政资金的使用效率。[②] 第三，行政主导型的分权模式，导致地方税权的随意性、不稳定性和非权威性。分税制改革侧重于流转税和所得税，对地方税触动不大；地方税种老化，税负偏低，缺乏收入增长机制，对新的税源又没有开征权。在没有法律约束的情况下，中央政府随时根据自己的利益来调整方案，央地间事权与财权的划分一直处于不稳定状态，如个人所得税原为地方税，由于近年来收入激增，2002 年改为中央地方共享税，分享比例是各占 50%，2003 年进一步调整为中央

---

① 〔美〕罗伊·鲍尔：《中国的财政政策——税制与中央及地方的财政关系》，许善达、王裕康等译，中国税务出版社，2000，第 128 页。

② 人类智慧的结晶和典型经验是：在各级政府间，"拿自己的财办自己的事，效率最高；拿别人的财办自己的事，效率其次；拿别人的财办别人的事，效率最低"。

占 60% 。总之，趋势是中央所占的比重越来越大，而地方所占的比重越来越小。

在宪法和法律保障机制下，税权在央地政府间的合理配置，既是对中央政府的制约，也是对地方政府的制约。而我国的实际情况是，中央政府对地方政府采取的种种"截留"财政收入的做法无可奈何；而地方政府对中央政府单方面频繁改变规则的做法也只能"望洋兴叹"。在以中央政府为主导的税权配置模式下，自然是"财权向上集中，事权向下转移"。

三　税权合理配置：中国地方税体系的构建保障

税权合理配置是构建地方税体系的核心问题。它不仅关系到中央与地方政府所承担的事权范围以及相应的财权、财力配置，更关系到全国公民享受公共服务的范围和水平，关系到地方居民的基本权利的实现程度。

（一）税收收益权：地方税体系构建的前提条件

基于前车之鉴，中国宜实现中央、省、市县 3 级架构，将财政层级扁平化为省直管县、乡财县管。这样，就需要在深化财税体制改革中重新划分地方政府的税收收益权，建设新的地方主体税种，以奠定地方政府提供公共服务的物质基础。

1. 税收收益划分标准的传统理论

关于税收收益的划分标准，学界有诸多观点。马斯格雷夫对财政职能概括后认为，适合经济稳定、具有高度再分配性质、税基在各个辖区间分布高度不均衡、税基具有流动性的税收应归中央政府，税基流动性小的税收应由地方政府负责管理。[①] 塞利格曼三原则要求税权的划分应根据效率、适应和恰当原则进行。效率原则认为哪级政府征

---

① Musgrave, Richard, A. "Who Should Tax, Where and What?" in McLure, Charles, Jr. (ed.), *Tax Assignment in Federal Countries*, The Australian National University, 1983, p. 23.

税效率高，就由该级政府征税；适应原则以税基大小为划分标准，税基大的归中央，小的归地方；恰当原则以税收负担公平为划分标准，如为公平目标而设的税，归中央征收。[①] 这些观点虽有利于征税的顺利进行，不会对经济行为造成过多扭曲，但它必然将大部分税收划归中央，地方只能获得较少的税收，不能保证其承担较大比重的公共支出的需要。

随着我国 2016 年"营改增"的完成，地方政府将永远失去营业税这一增长稳定的"大块头"税种。按照上述税种属性的理论，目前尚无税种可取代营业税在地方税体系中的主体地位。于是，有学者提出，"不能单凭税种自身特征确定其归属，应将税种与其在全部税收收入中的地位结合起来进行综合考虑，即依据受益原则划分税权，保证地方支出所需税收主要由地方政府征收"。[②] 受益原则即"谁受益，谁付款"的原则，地方政府根据支出的需要课征收入，税收与公共支出相对应，体现了现代民主财政制度的客观要求，从而可增加对地方政府经济行为的监督，促进整个政府体系服务效率的提高。一般认为，最符合受益性原则的税种莫过于房产税。从世界范围看，不少国家地方税的主体税种设为房产税。但目前我国尚未对居民房产全面开征房产税，地方政府不具备以受益性税种为主要筹资手段的条件。即使将来全面开征房产税，在当前经济社会运行背景下，房产税的制度设计一定是低税率和较大免征范围的结合，在相当长时间内不能独当主体税种。

2. 地方主体税种选择的理论突破

鉴于目前我国的税改基础，任何一个诸如房产税的单一税种都无法承担支撑地方财力的现实要求。因此，地方主体税种的选择必然将突破传统理论。

---

① Seligman, E. R. A., *Essays in Taxation*, The Macmillan Company, 1913, pp. 378 – 386.
② 杨志勇：《地方税体系构建的基本理论分析》，《税务研究》2000 年第 7 期。

首先，突破商品税不能作为地方税的理论。从世界范围看，除了美国、巴西和印度外，很少有国家将流动性税基作为地方税的税基；从我国自改革开放以来的财政体制运行实践看，也未将产品税、增值税、消费税等归为地方税。而在"营改增"逐步推进的情势下，通过优化改革消费税使其成为地方主体税种之一的呼声很高。但笔者认为，我国的消费税是典型的选择性消费税①，如果作为地方税，将激励地方政府刺激当地奢侈品消费，有违调节消费行为的立法初衷；如果改在零售环节课征，将刺激厂家采用直销模式以导致更多逃税行为②；如果优化税率结构，但高税率极易引发横向税收恶性竞争；如果把高耗能、高污染产品及部分高档消费品纳入征收范围，仍不足以替代营业税。③ 因此，莫如在借鉴整合性增值税（VIVAT）模式基础上，开征零售税，即在商品进入销售环节之前，征收增值税并全额作为中央税；在商品进入销售环节之后，取消增值税，按商品价格的5%征收零售税，并将零售税全额作为地方税。通过改进商品税制设计，将商品税的课征对象——商品和服务，分别划分为生产环节商品和消费环节商品、生产性服务和消费性服务。对消费环节商品和消费性服务课税的意义在于：地方政府不会为了吸引税源而盲目扩大工业投资，地区财力差距将会缩小；采用消费地原则，纳税人一般是辖区居民，不会产生税负输出、阻碍市场流通等问题；地方政府执政理念将从为生产者服务转变到为消费者（辖区居民）服务。

其次，突破个人所得税不能作为地方税的理论。随着人口流动趋势的形成，个人与其住地间的关联性逐渐降低，其所享有的公共产品

---

① 选择某些特定商品征税，如烟酒、奢侈品、燃油等，适用多档税率，体现特殊调节的功能，一般在生产环节征收，适合作为中央税。

② 我国消费税与增值税并行征收，在出厂环节征消费税问题不大；如果改在零售环节课征，大量未纳入增值税发票管理的小规模纳税人，同样难以纳入消费税管理范围，这将刺激小商户通过不缴消费税并低价销售消费品来赚取利润。

③ 我国2012年营业税占税收总收入的比重为15.6%，而国内消费税占税收总收入的比重为7.8%，仅占营业税的一半左右。

的范围并不局限于某一特定地区，而包括了各级政府所提供的不同层次的公共物品，为实现收入再分配的公平性，故应将个人所得税作为中央与地方共享税。但我国实行的是分类个人所得税制，调节收入分配的功能非常微弱，尤其免征额提高后，对绝大多数人的可支配收入没有多大影响；我国个人所得税的比重相当低，2013年仅为税收总收入的 4.85%，不到发达国家平均水平的 1/5，不具备宏观经济稳定功能。① 有鉴于此，为弥补开征零售税后地方财力存在的缺口，将个人所得税全额作为地方税并无不妥。当然，个人所得税的改革方向是"逐步建立综合与分类相结合的个人所得税制"。届时，在中国特色的户籍制度背景下，从个人收入信息收集和对税务机关的征收激励两方面来看，个人所得税更应归属于地方税。

3. 地方税体系中税种的改革优化

十八届三中全会的《决定》指出，完善地方税体系，逐步提高直接税比重。因此，必须重新确定地方具有支柱性作用的财源，对现行地方税税种予以改革优化。

（1）房产税改革。上海、重庆房产税改革试点，在保有环节按评估价值对生活性住房征税，使房产税将承担起提高"直接税"比重的改革任务，同时也将成为东中部地方税体系中的主力、支柱型财源。今后房产税改革可按照"房地合一、先易后难②、评估征税、信息联网③、逐步推行"的思路推进。通过改革房产税，进一步推动地方政府优化本地投资环境、提升本地公共服务水平的意识，更科学地控制辖区内不动产升值的幅度；对房地产税基的定期评估，可准确把握财

---

① 从理论上讲，增（减）个人所得税可直接减（增）个人可支配收入，继而减（增）居民消费需求，最终起到熨平经济波动的作用。然而，增减个人所得税的效力大小取决于两个条件：一是个人所得税是否为主体税种；二是个人所得税对个人可支配收入影响的大小。目前，我国个人所得税尚不能满足这两个条件。

② 即先企业后个人、先豪宅后普宅、先城市后农村、先增量后存量。

③ 湖北省推广对存量房交易的计税价格采用电脑评估系统，既为售房人节省了评估费用，也为房产税改革打下了信息基础。

源建设实际套现的机会，解决财源建设与发展当地经济社会战略目标的配套问题。

（2）资源税改革。在西部等尚不能通过房产税提供支柱型收入来源的资源富集地区，应着重实现资源税改革。2010 年，新疆进行油、气资源税改革试点，由从量计征改为从价计征①，税率为 5%。原煤、原油、天然气分别实现资源税 31.27 亿元、112.94 亿元、14.43 亿元，与改革前相比分别增收 26.3 亿元、105.3 亿元、10.7 亿元，累计增收 142.3 亿元，占当地一般预算收入的 28.4%，成为当地稳定的收入来源。② 就全国而言，2011 年下半年，资源税改革的覆盖面逐步扩大，每年可使地方财政增收约 600 亿元。随着资源税从价计征改革的加速，资源税将逐步扩展到水流、森林、草原、滩涂等自然生态空间。相当数量的资源品目被纳入征税范围后，对地方财政的支撑力更为明显。

（3）环境保护费改税。中国排污收费制度经过 40 多年的发展，已规定了污水、废气、固体废物和危险废物及噪声五大类 100 多项排污收费标准，一些地方还提出了数十项地方补充收费标准。按照重在调控、清费立税、循序渐进、合理负担、便利征管的原则，将现行排污收费改为环境保护税，并将其划为地方税，既能深化企业和居民的环保意识，也可为地方治理环境筹集财政资金。

总之，按照"系统性、整体性、协同性"相结合的改革要求，构建多税种配合的复合地方主体税种体系是当前的必然选择。由于东中西部资源禀赋存在巨大差异，市场化进程和经济、财源结构不同，将来东中部地区以零售税、个人所得税和房地产税为主体税种，西部地区则以零售税、个人所得税和资源税为主体税种。此外，构建地方税体系还面临着一系列税种的改革优化，如社会保障费改税，城市维护

---

① 资源税实行"从量计征"，与矿石品位、价格差异无关，容易导致采富弃贫，给生态环境造成破坏。由"从量"改为"从价"，采挖富矿相应缴纳较高的税，可有效阻止"采富弃贫"行为。

② 乔欣：《地方税体系现状》，《新理财》2014 年第 1 期。

建设税改为独立税①，开征遗产与赠与税等。

4. 地方税收规模确定的基本问题

地方税应达到多大规模，是地方税体系构建必须明确的问题。笔者认为，地方税的规模取决于三方面的关系。第一，政府与市场的关系。市场约束与政府支出规模呈正相关关系，放松市场约束不但有利于市场经济的发育，也有利于减轻政府支出规模膨胀的压力。所以，能由市场提供的物品一定要市场提供，需要政府和市场共同提供的公共物品，要吸引市场参与。第二，事权与支出责任的关系。十八届三中全会《决定》指出，适度加强中央事权和支出责任，即医疗、社保、教育、卫生等基本公共服务适当上移；中央移交地方的事权，也将通过转移支付保证地方政府能够承担支出责任。如此"谁请客，谁埋单"的新思维，才能一改长期以来"中央请客地方埋单"的做法，可大大减轻地方政府的财政压力。第三，税收与非税的关系。转型期地方政府承担较多的公共服务职能，如果所有的财政支出均依赖税收，再多的税收也难以满足。应认识到，地方税主要用来满足地方政府经常性支出的需要；对基础设施建设支出，特别是具有未来收益的资本性支出，如地铁、通信等，应通过地方政府发行地方债或市政债来融资；社区公共物品，如社区管理可通过适度收费来解决；对环境综合治理等跨区域的公共项目，可采取上级转移支付与地方政府财政支出相结合的办法来筹资。只有将这三方面关系理顺，才能合理确定地方税规模以满足地方政府的支出需要。

（二）税收立法权：地方税体系构建的补充条件

税收立法权是税权的重要组成部分，而其中最为重要的是税种的开征权与停征权、税目的确定权和税率的调整权、税收优惠的确定权

---

① 城市维护建设税是典型的受益性税种，也是地方税收入的重要来源，而附加税性质使其很难发挥应有的自主组织财政收入的作用。

等。① 拥有完全的税收立法权，不仅可以通过确定税收规模、选择税收结构、设置税收要素等来贯彻政策意图、配置和调度经济资源，还可以在一定程度上控制税收征管权和税收政策制定权。从这个意义上讲，税收立法权实质上就是一种资源配置决策权。

从国际上看，央地如何划分税收立法权，并非主观愿望所决定，而是各国经济、政治和历史文化传统决定的。目前典型的税权划分模式主要有4种。（1）以英国、法国、瑞典为代表的高度集权模式。其共同特点是：税收立法权归议会，税收条例、法令由财政部制定，地方政府负责执行；中央税收占绝对优势，地方政府的税种小、收入少，对中央政府的依赖性很大。（2）以德国为代表的相对集权模式。其特点是：税法由联邦议会统一立法，具体条例、法令由财政部制定，但地方政府有一定的机动权，如规定起征点、加成减税、开征某些捐税等；税种分为各级政府的固定税和共享税两类，共享税是主体，各级政府的固定税加上分得的共享税，占全部税收总额的比例分别是，联邦48%，州34%，地方13.6%，欧共体3%。② （3）以日本为代表的适度分权模式。日本是单一制国家，税权分为中央、都道府县和市町村三级。日本的中央税和地方税原则上均由国会统一立法，地方政府根据国会颁布的《地方税法》制定属于地方税种的条例，并拥有自由拟定税率、开征一些法定外普通税种的权力以及权宜课税的权力。与此同时，中央对地方实行严格的"课税否决制度"，即可以在一定程度上限制地方政府擅自开征税种，同时对地方税率给予适当限制。在税收总额中，地方政府的固定税收收入占35%，需要中央政府实行再调剂制度，但对中央政府的依赖性较弱。（4）以美国为代表的高度分权模式。美国是联邦制国家，联邦、州、地方均有各自相对独立的完

① 张守文：《税权的定位与分配》，《法商研究》2000年第1期。
② 深圳市国家税务局：《分税制》，http://www.szgs.gov.cn/files/internet/swyd/sswh/ssjczs/t20050106_164059.htm，2014年8月19日访问。

备税收体系①，各有相对独立的税收立法权，实行分别立法、财源共享、自上而下的政府间转移支付制度。但上级政府既可以控制下级政府税收权限的范围，又可以使下级政府在一定幅度内较为灵活地行使必要的职责。在税权分散模式下，地方政府拥有较充裕的本级税收固定收入来源，对中央财政的依赖性较小。

考察各国税收立法权划分的模式，只有美国等少数国家，地方政府拥有完全的税收立法权，而绝大多数国家的税收立法权对地方政府起支配性作用。如果将税收立法权作为地方税体系构建的必要条件，显然对大多数国家，无论单一制还是联邦制，都会因"地方税"税种数量及收入规模过小而失去研究意义。因此，税收立法权对于地方税体系的构建只是一个补充条件。对中国而言，高度分权的美国模式不符合国情。第一，中国传统上是一个中央集权制国家，现行《宪法》第3条明确规定："中央和地方国家机构职权的划分，遵循在中央的统一领导下，充分发挥地方的主动性、积极性的原则。"中央与地方税收立法权划分当然应遵循这一根本原则。第二，中国是世界上最大的发展中国家，政府承担着广泛的社会经济职能。按照公共财政的原理，不但全体国民共同受益的公共物品必须由中央政府统一提供，受益范围超出单一行政区域的具有外溢性的公共物品也必须由其提供。第三，中国正处在经济体制的转轨时期，地区差别、城乡差别、贫富差别加大，协调经济社会的稳定发展、实现收入公平分配的任务很重，迫切需要中央把税收基本政策和重要法律、法规的制定权、调整权控制在手里，在充分发挥市场决定作用的同时，进行有效的宏观调控，以实现政治稳定、经济持续发展。

然而，自20世纪以来，财政分权已成为世界各国的普遍现象。大部分发达国家实行财政分权，在人口超过500万的75个经济转型国家

---

① 联邦政府主体税种是个人所得税，州政府主体税种是销售税和货物税，地方政府主体税种是财产税。

中，84%的发展中国家正致力于向地方政府下放部分权力。① 实践证明，中国传统的中央过度集权模式已不可行。当前在深化财税体制改革构建地方税体系时，仅赋予地方税收收益权是远远不够的，必须赋予地方政府适当的税收立法权。第一，中国幅员辽阔，自然条件千差万别，各地所需公共物品的数量和质量有很大差别；赋予地方税收立法权，可以按照各地具体情况的不同，发挥地方税的灵活性，更好地提供公共产品。第二，中国经济发展极不均衡，地区间资源优势各不相同，税源分布、财政能力也各不一样。通过地方立法，如对一些地域性的、较为零散的税源课税，不仅不影响国家税政的统一实施，反而有利于地方因地制宜，保护资源属地利益，挖掘税收潜力，改善地方财政状况，促进经济发展。第三，为规范地方政府债务管理，按照"开前门、堵后门、筑围墙"的改革思路，新《预算法》增加了允许地方政府举借债务的规定，同时做出限制性规定，例如举借债务只能用于公益性资本支出，举借的债务应当有偿还计划和稳定的偿还资金来源。由此，不仅使作为一种财政收入类型的"举债"有了法律依据，为地方政府开辟了另一渠道的收入来源；而且明确了举债与税收完全不同的用途以及债务偿还机制，即纳税人当期享用的公共物品，作为经常性支出应由纳税人用税收来交换，纳税人预期享用的公共物品如保障房、水利设施、博物馆等建设，作为资本性支出需要政府以债务来融资，将来还是用税收连本带息地偿还。从这个意义上，必须赋予地方一定的税收立法权。地方政府不需要通过较多的程序和较长的时间便可通过税收立法的"原生性权力"，"创造"源源不断的财力。② 这样既可以控制地方债务风险，又适应了地方经济社会发展的需要。

---

① 杨灿明、赵福军：《财政分权理论及其发展述评》，《中南财经政法大学学报》2004年第4期。

② 参见朱大旗《"分税制"财政体制下中国地方税权问题的研究》，《安徽大学法律评论》2007年第2期。

基上，中国应确立中央相对集权、向地方适度分权的复合税权分配模式，建立以中央立法为主、省级立法为辅的税收立法格局。而通过宪法或宪法性法律的形式将地方享有的税收立法事项固定下来，是现代各国惯用的方法，其目的是确认权限、保护权力，更是为了限定权限、制约权力。我国《宪法》规定：省、直辖市的人民代表大会和它们的常务委员会，在不同宪法、法律、行政法规相抵触的前提下，可以制定地方性法规。由此，地方政府享有税收立法权符合宪法精神。但《立法法》第8条有关"税收基本制度"的规定，却引发了对"地方税收立法权"的不同认识。[①] 更有甚者，《税收征管法》第3条明确对地方享有税收立法权设置了障碍。[②] 因此，我国应在宪法规定的基础上，修改《税收征管法》并在条件成熟时制定税收基本法，明确地方可以自主进行税收立法的事项，对地方不得涉及的税收立法事项以否定的方式予以排除，[③] 或者借鉴日本的经验制定地方税法，规定地方立法机构在开征本区域地方税种方面的权限，要求所开征的税种应属于地方税法所规定的适于地方征收的范围，并在中央授权的范围内具体规定。

由于我国是单一制国家，地方享有的权力不是本辖区人民赋予的，而是中央授予的，因此，应采取与联邦制国家恰好相反的做法，即列举规定地方税收立法权。[④] 首先，对全国统一开征的地方主体税种，如零售税、个人所得税，由中央制定基本法律法规和实施办法，将部分政策调整权下放给地方，如税率、扣除标准等。其次，对东西

① 《立法法》第8条规定："基本经济制度以及财政、税收、海关、金融和外贸的基本制度只能制定法律。如果认为税收基本制度由全国人大及其常委会立法，必要时授权国务院制定行政法规；非税收基本制度可由其他主体如国务院、国务院税收主管部门及地方立法，地方享有的税收立法权便有了法律依据。"
② 《税收征收管理法》第3条规定："税收的开征、停征以及减税、免税、退税、补税，依照法律的规定执行；法律授权国务院规定的，依照国务院制定的行政法规的规定执行。"
③ 齐守印：《论我国财政收入权纵向配置格局的调整》，《河北学刊》2004年第1期。
④ 许善达等：《中国税权研究》，中国税务出版社，2003，第84页。

部分别开征的地方主体税种如房产税、资源税、环境保护税等，基本税法由中央制定，其实施条例或实施办法、征收范围的确定、税目税率的调整、税收减免及其征收管理等权限应赋予地方。再次，适宜由地方独立征收的地方税，如现行烟叶税，全国只有四个省有相应的税源，由中央统一立法实无必要，但对地方来说，其财政意义却十分明显。① 因此，应允许地方政府对具有地方性特点的税源开征新的税种，并制定具体征税办法。但地方税的新征应根据量能课税原则和法律保留原则受到一定限制：一方面，不得挤占中央税源或影响宏观调控，不得损害国家整体利益及其他地方公共利益；另一方面，不得形成地方税收壁垒，不得任意加重纳税人负担。中央保留对地方开征新税种的否决权。

十八届三中全会《决定》强调"落实税收法定原则"。从发展的眼光看，税收法定原则不仅应当包括国家最高权力机关所立的法律，也应当包括地方权力机关在得到国家最高权力机关授权的前提下所立的法规。因为不论国家最高权力机关还是地方权力机关都是人民代议机构，由它们代立之"法"都能体现人民的意志和对政府行为的监督。②

（三）税收征管权：地方税体系构建的重要条件

税收征管权的配置，关系到税收收入由哪一税务机关具体执行。从税收立法权的角度看，由地方立法的税种，其税收管理权自然归地方；对于在全国范围内普遍开征的地方税税种，其立法权属于中央，但地方也可以对某些税种享有一定的税收管理权。立法权与管理权在不同层次间的交叉和结合会使税权的划分更为灵活和富有弹性。从税收收益权的角度看，由于其征税客体处于各个行政辖区内，税基不易

---

① 如果由中央政府统一划定各地的税基范围，会使相当一部分未纳入规定征收范围的税基和潜在的税收收入流失。

② 白彦锋：《税权配置论——中国税权纵向划分问题研究》，中国财政经济出版社，2006，第116页。

移动，其收益权归属于地方政府。因此，地方税的征管权应由各级地方税务局行使。亦即，地方税务机关应对本辖区内发生的属于地方税征税客体的应税事实行使税收管辖权。

然而，税收征管权作为一项程序性权力，"最大限度地减少法律实施过程中的经济耗费，是评价和设计程序法律时所应考虑的主要价值目标"。① 因此，税收征管权应根据这一基本的价值判断予以合理分配。在税收征管活动中，税收征管效率表现为税收收入与征纳成本之间的比例关系。在其他条件一定的前提下，税收征管效率与实际税收收入正相关，与征纳成本负相关。实际可得税收收入、征税成本和纳税成本是评价一项征管制度的基本因素。② 也就是说，一项优良的税收征管制度，应当以最小的征纳成本充分实现税收收入，并求得二者的平衡。因此在税收征管权的分配上，并无须严格按照与税收收益权的权限相一致来配置，而应当根据税收征收效率予以确定。

为了提高我国税收执法水平，防止国税、地税在征收管理问题上发生摩擦和矛盾，加强国税、地税机构的协作，理顺税收执法权限很有必要。第一，明确国家税务局、地方税务局的税收征管权限，建立统一领导、相互独立、各具特点的国家税务局、地方税务局两套征管机关。实行税种属性归位，权责对称，各征各税，各管各税，尽快把本属于地方的执法权交由地税机构行使。第二，对中央与地方共享税实行同源共享、国税代征，地税机构支付一定手续费，并参与税源管理，更符合效率原则。例如，将企业所得税全部纳入国税局征收的范围，以减少企业所得税征收归属不明甚至存在冲突的局面，减少企业的遵从成本和税务机关的征收成本。第三，对交叉征收管理中涉及的问题，应加强日常业务的合作。例如，应建立联合办公日制度，定期

---

① 〔英〕彼得·斯坦、约翰·季德：《西方社会的法律价值》，王献平译，中国人民公安大学出版社，1989，第 2 页。

② 俞敏：《效率视野中的个人所得税源泉扣缴制度——兼论扣缴义务人的税法主体地位》，《上海财经大学学报》2005 年第 8 期。

研究和处理对共同纳税人的征管问题；建立信息传递交流制度，充分利用计算机网络，建立健全信息交流程序，实现两部门信息资源及时、完整、规范、科学地共享；建立纳税人检查联系制度，对共同纳税人的稽查结果要及时通报，对重大稽查案件和稽查行为可以统一入场、同步稽查，以提高稽查效率，降低稽查成本。[①] 对各种税收违法犯罪案件的查处，双方应在适用政策、办案程序等方面进行协调配合，提高行政执法的水平。第四，渐进性地合并两套税务机构。从长远角度看，应由现有国、地两套机构分设，逐渐向一套机构过渡。在全国组建新的、单一的国家税务机构，实行中央到地方的垂直管理体制，统一组织收入、统一实施管理、统一进行执法，税款严格按照分税制要求分级次入库，以从根本上解决税收执法中权责脱节、征管错位的问题。

此外，实行分权征管面临的主要问题仍然是征管权依法行使的问题。[②] 要保证征管权依法行使，维护各级政府的税收利益，一是靠法治，二是靠监督。通过法律形式明确各级政府及其征管机关的征管权限与责任；通过相关制度的建设使中央与地方税权的划分制度化、规范化，从而解决好中央集权与地方分权的矛盾。

四　结语

构建地方税体系是一项复杂的系统工程，具体实施应把握如下几点：一是树立法治理念，将地方税体系运行全面纳入法治化轨道；二是遵循公平、便利、效率原则，在保持财力格局不变的前提下，合理调整央地之间的收入划分，地方形成的财力缺口由中央通过转移支付方式解决；三是基于"多专享税，少共享税"的认知，做大房产税、

---

① 参见孙开《财政体制改革问题研究》，经济科学出版社，2004，第193页。
② 卢剑灵：《现阶段我国税收管理体制改革的若干思考》，《广东商学院学报》2000年第4期。

资源税、环境税和其他类型财产税，增加直接税比重；四是正确处理国家与企业、个人的分配关系，保持财政收入占 GDP 的比重基本稳定，合理控制税收负担。只有这样，才能发挥中央和地方两个积极性，走出"一放就乱，一收就死"的怪圈。

（本文原载于《清华法学》2014 年第 5 期）

论营改增试点扩围与国民收入
分配正义价值的实现

张富强[*]

为进一步解决货物和劳务税制中重复征税的问题，支持现代服务业的发展，根据《国民经济和社会发展第十二个五年（2011–2015年）规划纲要》有关"扩大增值税征收范围，相应调减营业税等税收"的规定，上海率先自 2012 年 1 月 1 日起，北京、天津、广东等 10个省、直辖市和计划单列市自同年 6 月起先后进行营改增试点，全国其他地区则将在"十二五"期间随后实施。目前正在推进中的营改增被理论界和实务界普遍视为推进我国结构性减税以刺激市场活力、促进经济稳健发展的关键性之举，具有较强的宏观调控政策性。而基于法学的视角，似更应将其定位为探索或还原公共财政框架下增值税的税收功能、深化财税法体系改革的至关重要一步，如此也恰恰应与国民收入分配改革的分配正义价值取向相契合。

一 改革的定位：营改增试点扩围的应然路向

营改增试点扩围，是本轮营改增改革的关键一步，即在交通运输业和部分现代服务业以"税不重征"的增值税逐渐取代"重复征税"的营业税，实乃因我国营业税和增值税两税并存对经济稳健增长、产

---

[*] 张富强，华南理工大学财经法研究所所长、教授、博士生导师。

业结构升级的阻碍日益凸显所迫。① 强烈的宏观调控需求构成了营改增试点、逐步扩围并进而实行全国范围、全部行业、全方位改革的直接动力。但从完善我国财税法律制度设计的角度看，营改增既是契机，却也需要十分警惕。如果营改增改革仅考虑经济政策目标而缺乏整体性、长远性和法治化的把握，则难实现分配正义的核心价值，难以实现财税法治化的制度保障，从而有碍于实现改革效率的最大化，甚至会带来诸多弊端和"后遗症"。

（一）改革的直接动力：以宏观经济政策为目标

营改增试点、扩围及其不久将来的全方位实施，其直接动力来源于实现我国宏观经济政策目标的迫切要求。为应对国际金融危机的波及，我国制定了兼顾"稳增长、调结构、控物价"的三重经济政策目标，而达到此政策目标且副作用较小的一个可行途径，就是推进结构性减税。因而能否通过近期的营改增使结构性减税落到实处，关系着我国这一轮宏观调控的成败。

"结构性减税"一词，最初是 2008 年 12 月底中央经济工作会议提出来的，这是一种税收有增有减，推动结构性调整、降低税负的税制改革方案，即虽在具体税收上有增有减，但总体上仍实现纳税人实际税收负担的降低，抑制经济下行，促进国民经济稳健发展。② 而先行选择上海为营改增试点并逐渐扩围，进而在全国全方位实施，以增值税替代营业税，则是其中实现"结构性减税"极为关键的一步。这是因为，第一，随着社会化大生产专业分工日趋细化，营业税按各个流转环节的营业额全额征税而不能抵扣购进商品和劳务所含的税款，导致出现严重的重复征税。而增值税仅就各个流转环节的增值额征税，

---

① 根据 2012 年 7 月 13 日国家统计局公布的数据，上半年 GDP 同比增长 7.8%，其中第二季度 GDP 同比增长率为 7.6%，降至近 3 年来最低，这表明实体经济下滑趋势仍在继续。参见盛来运《上半年国民经济运行总体平稳稳中有进》，国家统计局网，http://www.stats.gov.cn/was40/gjtjj_detail.jsp? channelid=5705&record=167，2013 年 6 月 19 日访问。

② 参见赵慧敏、蔺大勇《结构性减税与小微企业发展》，《当代经济研究》2012 年第 8 期。

能使商品、服务的税收含量不因流转环节的增多而提升。所以，营改增有利于减少重复征税，从整体上实现减税进而增进企业活力，有利于促进经济健康可持续地增长。[1] 第二，我国正处于加快转变经济发展方式、推进经济结构战略性调整的攻坚时期，大力发展服务业尤其是现代服务业乃重要一环。然而，现代服务业基本都缴纳营业税，重复征税现象严重，抑制了现代服务业纳税人增加固定资产投资、进行技术改造、发展出口贸易和外购服务的积极性，不利于专业分工与技术创新。而实行营改增，以增值税取代营业税，恰恰能更好地发挥增值税"税不重征"的特点和优势，有助于降低行业税负、推动企业内部结构调整，促进以科技创新和高附加值为特征的现代服务业的发展，构成了推动经济转型升级的重要战略举措。[2]

　　然而根据营改增试点实施一年半的实际情况分析，要实现"结构性减税"的目标并不乐观。由于营改增限于试点城市的试点行业，而不是全国的全部行业的全面推广，因而不仅会由于不同地区税种差异而导致不同地区企业之间税负的不公平，由于不同行业适用差别税率而导致不同行业税负的不公平，而且会由于同行业适用差别税率导致同行业不同企业税负的不公平。更何况，由于本次改革涉及作为中央税种的增值税逐渐取代作为地方税种的营业税的过程，也将导致中央政府的财权进一步扩张，地方政府的财权进一步缩小，从而带来中央政府与地方政府在税收分配上更加明显的不公，其结果将使事权愈来愈重而财权愈来愈小的地方政府更加重对土地财政和行政性收费的依

---

① 试点的小规模纳税人大多由适用5%的营业税税率降低为3%的增值税征收率，且以不含税销售额为计税依据，税负下降幅度达40%；而试点中的一般纳税人因为纳入增值税抵扣链条，税负也有不同程度的下降；原生产企业的增值税一般纳税人因外购应税服务可以抵扣，税负也普遍降低。此外，出口实行零税率或者免税政策，有利于建立覆盖货物和劳务领域的增值税出口退税制度，全面改善我国的出口税收环境，提升我国企业的国际竞争力。

② 参见肖捷《继续推进增值税制度改革——完善有利于结构调整的税收制度》，《经济日报》2012年4月1日。

赖,并最终带来纳税人税费负担的日益加重。而改革未能良好地达成预期的目标并出现一些消极的现象,关键在于改革的设计者由于过于关注宏观经济政策的近中期目标,而忽略了改革本身所应长远而充分承载的分配正义价值,从而直接影响着改革的广度和深度。毕竟营改增试点及其扩围涉及课税范围、税基、税率、减免范围等核心税收要素的调整乃至整个税制深层次的改革,涉及一种长期的税收法律制度安排和内在运行机制完善而非仅仅短中期的宏观经济政策目标需求。

(二) 改革的内在取向:以分配正义为核心价值

显然,随着本轮营改增的深入,税制改革将跨越营业税与增值税两个税种转换的本身而深刻地影响到我国两大主体税种即增值税与营业税在税收体系中的地位,影响到两大课税利益主体即中央政府与地方政府收入分配体制和机制的重新洗牌和调整,影响到两大管理机构即国家税务机关与地方税务机关的分合存亡等问题,影响到国民收入分配领域国民各种利益关系之间的大碰撞、大调整和大变革,[①] 因而我们应当在设定作为改革直接动力的经济政策目标的同时,明确以分配正义原则作为改革的价值取向,以不断完善改革的内在运行机制,牵引营改增试点扩围乃至整个财税制度改革稳健纵深发展。

社会财富的分配,能否以正义为价值取向,事关每个社会成员能否获得应得的精神或物质财富,这也是历代哲学家思想家们长期关注并不懈探索的问题。在古代希腊哲学家柏拉图(Platon)的眼里,正义是所有美德当中最根本的美德,它根源于人的内心,包含着一个人与他人的所有关系,因而称得上是"普遍正义"或"整体美德"。[②] 亚里士多德(Aristotle)接着提出应探讨"普遍正义"中具体的、可以

---

① 参见肖绪湖、汪应平《关于增值税扩围征收的理性思考》,《财贸经济》2011 年第 7 期,第 24 页。

② 他认为:"正义能给予那些属于国家法制的其他的美德——节制、勇敢、智慧——以及那些被统摄在这一普遍的观点之下的德性以存在和继续存在的力量。"转引自黑格尔《哲学史讲演录》第 2 卷,商务印书馆,1960,第 255 页。

把握的、至关重要的、归属于政治机构和司法裁决特殊范畴内的那部分正义即"特殊正义"。而特殊正义可划分成两类。一类是"分配正义"（Distributive justice），另一类叫"矫正正义"（Rectificatory justice）。分配正义涉及财富、荣誉、权利等有价值的东西的分配，对不同的人给予不同对待，对相同的人给予相同对待，即为正义，所有人都同意公正的分配必须根据美德而进行。① 亚当·斯密、卢梭和康德是近代意义上分配正义的奠基人。亚当·斯密（Adam Smith）继续了把分配正义视为一切美德的传统，但他的不同之处在于，将分配的客体从政治权利发展为人固有的一切权利和义务，分配标准也不再局限于个人美德，而转变为为人所应遵循的伦理道德。这是分配正义概念的一次重大转变。② 斯密明确反对穷人在道德上比富人低劣的说法，并提出一些有助于实现分配正义的建议，如向富人课征更高的税收，国家确保穷人的基本教育以及培养他们的道德和政治判断力等。③ 卢梭（Jean-Jacques Rousseau）则认为，平等的政治优于精英的政治——人与人之间最理想的状态是平等关系，而不是等级关系，巨大的贫富差距会对人们的平等关系造成伤害。④ 康德（Immanuel Kant）深受卢梭的影响，最早提出"救济穷人是国家义务"的思想。在他看来，鉴于人在发展自身潜能上的同等权利，一切有利于此目的的资源都是分配对象，并应平等分配；美德的本质就是帮助创造由平等、理性的人组成的群体，真正的慈善不应该被视作慷慨和善意的表现，而应该是一种"荣誉的债务"，是一个人对另一个人固有权利的尊重。为此，他敦促国家开办医院、学校和救助无家可归者的机构，用纳税人的钱

---

① 参见〔古希腊〕亚里士多德《尼各马可伦理学》，廖申白译，商务印书馆，2003，第134~135页。
② 〔美〕塞缪尔·弗莱施哈克尔：《分配正义简史》，吴万伟译，译林出版社，2010，第1页。
③ 参见〔英〕亚当·斯密《国富论》，唐日松等译，华夏出版社，2009，第444~445页。
④ 参见〔法〕卢梭《论人类不平等的起源与基础》，李常山译，商务印书馆，1962，第125页。

直接为穷人提供救济。① 遗憾的是，亚当·斯密、卢梭和康德等皆未能为分配正义提供正式、准确的定义，这项工作最终由法国政治活动家巴贝夫（G. Babeuf）等人来完成。巴贝夫把摆脱生活贫困视作一种政治权利，首次明确地提出应将社会经济地位上的人人平等列入政治议程。自此之后，现代的分配正义终于具备了确切的含义："国家保证人人都得到一定程度的物质财富。"② 直到 20 世纪五六十年代，罗尔斯、米勒、弗莱施哈克尔、罗默、科恩和麦金泰尔等人的争论开始把分配正义引入政治哲学思考的中心地带，把分配正义与社会正义或经济正义相联系，探讨社会或国家如何在人们中间分配财富、机会和资源。③ 罗尔斯（John Bordley Rawls）与康德的分配正义一脉相承，他指出："正义在此的首要主题是社会的基本结构，或更准确地说，是社会主要制度分配基本权利和义务，决定由社会合作产生的利益之划分的方式。"④ 布莱恩·巴里（Brian Barry）认为："正义的主题是权利和特权、权力和机会的分配以及对物质资源的支配。从适当的广义的角度审视'资源'这个词，简约地说，正义只是关注稀缺资源的分配——这些资源的分配造成了潜在的利益冲突。"⑤ 约翰·罗默（John Romer）进而指出，分配正义的实现应关注"一个社会或集团应该如何在有着竞争性需求的个人中间分配稀缺资源或产品"。⑥ 戴维·

---

① 参见〔美〕塞缪尔·弗莱施哈克尔《分配正义简史》，吴万伟译，译林出版社，2010，第 1 页。

② 参见〔法〕菲·邦纳罗蒂：《为平等而密谋》（下卷），陈叔平译，商务印书馆，1989，第 186 页。

③ 戴维·米勒指出："在绝大多数当代政治哲学家的著作中，社会正义被视作分配正义的一个方面，的确，这两个概念经常被相互替代使用。"戴维·米勒：《社会正义原则》，江苏人民出版社，2008，第 2 页。塞缪尔·弗莱施哈克尔也指出："'分配正义'，又叫'社会正义'或'经济正义'，是当今许多人的说法。"塞缪尔·弗莱施哈克尔：《分配正义简史》，吴万伟译，译林出版社，2010，第 1 页。

④ 〔美〕罗尔斯：《正义论》，何怀宏、何包钢、廖申白译，中国社会科学出版社，1988，第 5 页。

⑤ 〔英〕布莱恩·巴里：《正义诸理论》，吉林人民出版社，2004，第 374 页。

⑥ J. Roemer, *Theories of Distributive Justice*, Cambridge：Harvard University Press, 1996, p. 1.

米勒（David Miller）认为："当我们说社会正义与一个社会如何把利益和负担分配给个人的方式有关时，我们千万不能过于从字面上来理解'分配'。具体说来，我们务必要避免那种认为存在着把资源定额地分配给人们的某些核心机构的想法。"换句话说，我们所关心的应当是如何分配"收入和财富、工作和教育机会、医疗保健等等此类的资源"。① 吉拉尔德·A. 科恩（Gerald Allan Cohen）指出："如果因为我的一些批评者坚持要求我必须仅以通常的话语说出我认为正义是什么……我就给出正义是给每个人以其应有这一古老的格言。"② 阿拉斯代尔·麦金泰尔（Alasdair Chalmers MacIntyre）则更进一步指出："正义是给予每个人——包括他自己——他所应得的东西以及不以与他们的应得不相容的方式对待他们的一种安排。"③ 综上所述，我们可以得出，从词义学的角度分析，分配正义是"分配的正义"（distributive justice）的简称，即由形容词"分配的"（distributive）和名词"正义"（justice）构成。其中"分配的"，指的是由社会或国家来分配收入、机会和资源，而"正义"，则可理解为"给每个人以其应有"。正义的分配应当是一种公平主义的分配，而"公平主义"，指的是社会分配制度应当以"分配面前人人平等"为价值取向，保障每个社会成员在国家的财富、机会和资源的分配中受到平等的对待，或享有平等的一份，或享有平等的资格，不使某一部分社会成员的人为因素而遭遇到任何形式的优待或歧视。

　　营改增作为目前我国深化税制改革的一项重要内容，如在顶层制度设计上能够切实以分配正义为价值取向，不仅不会与经济政策目标的实现相冲突，反而有利于实现改革整体效益最大化。其理由有三。第一，我国经济政策目标的实现有赖于结构性减税，而该政策目标的

---

① 〔英〕戴维·米勒：《社会正义原则》，江苏人民出版社，2008，第14、13页。
② G. A. Cohen, *Rescuing Justice and Equality*, Cambridge：Duckworth, 1998, p. 7.
③ A. Macintyre, *Whose Justice？ Which Rationality？* London：Duckworth, 1988, p. 39.

设定也恰是分配正义的必然要求，这是基于修正"国比民富"，中央与地方政府财权与事权不对称，税收增长远高于国民经济增长，地区之间、行业之间、企业之间税负不公等现状的需要。第二，相对于单纯的宏观经济政策目标，以分配正义作为深层次税制改革的价值取向，对改革的制度设计提出了更高且多维度的要求，即不仅应着力于转换税制以实行结构性减税，更应借此契机一并调整其所牵涉的整个财税制度，以点带面、最大限度地实现分配正义，而不只是就结构性减税"点到为止"或甚至仅仅是"蜻蜓点水"！第三，分配正义的价值取向也要求改革过程中应避免片面追求经济效率而牺牲社会公平，特别当我国市场经济已经取得了巨大进展，已经稳居全球第二大经济体的地位，人均 GDP 也已达到 5000 美元以上的水平，追求分配正义、社会公平，对于实现国家富强、民族复兴、人民幸福的中国梦，已经成为不二的路径选择。

（三）改革的顶层设计：以财税法治为制度保障

由于本次改革将透过税种的转换触及财税体制的深层次问题，因而有着半两拨千斤、牵营改增"一发"而动财税法改革之"全身"的意义，其复杂程度及其面临的困难不亚于我国 1994 年税制的全面改革。这就需要认真地做好改革的顶层设计，不仅以分配正义为价值取向，而且以财税法治为制度保障，确保改革整体效益的良好实现。而财税法治的核心是在财税法定原则下由代表全体人民意志的全国人民代表大会及其常委会通过法定程序制定财政税收法律来规范所有的财政税收活动，这既是实现国民收入分配正义的制度要求，也符合现代税收国家的根本要求，是应为可为和可行的。

"税收国家"（Tax State）是市场经济国家法学界继"民主国家"、"法治国家"之后，从财政角度对现代国家形态提出的一种新的概念，是指市场经济条件下的国家，既不直接拥有财产，也不直接从事营利性经营活动，而是运用公权力向纳税人征取税收作为几乎全部的财政

收入，并据此承担向全体纳税人提供优质公共产品的宪法责任的一种
形态。这一概念首先由奥地利财政社会学家鲁道夫·葛德雪（Rudolf
Goldscheid）在1917年提出[①]，历经德国学者约瑟夫·伊森斯（Josef
Lsensee）[②]、日本税法学家北野弘久[③]和我国台湾地区葛克昌教授[④]等
的研究和发展，目前已为世界各国财税法学界所普遍使用，并逐渐形
成较为完整的理论体系。因而"税收国家"已成为世界各国法学界继
"民主国家"、"法治国家"之后又一个新的研究课题。"税收国家"
的提法，虽然不如民主、自由、法治等词语那样具有革命性的感召力，
却更能直观、清晰地揭示出国家与社会的二元格局以及公权力与民众
之间的互动关系。正是在此意义上，对于"税收国家"的研究，将构
成我国经济、政治体制全面、深入改革的一个重要突破口。税收国家
理论强调现代国家对私人财产权和市场经济应给予充分尊重，其财政
收入基本依赖税收，并负担了为公民提供公共产品的宪法职责。税收
国家的构成要件可提炼为：第一，经济基础是市场经济和公共财政；
第二，形式特征是以税收作为国家财政收入的主要来源；第三，始终

---

① "税收国家"的概念，最初由奥地利财政社会学家鲁道夫·葛德雪在1917年发表的《国
家资本主义或国家社会主义》一文中提出。在他看来，税收国家作为"自然社会发展的
结果，将会是国家向人民需求的愈趋减少，而满足人民需求的却愈益增加"。See Rudolf
Goldscheid，"A Sociological Approach to Problems of Public Finance，" Richard A. Musgrave and
Alan T. Peacock ed.，*Classics in the Theory of Public Finance*，NY：ST Martin's Press，1958，
pp. 202 – 213.

② 德国学者约瑟夫·伊森斯进一步对税收国家的特征和要件进行详细总结，提出税收是现
代国家主权之表征，税收国家乃现代理性国家之特征，就民主国家而言，税收非仅为政
治上现实，而实寓有宪法上理念。See J. Isensee，Der Sozialstaat in Wirtschafrkrise，in Fs
fur Broermann，1982，pp. 16 – 19.

③ 日本税法学家北野弘久从宪法学高度提出税收国家是指一国财政收入绝大部分依靠税收
的国家体制的概念，强调应将宪法视为规定租税国家的税收方式和使用方法的法律规则。
参见〔日〕北野弘久《日本国宪法秩序与纳税者基本权——租税国家的宪法保障装置》，
陈刚、雷田庆子译，《外国法学研究》1998年第2期。

④ 葛克昌教授认为，"租税系一种单方负担，用以满足一般之公共财政需求"即税收是公共
团体代表国家为满足公共利益的需要而向私人征收的公共物品费用。葛克昌：《税法基本
问题：财政宪法篇》，北京大学出版社，2004，第75页。

以财税法治作为制度保障。① 客观地说，目前我国市场经济和公共财政的进程已为税收国家奠定了经济基础，税收构成财政收入基本来源的现状也具备了逐渐向税收国家转型的形式特征，清楚地说明税收国家理论在我国的实践确为可行。但遗憾的是考察我国财税法治现状，由全国人大及其常委会主持的财税立法却寥寥无几，仅有一部程序法和三部实体法。而占我国税收收入 60% 以上的流转三税，其课税依据竟皆是国务院发布的行政法规，且皆冠以"暂行条例"之名！

　　形式上的法律缺位，必然导致财税制度在实质上对分配正义的诸多背离，因而借此改革契机推进税收法治就显得十分紧迫。财税法治在形式上要求财税法定，也就是说任何一种新税的课征或对原有税收要素的改变，必须由作为中央立法机关的全国人民代表大会及其常委会主持进行，并通过正常的立法程序予以制定。我国《立法法》第 8、9、10 条明确规定，"基本经济制度以及财政、税收、海关、金融和外贸的基本制度，只能由全国人民代表大会及其常务委员会制定法律"；如果上述"规定的事项尚未制定法律的，全国人民代表大会及其常务委员会有权作出决定，授权国务院可以根据实际需要，对其中的部分事项先制定行政法规"，但"授权决定应当明确授权的目的、范围"，"被授权机关不得将该项权力转授给其他机关"。可见，牵动交通运输业和部分现代服务业纳税人神经的营改增试点及其扩围，由于事关中央政府与地方政府之间、政府与纳税人之间、纳税人与纳税人之间的收入分配重大事项，理应由代表全国人民意志的全国人民代表大会及其常委会主持，并经充分论证以法律形式推进才具有合法性和正当性，才构成能据以对国家、国民的财产权做出正当处分的法律依据，否则就是本质上涉及对公民财产权和财产的非法侵夺。而实际上，营改增试点及其扩围的实施依据仅为财政部和国家税务总局印发的规范

---

① 参见徐阳光《财政转移支付制度的法学解析》，北京大学出版社，2009，第 31~33 页。

性文件①，并无全国人大及其常委会具体、明确的授权，却涉及对原税种、征税主体、征税对象、计税依据、税率、税收优惠等税收要素的改变，明显不符《立法法》有关税收法定的规定。而财税法治在实质上则要求贯彻财政平等原则和税收公平原则。财政平等既意味着财政收入方面义务人的平等牺牲，又意味着财政开支方面权利人的平等受益，其中还表现为中央与地方财力的平衡与协调等。② 而税收公平，在整体意义上体现为国家与国民之间在社会财富收入分配上的公平，在个体意义上则体现为纳税人与纳税人之间的税负公平，即所谓横向上具有相等纳税能力者应负担相等的税收，纵向上具有不同纳税能力者应负担不同的税收。坚定贯彻财政平等原则和税收公平原则，是本次改革实现分配正义的必由路径。具体而言，就是应当处理好以下几种关系：第一，国家与国民的关系，即逐步解决流转税重复征税致使生产流通领域税负过重的问题，在国家财政可承受范围内实现结构性减税，以让利于民、增强市场经济活力，进而通过整体意义上税收公平的实现，促进国家财政的可持续发展；第二，纳税人间的关系，即通过课税范围、税基、税率、减免范围等税收要素的设计增进税收中性，缓解货物与劳务领域税收政策不一等问题导致的行业税负不公，增进个体意义上纳税人之间的税负公平；第三，中央与地方政府的关系，即应贯彻财政平等主义、财权与事权相统一原则，完善财政分配体制，改变财力过度集中于中央的现状，理顺中央与地方政府的收入分配关系。

---

① 具体为《财政部　国家税务总局关于印发〈营业税改征增值税试点方案〉的通知》（财税〔2011〕110 号）和《财政部　国家税务总局关于在上海市开展交通运输业和部分现代服务业营业税改征增值税试点的通知》（财税〔2011〕111 号）以及《交通运输业和部分现代服务业营业税改征增值税试点实施办法》、《交通运输业和部分现代服务业营业税改征增值税试点有关事项的规定》和《交通运输业和部分现代服务业营业税改征增值税试点过渡政策的规定》等文件。

② 参见熊伟《财政法基本原则论纲》，《中国法学》2004 年第 4 期。

二　现实困境：改革现状与分配正义的背反

总体而言，从营改增试点启动一年半时间的初步成果来看，大多企业的税负减轻、产业结构调整的成效初显、地方财政保持基本稳定，对我国市场经济的稳健发展产生了积极的推动力。但确实也涌现出一些难解之题，特别是相对于"推进财税法治以实现分配正义"的应然要求，改革的内在运行机制仍不完善。通过对国家与国民之间、纳税人与纳税人之间以及中央与地方政府之间税收分配关系的分析，我们不难发现我国增值税改革仍面临着与分配正义相背反的现实困境。

（一）国家与国民间关系："结构性减税"尚未真正落实

国家与国民的财产关系是税法领域最为基本的问题，近 20 年来我国税收的增速远超过 GDP 增速，而税负的增长却并未使社会福利明显增加，[①] 严重背离了分配正义且影响到企业的生存与发展，实行结构性减税则有助于改善国家与国民分配不均的状况。据 2012 年 9 月政府公布的数据，上海营改增试点的前 3 季，企业减税达 170 亿。[②] 但根据民间的统计数据，营改增试点实现的减税，并未真正达到结构性减税质和量的要求，具体表现如下。

1. 税制设计不合理致使部分企业税负不减反增

从理论上而言，实行营改增，不仅使一般纳税人税负总体有所下降，而且使小规模纳税人税负明显下降：大多由 5% 的营业税率降为 3% 的增值税征收率。[③] 但从实践来看，相当部分企业的税负呈现不减反增的状况。此次改革所涉及行业原适用的营业税率大多为 5% 或

---

① 从 1994 到 2011 年我国税收收入年均增长率高达 25%，而教育、医疗和社会保障等民生领域的财政支出无论在绝对数量上或在占 GDP 的比重上皆没有获得显著的或相匹配的提高。具体数据及分析参见张富强《经济法通论》，法律出版社，2012，第 358～359 页。
② 参见胡健《上海试点减负 170 亿　营改增扩围或推动分税制变革》，和讯网，http：//tax. hexun. com. tw/2012－10－23/147085663. html，2013 年 6 月 16 日访问。
③ 参见刘华宾《上海调研"营改增"改革效果　争取扩大试点范围》，东方网，http：//sh. eastday. com/m/20120925/u1a6886407. html，2013 年 6 月 9 日访问。

3%，但改征增值税后，须适用 17% 的增值税率，改革方案虽也增加了 11% 和 6% 两档低税率，但税率仍远高于原营业税，且由于抵扣规范不完善，致使企业成本抵扣不到位。对于物流、建筑、工业设计这种以工人工资为主要成本而罕有可抵扣税项的行业来说，营改增不仅是加税而且是大幅加税，形同提高税率后的营业税。据调查，在上海首批营改增试点的 13.5 万户试点企业中，有 10.9% 的企业税负反而上升，尤其是交通运输业反应最为强烈。2012 年 3 月中国物流与采购联合会对上海 65 家物流企业调查的结果显示，这些企业 2008 年至 2010 年年均营业税的实际负担率为 1.3%，其中运输业务负担率平均为 1.88%。而实行营改增后，增值税的实际负担率会增加到 4.2%，上升幅度为 123%，[①] 其原因仍然是适用的增值税率显著提高而大部分成本又无法作为"进项"加以抵扣。针对上述情况，上海、广东不得不设立专项基金予以过渡性财政扶持。但若推广至全国，其他地区很难有足够财力设立专项基金。同时，这种政策缺乏可操作性，在确定税负是否增加、增加数额的计算上税务机关拥有较大的裁量权，企业的权利难获保障。

2. 税收征管中征收"过头税"使部分企业尤其是中小企业税负不降反升

在财政收入增速大幅下滑的总趋势下，2012 年全国公共财政收入 117210 亿元，比去年同期增长 12.8%；增幅同比回落 12.2 个百分点，其中税收收入增幅回落 10.5 个百分点。[②] 同时，地方财政收入亦告别高增长，增速普遍大幅回落，使各地方政府面临较大的收入压力。加上目前地方发债机制尚不完善，中央政府最近更是明确表示地方政府

---

① 以船运公司为例，其成本的大头是燃料费和人工费用，一般各占总成本的 30%，按规定只有燃料费可以作为"进项"进行冲抵。而运输企业在外地加油时大都无法获得增值税发票。另外，与营业税相比，增值税的计算和征收更要复杂，对企业有更高的要求。为此企业必须重新购置打印增值税发票的指定设备，支付接入联网和维护的费用，并增加专业人手。对企业来说，这也是一笔不小的成本。

② 参见郑晓波《去年我国财政收入增长 12.8%》，《证券时报》2013 年 1 月 23 日。

不得发行地方政府债券，如此一来，地方政府很可能会通过加强征管的手段保证收入，甚至征收"过头税"而使企业尤其是中小企业的负担不降反升。例如，据媒体报道，各地方已将个体工商户增值税和营业税起征点提高到 2 万元，即月营业额在 2 万元以下的个体工商户无须纳税。这本应是践行减税减负承诺的一件好事，但因许多中小型企业营业额都是税务部门估计的，部分税务部门在起征点提高的情况下，往往将营业额随之估高，致使企业实际税负大幅度上升。① 税收征管实践对结构性减税政策的"阳奉阴违"无疑是一大讽刺，从中也可看出税务部门的自由裁量权过大，应尽快研究出约束税务部门及征稽人员工作行为的制度。

（二）纳税人与纳税人间关系：制度设计导致税负不公

在纳税人与纳税人之间的关系上，收入分配正义要求税制的设计能够真实地体现税负公平，不因纳税人所在的区域或行业不同而承担不同的税负，不因纳税人承担的税负随着收入的增加而降低或随着收入的降低而增加。而本次营改增试点却因为涉及的地域和行业有限，因为涉及的税率较为单一，因此仍然存在着导致企业之间、个人之间税负不公的现象。

1. 因地域、行业和规模差异导致的企业税负不公

首先，由于改革初期仅在部分地区的部分行业中进行试点，在短期内必然会造成试点地区的试点行业与其他地区和行业企业间的税负不公，可能会导致区域优惠政策的"洼地效应"。而要消除改革过渡期这种税负不公的现象，唯有通过加快推进营改增在全国范围全面实施或至少扩大到尽可能多的地区和行业，以将税负不公的现象或程度降至最低。其次，营业税所涉及的服务行业的复杂性必然导致其税率档次设计的复杂性。而营业税改征增值税后，在实体制度设计上，从

---

① 参见张贾龙《结构性减税缘何变增税？》，腾讯网，http://finance.qq.com/zt2012/zengshui/index.htm，2013 年 6 月 15 日访问。

国际经验来看增值税的税率档次无法像营业税那么多，名义税率设计的单一性很难适应服务业的复杂性，必然导致实际税率的差异和现实的税负不公；在现实程序操作上，服务行为中发生的各种收入、成本费用（包括材料、人力、技术等）的核实和销项税额、进项税额等计税依据的确认，相对于产品流通领域更为复杂，与税基相关的要素难以确定，容易造成税负畸轻或畸重的情况。此外，占据较大比例的服务业中小企业只能作为小规模纳税人，其所开具的增值税普通发票对于一般纳税人来说不能作为进项税抵扣，同等条件下一般纳税人将倾向于与一般纳税人进行劳务交易，使小规模纳税人在市场中处于不利地位，这在本质上也属于税负不公的表现。

2. 因增值税的累退性导致纳税人实际负税不公

所谓增值税的累退性，是指增值税纳税人承担的税负随着收入的增加反而降低，从而导致收入越高承担的税负越低，收入越低承担的税负越高。这是由于增值税是以消费额为税基的流转税，而高收入纳税人的消费性支出比例相对中低收入纳税人要低，从这个角度看中低收入纳税人的增值税负担高于高收入纳税人。正是因为增值税具有这种潜在的累退性，且在实践上至今难以找到克服这种累退性缺陷的对策，构成了世界上最早提出课征增值税理论的美国仍未立法开征增值税的主要原因之一。①就我国而言，增值税这种潜在的累退性变为现实，其制度性原因在于适用的基本税率较高（17%）且较为单一（包括基本税率17%和低税率13%两档）。虽然营改增试点方案又增加了11%和6%两档税率，但与增值税所涉企业的复杂性相比，仍然显得过于单一，不足以客观或公平地反映或适用不同行业各类企业复杂的收入状况。何况国际上增值税改革的趋势是要求设置单一的增值税税

---

① 2005年小布什总统任命的专家组出台了《美国税法改革报告》，该报告认为美国适用增值税的时机尚不成熟，主要原因之一是增值税具有累退性。参见杨小强《中国增值税改革》，《社会观察》2011年第12期。

率，或者尽可能地减少税率的档次，这似乎在制度的设计上坚持增值税中性原则的同时又加大了实际运行中累退性的潜在不公。特别当增值税在税收总收入的占比较高时，其累退性则会表现得更加淋漓尽致。而在我国现行税收体制下，增值税收入在完成营改增以后不仅将占税收总收入50%的高比例，且与其他税种的比例呈严重失调的状况，其累退性会引发更加严重的税负不公。对此，我们应当高度关注，在营改增的制度设计上注重体现分配的正义价值，切实降低增值税的累退性，从而在税收中性与累退性间寻找到平衡的支点。

（三）中央与地方间关系：税收分配有违财政平等原则

从分配正义的要求来看，权力和义务这两种法律资源在中央与地方之间应该获得公平的配置。但近年来我国在财权逐渐上收中央的同时，事权却逐渐下放地方，导致了财权与事权不相适应的结果。而营改增试点带来的最直接后果，就是促使原属地方主体税种的营业税转换为中央主体税种增值税，地方虽也能分享其中一部分，但仅有四分之一的比例，这对原已呈事权与财权比例失衡、财源匮乏的地方财政而言，则无疑是雪上加霜。在地方事权增加、财权缩小的同时，中央事权缩小，财源却得以扩张，这显然有违财政平等主义。

实行分税制后，营业税已经成为地方财政中唯一税额较大的税种。目前，营业税占地方税收的40%以上，占地方财政一般预算收入的1/4左右，已成为地方财政收入的重要支柱。① 在分税制的框架下，增值税属于共享税，其收入在中央和地方间的分配比例为75：25。营改增意味着地方政府税收收入的一半以上将进入地方和中央共享税收入范围，这将对本就薄弱的地方财政造成极大的冲击，导致地方政府财权与事权进一步失衡，进而可能造成地方政府"以费代税"和"土地财政"等现象愈演愈烈的情况。所以，对推行者而言本次改革最为敏感的是收入如何分享的问题，以及由此引发的中央与地方分税制财

---

① 参见肖绪湖、汪应平《关于增值税扩围征收的理性思考》，《财贸经济》2011年第7期。

政体制如何改革的问题，甚至是地方主体税种和地方税系的重建问题。针对上述问题，试点做出了过渡性安排："试点期间保持现行财政体制基本稳定，原归属试点地区的营业税收入，改征增值税后收入仍归属试点地区，税款分别入库。因试点产生的财政减收，按现行财政体制由中央和地方分别负担。"① 但改革一旦到位，纳入征收增值税的第三产业税源在增量部分极有可能恢复增值税的分税体制，且长远看第三产业的发展空间巨大，税收增长的潜力和弹性也较大，若不结合分税制改革，地方的可支配财力则得不到长远保障。因此，当营改增在全国全面推开，此权宜之计则不能再沿用，需要配套其他相关制度的重新设计。

此外，改革还牵涉国税局与地税局职能是否需要重新定位的问题。目前营业税由地税局征管，而增值税的征管权则归国税局。因此，营改增将带来所涉及服务业增值税应继续由地税局征管还是转归国税局征管的问题。如果由国税局统一负责增值税的征管，则地税局存在的意义将会受到严峻的挑战，因为营业税不仅是地方税收体系中最大的税种，也是地税局负责征收的最主要税种，失去营业税的征管职能，地税局也就失去了存在的必要。因此，营改增实际上涉及国税局与地税局是分是合的体制改革问题。

三　有进有退：改革实现分配正义的路径

鉴于营改增试点及其扩围过程中呈现出一些背离分配正义价值取向的现象，我们应当对如何完善改革所需制度的顶层及其具体设计进行深刻的反思，尽快在全国范围内全面实施营改增，从而克服地域、行业差异导致的企业税负不公的现象。而在实施营改增的过程中，采取"有进有退"的应对策略。"进"是指勇于进取，在改革目标的设

---

①　财政部、国家税务总局联合发布《关于印发〈营业税改征增值税试点方案〉的通知》（财税〔2011〕110号，2011年11月16日）。

定上深谋远虑，力争使税收立法最大限度地体现分配正义的价值取向；"退"则表现为退而有度，退一步则进两步，在过渡期通过牺牲一定的分配正义降低现实阻力，以求更长远的进取。这就要求恰如其分地把握改革过程中公平性与效率性的平衡协调。根据分配正义的要求，在实体税制上，主要应设定合理的税负水平以降低企业税收负担，以建立具有统一性、现代化和消费型特征的现代增值税制为目标，并同步深化分税制改革，完善地方税系以保障地方财力。

（一）合理设计税负水平以切实降低纳税人税收负担

关于减税目标的设定，应在不影响政府机器的正常运转和必要的公共支出的前提下，把创造财富的生产经营领域的法定税负水平，减到不影响企业的竞争力和技术更新换代能力的水平上。而居民日常生活领域的法定税负，应当减到不影响居民原有的生活质量或幸福指数以及随着经济发展生活质量或幸福指数呈现不断提高的趋势上。具体可从以下几个方面考虑。

1. 降低全国年度征收增值税的总量

既然"营改增"的推行旨在为企业减负，为了达到减负的目的，就应当在年度增值税收入总量上加以控制，也就是在去年全国增值税收入总量的基础上，减少今年的征收总量，而不再去关注或甚至达到如往年那样去实现增加税收 20% 的增量指标。有专家估算，以目前的增值税标准税率水平计，每降低一个百分点，可获得减税 2000 亿元的规模效应。再加上附属于增值税之上的教育费附加、城建税和地方教育费附加由此而带来的减税，其减税总规模可望达到 2500 亿元上下。① 在当前宏观经济政策抉择异常艰难的情况下，作为推进结构性减税主要举措的"营改增"，其意义不可小视。

2. 适当降低增值税的整体税率

增值税标准税率偏高、低税率商品适用范围过于广泛是我国增值

---

① 高培勇：《结构性减税仍是重头戏》，《人民日报》2012 年 10 月 23 日。

税的主要缺陷之一。按照《增值税暂行条例》及《交通运输业和部分现代服务业营业税改征增值税试点实施办法》的规定，增值税的税率设有五档：17%、13%、11%、6%和零税率。此外，还有小规模纳税人3%的征收率。未来增值税立法若只是对改革进行简单的整合而设置成五档税率，则是与增值税内在机制要求相背离的。而在标准税率方面，则应在避免财政收入出现大幅度波动的前提下予以下调。从国际经验来看，标准税率较高的国家多为欧盟国家和转轨国家，实行现代增值税制的国家一般都是适用单一税率且税率较低，如新加坡、澳大利亚、新西兰等国。根据我国现状及试点的情况，未来应设计三档增值税税率。（1）标准税率应设置为13%。考虑到纳税人宏观税负过高、内需疲软、物价高企和企业税负过重等因素，应当将现有的二档标准税率改革为一档，即删除17%一档，保留13%一档。这种单一标准税率的设置也易于为征纳各方所接受，有利于营改增的顺利过渡。而对于某些货物、服务可以通过开征消费税（或调整消费税率）进行调节。（2）优惠税率设置为6%。实施增值税的国家，普遍在民生必需品等方面适用最低的税率，而我国对于银行业、交通运输业、食品、医药、餐饮、家副产品等民生必需品生产经营业、废旧物资回收业等可以适用6%的税率。（3）仍须保留零税率。基于国际上贸易自由化的要求，对于出口货物和劳务应适用零税率。

3. 上调增值税起征点并改革纳税人分类结构

在我国，月销售额达到2万元即可属于增值税纳税人，起征点之低加重了小企业的税负。而在起征点之上，将增值税纳税人分为一般纳税人与小规模纳税人也并不是国际通行做法，小规模纳税人开具的增值税发票不具有抵扣功能则是核心弊端。因而可以结合我国实际，分两步推进这方面的改革。第一步，提高增值税的起征点。税收需求与征管能力是设定起征点的考虑因素，对于征管能力有限且正在实施结构性减税的我国来说，首先应适当提高增值税的起征点，且应以年度核算为标准，将生产性企业起征点提高到年销售额 50 万元，其他企业则提高到 80 万元；同时给予起征点以下的经营者自愿登记为小规模纳税人的选择权，以切实降低税负，保障纳税人利益。第二步，待时机成熟之时，取消小规模纳税人制度。小规模纳税人虽是名义上的增值税纳税人，但实际上并未获得增值税的好处，且绝大部分为国家意欲扶持的中小企业，故应加快提高征管水平，选取适当时机取消小规模纳税人制度。唯有如此，方能优先保障"弱势者"的利益。

4. 完善企业成本抵扣规范以避免重复征税

营业税改征增值税必然导致整体税率水平的提高，所以营改增后企业如何实现抵扣成本，以增值额作为计税依据，就成为制度设计的一个重要环节。比如，技术支持服务，计算机、仪器设备、数据库等除了一些一次性购进的，其他的建成之后主要靠人力智力提供服务，但该服务费用却无法抵扣；又比如酒店宾馆，买菜买米是主要的购进项目，但这些农产品不一定有增值税发票，如何抵扣成为问题；另外，以交通运输行业为例，车辆及机器设备一次性购进之后不会年年购进，抵扣应该到什么程度合适？这些都是完善抵扣规范所需要考虑的问题。应重点研究工资和智力成本抵扣制度的引入、增值税纳税人与非增值税纳税人交易中的进项抵扣制度以及各个抵扣项目的具体比例和限度设置。

（二）完善优惠措施以缓解税负不公

增值税名义税率等要素形式上的公平往往是实质税负不公的制度性因素，这就需要通过"游离于基本制度之外"的优惠措施予以缓解，但优惠措施运用不当反而可能加剧税负不公。我国增值税优惠措施采取的方式较多，优惠项目也更多且更为复杂。无论仅仅是针对现行增值税还是两税合并后的优惠政策，优惠措施还有很大的调整完善空间。改革应以减少税收优惠、简化税制为原则，尽可能减小免税交易范围，避免造成对经济的扭曲，缓解累退性。

1. 应限定免税和低税率措施的范围

我国增值税优惠政策的范围比较宽泛，部分行业属于生产经营的中间环节，若采取免税优惠，则将使下游企业的进项税得不到抵扣，从而破坏了抵扣链条的完整性。因此，建议将免税优惠尽量限定在最终端消费环节和基本生活消费需要领域。对于最终零售企业而言，由于面对最终消费者，本身不存在抵扣进项税的需要，个体消费者也不存在要求开具增值税发票进行抵扣的要求。

2. 应提高优惠措施应对增值税累退性的有效性

国际上较为理想的增值税通常采用标准的单一比例税率，这也是我国增值税未来的发展方向。但增值税是以消费额为税基的流转税，一般情况下富者的消费支出比例相对于穷者要低，这导致了增值税累退性这一较为隐蔽的不公因素。基于此，我国在设置增值税优惠税率时应当立足于税收公平、征管高效和降低税收成本的原则，可以考虑通过对少数生活必需品实行免税或零税率、允许低收入家庭的消费所支付的增值税在计算国内工薪所得时给予抵扣、对于低收入家庭生活消费支出定向免税或通过转移支付给予补助（或通过阶梯定价的方式）等方式在一定程度上缓解累退性。

3. 以即征即退或先征后退的方式协助优惠措施的过渡

改革过程必定会涉及优惠措施衔接的问题，一方面是来自增值税合并营业税后，纳税人原有营业税的优惠措施过渡问题，另一方面是增值税制度内部完善而形成的原有增值税纳税人享有的优惠措施如何向新规则过渡的问题。由于零税率一般仅仅适用于出口的货物和劳务，不适宜作为优惠政策的过渡手段。免税作为优惠政策也具有一定的局限性而不值得推荐，因为免税在某种程度上破坏了增值税的抵扣链条，也不利于征管效率的提高。因而我们认为即征即退或先征后退的方式可以作为优惠政策的过渡方式，因为这两种方式不仅不会破坏增值税的抵扣链条，还能实现先前政府所做出的承诺，使纳税人的信赖利益得到保障，而且其鼓励目标较为明确，类似一种财政补贴措施。

（三）完善纵向税收分配制度以保障地方财力

上海的试点中由于其国地税合署办公的特殊性，以及试点期间采取"既得利益返还"的过渡政策，中央与地方的矛盾并未显现。但推广至全国，考虑到长远的情况，由于当前地方财力对营业税的倚重程度过高，营改增完成后若不及时调整增值税的现有分享模式，短期内，地方政府财力是难以通过其他方式得到恢复的。应未雨绸缪同步深化分税制改革，积极开拓新的地方主体税源以保障地方财政利益。

1. 营改增改革须同步深化分税制改革

考虑到营改增对地方财政收入的影响和地税系统的职能变化，有两种配套调整措施可选。（1）"过渡型"思路，即现行属于营业税征收范围归地方税务局管理的纳税人，改征增值税后仍归地方税务局管理。该部分税收的分配，比照燃油税费改革的做法，将原归属地方政府的营业税收入部分，改征增值税以后相应的部分仍归地方政府（与试点的过渡性政策相同），或者以此为基数，相应调整增值税收入在中央与地方政府之间的分配比例。（2）"彻底改革型"思路，即营业税改革与深化分税制改革同步进行，根据新的税制体系和改革要求，在原有分税制实践经验的基础上重新设计整体分配方案，明确中央、地方的收入归属，规范国税、地税系统的职责分工。前一种思路的优点是对收入归属和地方税务机构的职能影响不大，利于平稳过渡，缺点是中央与地方的收入分配关系、国税与地税系统的职能分工将变得更为不规范。后一种思路的优点是税制改革与财政管理体制改革同步进行，相互配套而有利于从根本上理顺中央、地方的分配关系，但是改革的动作大，面临的问题和困难也多。我们基于前文所述的"应将营改增作为整个财税法领域的重大战略改革"的观点，倾向于选择后一种思路。同时，在处理中央与地方财政收入分配关系上要坚持保障地方长远财力的改革原则或指导思想。具体而言，在改革初期可暂不调整增值税的共享比例，对地方收入减少的部分可通过中央财政的税收返还来解决；从中期看需在综合考量各地经济发展程度、人口数量、消费能力、基本公共服务需要以及地方政府财政收入能力等诸多因素后，重新调整增值税的共享比例，适当向地方倾斜以保证地方财力的充裕；从长期看需利用货物、劳务税改革之机，根据新税制体系及其未来发展需要，对现有财政体制进行调整，重新理顺中央与地方的财政关系，明确中央与地方的收入归属和财政支出责任等。①

2. 重建地方主体税种及地方税法体系

仅仅依靠增值税分享比例的调整，实际上还不能有效保障地方财力。应促使国税局与地税局合二为一，由中央统一行使征税权，各地税务机关根据授权具体负责征税。在此基础上挖掘新的地方主体税种、完善地方税系。目前，我国 18 个税种中只有增值税、营业税、消费税、企业所得税和个人所得税等为五大税种，其中营业税和个人所得税属地方税，分别约占税收总收入的15%和6%。而城镇土地使用税、资源税、城市维护建设税、房产税、车船税、印花税、耕地占用税、契税和土地增值税等 13 个税种收入合共占比不到10%。② 显然，即使将这 13 个小税种全部划归地方财政，也很难弥补营改增之后地方财力的空缺。有鉴于此，新的地方主体税种的选择，肯定要涉及"增设新税"或"改制老税"。近年来一些拓宽地方政府税收来源的税制改革逐步推进，特别是2010 年我国将多项税制改革措施列入年度经济体制改革重点工作③，包括出台资源税改革方案，统一内外资企业和个人城市维护建设税、教育费附加制度，逐步推进房产税改革，完善消费税制度等，其中涉及的税

---

① 参见刘明慧《扩大增值税征收范围的难点解析》，《税务研究》2010 年第 11 期。

② 根据财政部税政司《2012 年税收收入增长的结构性分析》（参见财政部网，http：//szs. mof. gov. cn/zhengwuxinxi/gongzuodongtai/201301/t20130123_ 729605. html，2013 年 6 月 9 日访问）及财政部网相关数据计算得出。

③ 参见《国务院批转发展改革委关于 2010 年深化经济体制改革重点工作意见的通知》（国发〔2010〕15 号）。

种除了消费税以外，其他均是地方政府的收入来源。[①] 这些税制改革的推进为地方税系的完善打下了坚实的基础，从国际经验看，特别是财产税和资源税更可能成为地方的主体税种。上海和重庆已于 2011 年开始房产税改革试点，且目前也有扩围之势，在通胀压力尚且可控的情况下，应抓紧时机重构地方税法体系，推进资源税、房产税改革，并在最终使其成为地方税收体系的重要税种。

（四）制定增值税法：实现税收法治和分配正义的突破口

在宏观经济需求的推动下，营改增试点及其扩围得到了坚定而迅速的推行，而从法学的视角看这也是一个实现税收法治和国民收入分配正义的重要突破口。为使改革的成果得以巩固和完善，必须通过正常的立法程序，将现行国务院发布的《增值税暂行条例》上升为全国人大制定的增值税法。事实上，早在 2010 年，我国增值税立法已经被列入全国人大常委会立法规划的第一类项目[②]，改革与立法同步进行既是一个机遇却也存在巨大挑战。一方面需要加快增值税立法进程，而另一方面立法又不能简单地将暂行条例提升为法律，而需要融入改革所追求公平正义的价值取向和价值目标，科学地对改革的效率和效果进行评估并及时做出修正显得尤为重要。但无论如何，如此坚决果断的改革在我国向来少有，应借此机会加快增值税立法的步伐，进而推动税收法治的进程。也唯有推进税收法治，才能在财税领域的实践中克服"政府失灵"，保障分配正义的良好实现。

（本文原载于《法学家》2013 年第 4 期）

---

① 甘启裕：《将交通运输业纳入增值税征收范围的思考》，《税务研究》2011 年第 6 期。
② 十一届全国人大常委会：《十一届全国人大常委会五年立法规划》，《中国税务报》2008 年 11 月 3 日。

正当程序理念下
《税收征收管理法》的修改[*]

朱大旗　胡　明[**]

一　问题的提出

　　财政是庶政之母，税收为财政之源。《税收征收管理法》作为国家获取税收收入的基本法律依据，既是对税务机关的征税行为予以规制之法，又是对纳税人的合法权益进行保护之法，其重要性不言而喻。我国《税收征收管理法》制定实施已经超过 20 年，2001 年第二次修订通过的现行《税收征收管理法》及其实施细则也已运行十余载，由于经济情势、征管环境以及公民意识等方面的急剧变化，不管是从提高我国税收征管质量与效率的实践角度，还是从更新税收征管模式与理念的理论角度，审视我国《税收征收管理法》，其作为税收正义精神之承载的法律品性不足已成为不争的事实。为适应新时期税收征管工作需要，我国《税收征收管理法》修订自 2008 年起被列入十一届全国人大立法计划，历时五年之久。2013 年 6 月 7 日，国务院法制办向社会公布《中华人民共和国税收征收管理法修正案（征求意见稿）》（以下简称《税收征收管理法（修正稿）》），较之 2001 年《税收征收

　　* 本文为司法部 2013 年国家法治与法学理论研究重点项目"《税收征收管理法》修订问题研究"（12SFB1005）的成果。
　　** 朱大旗，中国人民大学法学院教授、博士生导师；胡明，中国人民大学法学院博士研究生。

管理法》，其主要进行了三个方面的修改①，其中关于立法修订的提前公开②、与其他法律的协调统一、税收征管范围的必要扩张以及税收征管权力的合理完善等无疑是《税收征收管理法》修订过程中的亮点，这些方面至少从立法规范、形式外观以及法律价值层面彰显了财税立法的进步性和条理性。但以前瞻性和批判性的视角看待《税收征收管理法（修正稿）》，可以发现仍存在以下问题：整个条文修改幅度过小，忽视了税收征管理念的提升，保留了许多保守与落后的成分；仅有的改动主要倾向于强化税收征管部门的权力，没有涉及纳税人权利保障的事项，不能适应新时期税收征管国际化的趋势；等等。

在现代法治国，课税必须体现正当秩序而不得任意，税收正义堪称税收法治的大宪章。③ 正义形态下的税收征管体系代表着一种有规则、无偏见的税收征管秩序，而法治形态下的税收征管秩序取决于一定形式的正当征管过程，正当征管过程又主要通过正当稽征程序来体现，这样一来，正当程序理念就成为《税收征收管理法》的基础范畴。④ 由于《税收征收管理法》表现为税收征收管理法律关系主体必须恪守的基本流程与规则，也是实体性税法实施过程不可缺少的程序性配件与要素，因此，《税收征收管理法》总体上同样应被定位为一种通则性的税收程序法。"程序是社会的保护神。只有程序才能保护无辜，它们是使人们融洽相处的唯一手段。"⑤ 正当程序作为《税收征

---

① 一是与《行政强制法》、《刑法修正案（七）》、《行政许可法》相衔接，二是，规定相关方信息报告义务，加大税源监控力度；三是增加对个人纳税人的税收征管规定，加大征管力度。

② 按照法律法规修改应公开征求意见的惯例，行政法规与部门规章草案由国务院法制办负责，而全国人大负责法律草案。这种在国务院拟定议案阶段就"提前公开"的方式极为罕见，由此不难推测出《税收征收管理法》修订的重要性与复杂性，同时也充分体现了立法的公开性、参与性及民主性。

③ 陈清秀：《税法总论》，元照出版有限公司，2012，第27页。

④ John Rawls, *A Theory of Justice*, Cambridge：The Belknap Press of Harvard University Press, 1971, pp. 235 - 239.

⑤ 〔法〕邦雅曼·贡斯当：《古代人的自由与现代人的自由》，阎克文等译，上海世纪出版集团、上海人民出版社，2003，第236页。

收管理法》的核心要素之一，是规范税收征管与缴纳行为、保护纳税人合法权益的重要保证。因此，以正当程序理念为导向，综合分析税收征管程序所存在的问题，建构一套形式理性与价值理性相统一的税收征管程序机制，进一步升华《税收征收管理法》的程序性品格，充分落实税收征管的税收正义原则，有效配置税收征收管理法律关系主体的权力（利）① 义务责任，应成为我国《税收征收管理法》修订的根本要求。

二　《税收征收管理法》正当程序理念的界定

正当程序理念滥觞于英国普通法上一个古老的理念——自然正义理念（natural justice）。② 根据丹宁勋爵的考证，正当程序的概念第一次在英国成文法上出现，可能是源于 1354 年爱德华三世第二十八号法令第三章的规定③，其后北美殖民地人民继承了正当程序的法律理念，并最终将其载入 1791 年的《美国宪法修正案》第 5 条和 1868 年《美国宪法修正案》第 14 条。④ 此后，正当程序理念逐渐为许多国家的宪法与宪法性文件所吸取，并成为人权保障的基石，是现代西方宪法精神的核心体现。随着社会的发展历史，正当程序理念的适用范围不断

---

① 从税权理论上说，国家的税权实际上包括税收权力和税收权利两个方面，在税收权力的背后是国家的税收权利。在国家与纳税人之间，不仅存在着国家税收征管权力与纳税人权利之间的关系，也存在着国家税收征管权利与纳税人权利之间的关系。参见张守文《财税法疏议》，北京大学出版社，2005，第 181～183 页。

② 对于自然正义的基本要义，至今未有完全令人信服的答案。但在英国行政法上，自然正义理念在经过法院解释之后，其内涵在一定范围内得到确定，主要包含两项基本程序规则：一是任何人不能作为自己案件的法官；二是人们的辩护必须公平地听取。See H. W. R. Wade, *Administrative Law*, Oxford：Oxford University Press, 1988, p. 466.

③ 1354 年爱德华三世第二十八号法令第三章规定："未经法律的正当程序进行答辩，对任何财产和身份的拥有者一律不得剥夺其土地或住所，不得逮捕或监禁，不得剥夺其继承权和生命。" 参见丹宁勋爵《法律的正当程序》，刘庸安等译，法律出版社，1999，前言第 1 页。

④ 伯尔曼在其巨著中也提到，"法律的正当程序"是一个 14 世纪用来描述自然法的英国词语，之后自然法的正当程序理论载入美国的实在法。参见哈罗德·J. 伯尔曼《法律与革命》（第一卷），贺卫方等译，法律出版社，2008，第 12 页。

扩大，"正当程序的程序保障变成了另外的对专横立法的实体限制，防范行政专横的程序保障就演变成了对抗恣意行政行为的实体性限制"。① 鉴于正当程序理念的重要性，而《税收征收管理法》又是一部关涉基本人权②的民生性法律，因此，挖掘《税收征收管理法》正当程序理念的内涵与功能③，实现《税收征收管理法》与正当程序理念的有机结合，就具有极其重要的作用与意义。

（一）《税收征收管理法》正当程序理念的内涵

美国法律辞典关于正当程序的释义，主要是指"表示规范的正规的执法的法律概念。正当程序建立在政府不得专横、任性地行事的原则之上。它意味着政府只能按照法律确立的方式和法律为保护个人权利对政府施加的限制进行活动"。④《税收征收管理法》作为正当程序理念在税收征收管理法律制度上的具体化，承继了正当程序理念的本质内涵与价值导向。在《税收征收管理法》中，存在着两个不同性质的权力（利）束——国家征管权和纳税人基本权，这两种性质的权力（利）束之间相互博弈，最终形成了税收征管的法律制度。《税收征收管理法》正当程序理念作为一种规范国家征管权和保障纳税人基本权的法律概念，它意味着征管主体只能按照税收法律所确立的方式和法律为保护纳税人权利对征管主体施加的限制进行活动。

---

① 〔美〕约翰·V. 奥尔特：《正当法律程序简史》，杨明成、陈霜玲译，商务印书馆，2006，第 60 ~ 61 页。

② 《美国宪法修正案》第 5 条明确提到，"未经正当法律程序，不得剥夺任何人的生命、自由和财产"。因此，财产保护是基本人权保障的核心范畴，征税作为一种关涉公民财产的侵犯或剥夺行为，规范征税行为的税收征管法无疑与基本人权保障具有紧密的关联性。

③ 正当程序包含实体正当和程序正当两个方面。实体正当指作为租税使用途径的存在方式必须以"和平、福利为本位"，并应完善税收法定之理念，同时税务制度、税务行政的存在方式要求与宪法的量能课税原则相符合，如最低生活费非课税原则、一定生存权财产费应少课税原则等。程序正当的内容较多，如对更正、决定等课税处分以及税务调查，都应对纳税人加以告知、辨明、公示等。参见北野弘久《日本税法学原论》，中国检察出版社，2008，第 309 ~ 311 页。

④ 〔美〕彼得·G. 伦斯特洛姆编《美国法律辞典》，贺卫方等译，中国政法大学出版社，1998，第 15 页。

（二）《税收征收管理法》正当程序理念的功能

根据我国《税收征收管理法》的立法目的，国家征管权既要受到控制又应获得保障，纳税人基本权既要受到保护又应得到约束。如何按照正当程序理念的基本要求，使国家征管权和纳税人基本权的配置达到合乎正义的中道与平衡，应是正当程序理念下《税收征收管理法》发展的终极样态。因此，正当程序理念下的《税收征收管理法》，核心要义是要在理性认识国家征管权与纳税人基本权的性质和作用的基础上，通过国家征管权与纳税人基本权的合理配置，协调国家税收利益与纳税人基本利益之间的冲突，最终实现国家征管权与纳税人基本权之间的相互制约与平衡。[①]

考察《税收征收管理法》正当程序理念的基本功能可以发现，它形同一个"过滤装置"，无论纳税人基本权还是国家征管权，经过这个过滤装置过滤后就更容易获得普遍性和正统性，通过这个连接国家与社会的装置，税收征管和税收缴纳在获得更为安定的秩序的同时还可能具有更强的自省力。[②] 换言之，税收征管正当程序理念的一项重要功能就是使税收征管行为趋向理性化。鉴于税收征管主体拥有较大的自由裁量权，应通过正当程序的价值导向，在行使税收征管权力（利）的主体能与承担纳税义务的主体之间进行理性的对话与协商，从而压缩征管权行使过程中可能存在的恣意与专横空间，进而保障纳税人的基本权益，提高税收征管的效能，增进纳税人对征管主体的信赖与遵从。

三　《税收征收管理法》正当程序理念的价值维度

富勒认为程序是根本性的法律手段，他分析了程序本身的独立

---

① 张怡等：《衡平税法研究》，中国人民大学出版社，2012，第316~317页。
② 〔日〕谷口安平：《程序的正义与诉讼》，王亚新、刘荣军译，中国政法大学出版社，1996，第10页。

性、主导的目的性、结果的正当性、结构的道德性、过程的参与性以及由程序引出的本质属性、功效条件、区别关联、道德限度等问题，提出程序本身是手段与内在目的的混合体，不仅具有某些工具性或手段性价值，如程序是实现某些法律目的之渠道，还包含某些重要的内在整体性价值，如法律程序具有正当性与道德性等。[①] 同理，《税收征收管理法》正当程序理念也具有内在价值（目的价值）和外在价值（工具价值）双重向度：内在价值是指《税收征收管理法》正当程序理念本身所应承载与拥有的独立、内在的道德品质；外在价值是指《税收征收管理法》正当程序理念具有一种外在的、作为手段的有益之善，它作为一种技术工具有益于税收正义终极目标的实现。

（一）《税收征收管理法》正当程序理念的内在价值

内在价值是衡量法律自身合理与否的标准，是实现法律终极目标的制度性保障，在此意义上，《税收征收管理法》正当程序理念的内在价值成为评价程序自身正当性以及实现税收正义的尺度。学界有关正当程序理念内在价值的论述颇多[②]，但笔者认为，《税收征收管理法》正当程序理念的内在价值至少应包括开放性、经济性、中立性三重维度。

1. 开放性

《税收征收管理法》必须强调对程序参与主体的开放性，通过倡

---

① 〔美〕罗伯特·萨默斯：《大师学述：富勒》，马驰译，法律出版社，2010，第130～135页。

② 美国学者贝勒斯认为正当程序的价值主要包含七类：和平原则、自愿原则、参与原则、公平原则、可理解原则、及时原则、止争原则。参见迈克尔·D. 贝勒斯《法律的原则——一个规范的分析》，中国大百科全书出版社，1996，第32～37页。而泰勒认为正当法律程序的内在价值包含六个要素：当事人能否参与程序和有关的程序性决定、裁判结果是否与裁判过程一致、司法者是否独立而中立、司法过程是否符合效率的要求、是否具有纠错设置、是否符合一般的伦理观念。See Tom Tyler, *What is Procedural Justice*, (US) Law and Society Review, 1988, p. 22。德国学者 Volker H. Schmidt 提出了程序正义的六个最低标准：广泛性、信息敏感性、发言权、程序公开性、可解释性、可修改性（可逆性）。See Volker H. Schmidt, "Procedural Aspects of Distributive Justice," In Klaus F. Rohl, Stefan Machura eds. *Procedural Justice*, Brookefield, VT: Ashgate, 1997, pp. 174 - 175.

导开放性价值来打破传统意义上命令与服从式的税收征收管理法律关系。首先，税收征管程序要求程序的分化和独立[①]，只有形成不同税收征管程序彼此独立与相互承接的格局，才能控制税收征管中可能出现的恣意裁量行为。其次，税收征管过程的开放性要求税收征管的任何阶段和步骤都应以看得见的方式进行，即除涉及国家秘密、商业秘密和个人隐私外，应当将与征税权行使有关的事项向纳税人和社会公众公开。"如果公正的规则没有得到公正的适用，那么公众的压力常能够纠正这种非正义。"[②] 在征税主体行使征税权时，开放性既可以保障纳税人的知情权，又能借助公众力量来监督、控制一些有违税收正义的行为。再次，"在实体的正义被相对化、纠纷所涉及的关系越来越复杂的当代社会中，以利害关系者的参加和程序保障为中心内容的程序正义观念在其固有的重要意义基础上获得了前所未有的重要性"。[③] 税收征管本质上是对公民财产权利和经济自由权利的剥夺或限制，税收征管过程向纳税人开放，实现其对征管过程的参与，能最大限度地获取纳税人的遵从与信任。[④]

2. 经济性

税收征管程序的设计和运行应当符合经济性的要求，税收正义相伴于稽征经济而生。经济性作为《税收征收管理法》正当程序理念的内在价值，一方面是基于税收征管资源有限性的实践考虑，即在兼顾公平与平等征管的原则下，应简化税收征管程序，减少纳税人的遵从成本；另一方面是立足于税收征管的比例原则，即在不损害国家税收

---

① 分化和独立是程序的灵魂，分化是指一定的结构或者功能在进化过程中演变成两个以上的组织或角色作用的过程。参见季卫东《法律程序的意义——对中国法制建设的另一种思考》，中国法制出版社，2004，第24页。

② Michael D. Bayles, *Procedure Justice*, Boston：kluwer Publishing Company, 1990, p. 42.

③ 〔日〕谷口安平：《程序的正义与诉讼》，王亚新、刘荣军译，中国政法大学出版社，1996，第22页。

④ 拉德布鲁赫认为："民众对法律生活的积极参与会产生对法律的信任，对法律的信任同时又是他们主动参与这类活动的前提。"参见拉德布鲁赫《法学导论》，商务印书馆，2013，第177页。

利益的前提下，要求征管主体有义务选择对纳税人损害最少的征管方式，方才符合比例原则。概言之，《税收征收管理法》正当程序理念的经济性要求有三：一是简化税收征管程序；二是降低税收征管成本；三是公正与平等地征管。[①]

3. 中立性

在保证稽征正义得以实现的各种原则和制度中，中立性处于显要的地位，它不仅是一种税收征管观念或道德上的要求，而且是税收征管程序正当性的内在体现，贯穿于《税收征收管理法》的始终。按照程序中立性的衡量标准[②]：首先应树立税收征管程序设计的中立观，明确征纳双方法律地位平等的基本准则，以扭转税务机关和纳税人之间的不对等状态；其次，应采取审慎对待税收征管具体程序制定的委托，不能随意将有涉部门自身利益的税收征管规则完全委托给税务部门来制定；再次，应要求税收征管人保持中立，能平等对待税收征管中的各方当事人，要保证参与、听证、调查等程序的有效性，对于不同纳税义务人应同等对待，设立回避制度等；最后，应强化税务机关的独立地位[③]，尽量杜绝按照上级下达的刚性化指令或指标征税而架空《税收征收管理法》现象的发生。

（二）《税收征收管理法》正当程序理念的外在价值

卡尔·拉伦茨指出："只有当程序本身是以'妥当'的程序原则为基础，换言之，只有当程序本身符合所谓的'正当'程序的要求，它才能'正当化'（以其固有的、规范性意义来理解）依该程序所作

---

① 黄茂荣：《法学方法与现代税法》，北京大学出版社，2011，第261~262页。
② 一是与自身有关的人不应该是法官；二是结果中不应含纠纷解决者个人利益；三是纠纷解决者不应有支持或反对某一方的偏见。参见马丁·P. 戈尔丁《法律哲学》，生活·读书·新知三联书店，1987，第240页。
③ 决定人的独立性因素有两个：不受有利害关系的某方当事人或某个群体的控制，不将做出决定的职能和其他一些与此种职能不相容的职能相混合。参见迈克尔·D. 贝勒斯《程序正义——向个人的分配》，高等教育出版社，2005，第35页。

的决定。"① 欲使税收征管程序本身符合正当程序之要求，需要挖掘《税收征收管理法》正当程序理念的外在价值。② 这种外在价值之存在取决于税收征管程序产生了税收正义的结果，即税收征管程序作为实现稽征正义的工具或手段必须是有用的、有效的。笔者认为，要判断一项税收征管程序是否具有外在价值，关键是要确立外在价值的衡量标准。

1. 法定性

税收征管程序是税收征管法律关系主体广泛遵守与普遍适用的准则，其外在价值首先应符合法定性，必须通过合乎立法规范的操作把正当程序理念嵌入税收征收管理法律制度中，从形式正义上保持相对稳定的税收征管秩序，为纳税人提供最大限度的可预期性，从而促使纳税人依法履行纳税义务。

2. 平衡性

税收征管程序只能是一般性的规范，不可能完全考虑税收征管个案的事实与情节。税收征管程序必须为税务机关严格适用法律规则与适当行使自由裁量权预留一定空间，需要在体现普遍性的征管形式正义与实现个别性的征管实质正义之间保持平衡。一项税收征管程序如果既能保障税务机关在法定范围内借助合理的日常经验法则、严密的逻辑规则以及科学的理论原则等，尽可能地收集资料、线索、依据，对与纳税人具有利害关系的税收事实和关系进行客观且全面的甄别、审查、认定，又能在自由裁量的范围内选定最符合实质课税原则的税收征管方法来确定纳税人的具体纳税义务，那么这项税收征管程序就实现了其外在价值。

---

① 〔德〕卡尔·拉伦茨：《法学方法论》，陈爱娥译，商务印书馆，2003，第 82 页。
② 无论是作为实现实体税法规定之结果公正的手段，还是作为体现税收征管制度之实质正义的工具，正当程序都始终不能或者说不应脱离它必须具备的外在价值，外在价值被认为是《税收征收管理法》为实现其目的价值（税收正义）应具备的基本属性或共性价值。

3. 可操作性

税收征管程序作为动态性的规范集合，必须能将理论上的税收正义转化为现实中的正义结果，这种可操作性堪称税收征管程序的生命力，是税收征管程序不可或缺的外在价值之衡量准则。也就是说，一项税收征管程序必须植入充分的实践理性，使税收征管程序的设计合理性和现实操作性相契合，引导税收实质正义由理论形态向现实形态转化，这种结果正义乃税收征管程序所要达到的理想状态。结果正义主要表现在两个方面：一是正确认定征税要件事实，征税决定必须建立在真实、准确的应税事实基础之上；二是严格适用法律，符合形式正义要求，合理行使征税裁量权。①

四 《税收征收管理法》正当程序理念的制度表达

《税收征收管理法》正当程序理念的制度表达，既是通过规范化来对具体的税收征管程序做时间和事务方面的划分，又是借助制度化功能保证税收征管机关能够落实行使征管权所需要的人力、物力和手段。② 对于税收征管正当程序理念的制度化走向，应依循其内涵、功能要义，秉承其基本价值维度，夯实税收征管制度的正当性基础。按照我国现行《税收征收管理法》的基本体例，税收征管程序可分为本体性程序和救济性程序：本体性程序是确认、执行或保障税收征管法律关系主体间的权力（利）义务关系的步骤和方式，包括税收管理程序、税款征收程序以及税务检查程序；救济性程序服务于本体性程序，是维护、救济或恢复税收征收管理法律关系主体间权力（利）义务责任关系的方法和手段，包括税收复议程序与税收诉讼程序。笔者拟以本体性和救济性程序作为分

---

① 施正文：《税收程序法论——监控征税权运行的法理与立法研究》，北京大学出版社，2003，第 63~65 页。
② 〔德〕汉斯·J. 沃尔夫、奥托·巴霍夫、罗尔夫·施托贝尔：《行政法》（第 2 卷），高家伟译，商务印书馆，2002，第 200 页。

析框架，对我国税收征管程序的核心内容予以评析，并提出改善建议。

（一）本体性税收征管程序的评析与完善

1. 税务管理程序

我国《税收征收管理法》第 15 条至第 27 条主要规定了税收征管的税务管理程序，其作为税款征收的前置性程序，主要体现为纳税义务人及关系人应承担的协力义务，包括登记、记账及保持账簿、取得与保存凭证、申报义务等。[①] 我国当前的税务管理程序存在如下问题：税务管理权背后缺乏法律程序之合理控制，未能明确纳税人承担协力义务的要求或限度，易于出现税务机关恣意加重纳税人负担的行为，甚至影响到纳税人享有的实质与程序性权利。

（1）税务登记程序。税务登记是纳税人履行纳税义务以及税务机关进行税收征管的首要条件，它既是税务机关对纳税人信息的统计与对特定申报事项的审核，又是税务机关以书面的税务登记证件形式依法确认征纳双方税收法律关系的成立。《税收征收管理法（修正稿）》第 15 条新增两款规定——个人纳税人应当办理税务登记和税务机关应当建立纳税人识别号制度，两者都意味着税收征管范围的拓宽和税收征管成本的降低，将促使我国税收征管模式由"以票管税"逐渐向资金流监控过渡。但是，纳税人识别号制度的构建作为一项系统工程，税收法律条款的简单增加基本上只能起到宣示作用，仅依靠税务主管部门单方行动也难以实现立法目的。我国现行《税收征收管理法》存在着税务登记严重受制于工商登记以及税源监管受限于信息不足的问题。例如，按照《税收征收管理法》第 15 条第 1 款、第 16 条的规定：从事生产、经营的纳税人应先办理工商登

[①]　税务登记义务的功能在于掌握纳税义务人；而记账及保持账簿义务、取得与保存凭证义务的功能在于保存必要之证据方法，使税务机关得于事后查核；申报义务在于使掌握纳税资料之纳税义务人自行诚实申报缴纳，并使税务机关得以获取纳税资料。参见黄士洲《税务诉讼的举证责任》，翰芦图书出版有限公司，2002，第 25 页。

记，才能办理税务登记；税务登记的变更、注销都需以工商登记的变更、注销为前提。

鉴于上述问题，《税收征收管理法》的修订，应发挥正当程序理念的导向性作用，即重视税收征收管理法正当程序的外在价值——法定性与可操作性，在构建纳税人识别号制度时，依赖多个部门的联动配合、其他法律规范的配套修改以及一系列具体的程序性规范等，来强化对纳税人登记信息的监督管理。同时，应以开放性与经济性为价值准则实现税务登记程序的合理设计，使税务部门与工商部门、税务部门与金融部门以及国税与地税之间能形成及时准确的信息联系与共享，甚至可以考虑将工商登记与税务登记进行合并处理，提高税务机关的税收征管效率，为纳税人提供更易于遵守的制度规则，降低企业经营成本。

（2）账簿与凭证管理。保存账簿与凭证，既是纳税人的一种法定义务，又是税务机关用以确定应缴税收的证明方法，还是纳税人保护自己合法权利的主要证据。账簿与凭证管理的优劣与税收征管效率的高低成正比。《税收征收管理法》的修订需要对账簿与凭证管理的范围、内容、标准予以明确，并对账簿与凭证管理方的权力与责任、权利与义务予以明晰。

（3）纳税申报程序。"所谓纳税申报，是指对申报纳税方式之税收，纳税人根据税收法规的规定，向税收行政机关提交纳税申报书的行为。"① 由纳税人或扣缴义务人提供应纳税额的依据，既可以培养纳税人诚信纳税的意识，又能提高征管效率、降低征管成本以及避免税务机关自由裁量权的滥用。纳税申报只有遵循《税收征收管理法》正当程序理念的基本价值——开放性、经济性以及可操作性等，才能实现纳税申报程序的合理化。

第一，申报方式。现行的申报方式为人们所诟病，主要是由

---

① 〔日〕金子宏：《日本税法》，战宪斌、郑林根等译，法律出版社，2004，第421页。

于《税收征收管理法》第 26 条规定了纳税人可以自由选择申报方式（直接申报、邮寄申报、数据电文申报等），而《实施细则》第 30 条却为纳税人的自行选择设置了前置条件——"经税务机关批准"。为避免下位法与上位法相冲突，需要废除申报方式的核准制度。鉴于网上申报方式的便捷性，应重点对网上申报方式予以明确规定。

第二，延期申报。我国《税收征收管理法》第 27 条对延期申报的规定过于简单，应根据延期申报理由（如不可抗力、特殊困难等）予以区别对待，对于客观的不可抗力则应采取自动延期制度，而对于特殊困难应采用酌定延期制度。通过这种区别化的程序性处理，可以体现延期申报制度的公平性。①

第三，修正申报与更正请求。我国《税收征收管理法》的修订可借鉴《日本国税通则法》，增加修正申报与更正请求的相关规定。修正申报是一种不利于纳税人自己的变更，《日本国税通则法》第 19 条第 1 项对其做了详细规定②；更正请求则是一种有利于纳税人自己的变更，《日本国税通则法》第 23 条对其做了具体规定。③

2. 税款征收程序

税款征收程序是指税务机关实施税款征收权和纳税人履行税务缴纳义务时的步骤、方式等。它作为税收征管程序的核心内容，可分为

---

① 二者的区别：酌定延期需要经过税务局审查，其延长标准不统一；自动延期则不在税务局的自由裁量范围内，只要按照规定申请，即可自动获批。参见熊伟《美国联邦税收程序》，北京大学出版社，2006，第 35 页。

② 《日本国税通则法》第 19 条第 1 项规定了四种修正申报的情形：（1）记载于先前提交的纳税申报中的应缴税额出现不足时；（2）先前的纳税申报中所记载的纯亏损等金额过大时；（3）先前的纳税申报中所记载的相当于退还金数额的税额过大时；（4）先前提交的纳税申报中未记载已被确定的应缴税额的情况下，存在着应缴纳的税额时。

③ 更正请求包括两类原因：因申报中所记载的课税基准或税额等有误和因后发理由导致课税基准或税额等的计算基础出现变动。

两部分①：税的缴纳程序和税的征收程序②；滞纳处分程序③。《税收征收管理法（修正稿）》所做的零星修改未能适应税款征收实践的发展趋势，亟须以《税收征收管理法》正当程序理念为导向，进一步完善税款征收的具体程序。

（1）延期缴纳税款程序。对于延期缴纳税款，《税收征收管理法》第 31 条第 2 款规定了需经省级税务机关批准的前置程序。在具体执行中，由于省级税务机关难以确切把握纳税人的真实情况，因此，由其进行审批只能徒增操作难度，而且对于存在"特殊困难"的纳税人而言，三个月的延缴期限也难以真正缓解纳税人的窘境。在《税收征收管理法》的修改中，既要将延缴税款的审批权限适当下放到市级局或县级局，上级局有权进行督察，又要对申请延缴的情形进行明确解释，由税务机关根据实际情形采取不同程度的延缴优惠措施。例如，根据税款延缴期限的长短，对纳税人规定分期缴纳的不同比例。

（2）税收核定程序。税收核定条款是大多数国家普遍设立的税收征管法律条款（我国主要为《税收征收管理法》第 35～37 条），其具有适用情形的特殊性和适用规则的复杂性等特点，具体是指税务机关不能依据法定的账簿、收入凭证、费用凭证等直接纳税资料来确定税基时，可以依据各种间接纳税资料来合理估定税基与应纳税额的程序。笔者认为，我国税收核定行为准则的完善，应遵从正当程序理念下开放性价值导向，重点对税收核定的调查程序、听证程序、辩论程序、公示程序以及争议救济程序等进行规范构建；同时，应体现税收

---

① 关于这种界分的具体论述可适当参见金子宏《日本税法》，法律出版社，2004，第 451～513 页。

② 税收的缴纳程序是指由纳税人、扣缴义务人按照法律、行政法规规定的期限和方法缴纳税款的程序。税收的征收程序是指税务机关依照法律、行政法规规定的期限和方式要求纳税人履行确定的纳税义务之程序，主要包括纳税告知（告知纳税义务）和纳税催告（催促履行义务）两大部分。

③ 滞纳处分程序是指纳税人在缴纳期限内未完纳税款或有提前逃避纳税义务的行为时，税务机关对纳税人财产进行保全（预防、制止和控制逃税行为的发生）和强制（迫使纳税人履行纳税义务）的程序。

征管程序的平衡性价值，合理预设税收核定程序的自由裁量空间，厘定税收核定权力与责任、权利与义务机制的作用范围，发挥税收核定主体的能动性和灵活性，保障税收核定的结果最大限度地接近实质课税的税收要义。

（3）税收强制执行程序。税收强制执行程序的完善应遵循税收征管程序的可操作性、法定性以及开放性等基本价值，融合《行政强制法》的立法精神与相关规定，实现《税收征收管理法》税收强制制度与《行政强制法》行政强制制度的有机衔接。一是《税收征收管理法》税收保全措施与《行政强制法》行政强制措施的衔接。按照《行政强制法》第三章的"行政强制措施实施程序"，《税收征收管理法》的修订应增加：实施税收保全措施的程序规则（如告知强制理由与救济途径、引入见证人制度、听取陈述申辩），查封、扣押、冻结的具体程序（如查封、扣押发生的保管费用由谁承担）。二是《税收征收管理法》税收强制执行与《行政强制法》行政强制执行的衔接。根据《行政强制法》第 35、36、37、42、45、46 条，《税收征收管理法》的修订应补充税款、罚款以及税款滞纳金的强制执行程序：税务机关依法加处罚款或者滞纳金①，税务机关应当书面催告，载明履行期限等；收到催告书后，当事人有权陈述申辩，税收机关应当听取意见等；特殊情形下可与纳税义务人达成协议，约定分阶段履行；纳税义务人逾期且无正当理由仍不履行的，税收机关可以做出强制执行的决定。

3. 税务检查程序

税务检查程序，是指税务机关依据税法及其他有关法律的规定对纳税主体履行纳税义务或扣缴义务的情况进行检验、核查以及监督的

---

① 《行政强制法》第 45 条第 2 款规定"加处罚款或者滞纳金的数额不得超出金钱给付义务的数额"，而《税收征管法》第 65 条规定罚款数额为欠缴税款的 0.5～5 倍。对于这种冲突性的现状，《税收征收管理法》的修订应降低罚款比例，细化每个罚款区间的适用条件，不应对纳税人合法权益进行不当侵蚀。

程序，一般包括选择和确定对象、实施检查、及时审理和送达执行等步骤。其目的在于通过对有关事实进行调查，以查明纳税人是否存在纳税义务与税收违法行为，同时了解纳税人的生产管理、经济核算、内部管理等情况。因此，税务检查作为一项刚性较强的税收执法行为，其进一步完善必须增进法定性与经济性，避免对纳税人合法权益的损害。首先，应对纳税人当然负有的调查协力义务予以法定。"协力义务，不只对课税事实之阐明，纳税人与稽征机关负有共同之责任；同时相对应于协力义务者，为协力权，亦即信息参与及提供之权利，此由于纳税人于稽征程序中立于与稽征机关相对之程序主体地位，非受稽征机关支配之程序客体。"[①] 其次，按照税收征管程序的经济性品质，税务检查应尽量采取对纳税人损害最小的方式。对此，应严格规范税务检查机关的权力与义务，明确规定纳税人、扣缴义务人以及有关单位与个人的权利和义务。最后，如果在税务检查中发现纳税人有逃避纳税义务的行为，税务机关应该被赋予采取税收保全措施和税收强制执行的权力，以便于及时追缴税款。

（二）救济性税收征管程序的评析与修正

鉴于国家与纳税人之间在税收征纳法律关系上是一种特殊"法定的公益信托和自益信托相混合的关系"[②]，纳税人作为信托的委托人当然有权对不符合法律规范的税收征管行为申请复议或提起诉讼，有权获得行政机关和司法机关的救济。[③] 因此，遵循税收征管程序的基本价值，完善税收救济程序，应是《税收征收管理法》修订必须重视的问题。

1. 税收复议程序

税收复议既是一项基本的纳税人权利救济方式，也是解决税收争

---

① 葛克昌：《行政程序与纳税人基本权》，北京大学出版社，2005，第 11 页。

② 朱大旗：《从国家预算的特质论我国〈预算法〉的修订目的和原则》，《中国法学》2005
年第 1 期。

③ 〔美〕维克多·瑟仁伊：《比较税法》，丁一译，北京大学出版社，2006，第 215 页。

议的重要途径。我国《税收征收管理法》第88条第1款规定了清税前置程序（必须先依照税务机关的纳税决定缴纳或者解缴税款及滞纳金或者提供相应的担保）和复议前置程序。纳税义务人如果对税收处罚、强制执行以及税收保全存在不满，按第2款规定可对复议程序与诉讼程序进行自由选择。上述规定的优点在于税务复议具有税务诉讼无法比拟的优势[①]；弊端在于该项条款过于注重对国家税收利益的保护，阻碍了对纳税人权利的救济，也违背了税捐正义与程序的开放性价值的基本要求。笔者认为，国家追求税收利益目的必须以无损于税收正义目的之合理手段去实现，绝不能以不正当手段剥夺纳税人的救济权。其实，按照我国《行政复议法》第21条、《行政诉讼法》第44条，行政复议与行政诉讼期间原则上都不停止具体行政行为，即使当事人进入行政复议程序，税务机关同样有权予以强制执行，当然，复议机关认为确有必要同样也可以停止执行，这就意味着国家税收利益的保护与清税前置程序不存在实质性关联。按照正当程序理念的中立性价值，《税收征收管理法》修订应废除清税前置的规定，纳税人有权自由选择行政复议或行政救济。同时，为充分发挥行政复议的救济功能，应提高我国复议机关的独立性，使其脱离与税务征管部门的隶属关系，可以考虑设立专门的税收复议机构。

2. 税收诉讼程序

防止征税权的滥用和保护纳税人权利都依赖于司法救济，税收诉讼程序是规范税收征管行为并可被法院适用于具体诉讼过程的法律规则的总和。《税收征收管理法（修正稿）》几乎未对税收诉讼程序做任何修改，导致许多税务纠纷只能停留在司法救济大门之外。对于当前

---

① 例如熊伟教授分析了美国税务行政复议的优势：税务复议可以节约费用开支，缩短争议解决时间；税务复议不适用证据规则，有利于纳税人举证；税务复议更有利于处理关联案件，还可以处理其他年份的税收问题；税务复议便于注册会计师和注册税务师充任代理人；税务复议可以满足穷尽行政救济原则；税务复议解决争议的成功率高；税务复议可以保障纳税人隐私，防止公众形象遭受贬损。参见熊伟《美国联邦税收程序》，北京大学出版社，2006，第193~194页。

的税收诉讼程序，应着重从以下四个方面予以完善：首先，应扩张税务行政诉讼的受案范围。对此，需突破《税收征收管理法》第88条关于税收行政诉讼范围的列举性规定（如税收争议、税务处罚、强制执行、税收保全），受案范围应拓宽到税收征管的整个过程，可采取概括性与列举性相结合的规定方式。其次，应撤销税务行政诉讼原告的限制。我国《税收征收管理法》第88条规定了三类税务行政诉讼原告（纳税人、扣缴义务人、纳税担保人），《税收征收管理法》的修改应撤销关于税务行政诉讼原告资格的限制，任何遭受侵害的纳税人都应被赋予诉讼资格。再次，应规范税收诉讼的举证责任。具体而言：基本课税要件事实是课税的基础，有关该项争议，税务机关应承担绝对举证责任；对应纳税额事实，税收机关应承担课税加重的举证责任，纳税人则承担税负减轻的举证责任[1]；对于税收保全措施与强制执行，按照一般行政诉讼规则分配举证责任；对于税收核定，基于公共利益和税收公平之考量，应适当减轻税务机关的证明程度。最后，应考虑引入小额税务诉讼。2012年新修订的《民事诉讼法》第162条正式确立了小额诉讼程序，如果《税收征收管理法》能适当吸收小额诉讼制度，可以为纳税人的小额税款纠纷提供制度上的救济渠道。小额税收诉讼的价值和目标在于弥补正式税收诉讼程序在便民诉讼方面的缺陷、减轻纳税人的诉讼成本以及提高诉讼效率。结合我国国情，小额税收诉讼的程序设置应与税收案件类型相适应，提起应以违反税法程序与错误适用征管规则为必要条件，裁判方式应采用调解与速裁模式。[2]

---

[1] 陈少英、曹晓如：《税务诉讼举证责任研究》，载刘剑文主编《财税法论丛》（第10卷），法律出版社，2009，第248~250页。

[2] 相关分析可参见章武生《简易、小额诉讼程序与替代性程序之重塑》，《法学研究》2000年第4期；范愉《司法资源供求失衡的悖论与对策——以小额诉讼为切入点》，《法律适用》2011年第3期；傅郁林《小额诉讼与程序分类》，《清华法学》2011年第3期。

五 结论

对于法律的程序化，拉德布鲁赫曾形象地比喻道："如果将法律理解为社会生活的形式，那么作为'形式的法律'的程序法，则是这种形式的形式，它如同桅杆顶尖，对船身最轻微的运动也会作出强烈的摆动。"[①] 诚如其喻，《税收征收管理法》作为程序法，正当程序理念的价值维度的充分表达是其实现税收正义无法替代的方式。税收征管的制度化表达应遵循正当程序理念，这种导向性的作用不仅为税务机关行使征管权设立了基本界限，而且为纳税人提供了权益表达渠道。

从我国《税收征收管理法（修正稿）》的修订详情来看，主要存在以下问题：本体性税收征管程序关系、救济性税收征管程序关系及其相互之间的关系仍然没有厘定清楚，税收征管程序未能分化、税收征管人行为随意[②]、纳税人权利规定不足，税收征管争议解决乏力，未能充分体现纳税义务人和税收征管人对等的税收征管理念。目前，《税收征收管理法》到底会做如何修改（学界俗称的"大修"、"中修"或者"小修"）仍难以预见，不过，众所认同的是，《税收征收管理法》的修改应削弱部门立法的色彩[③]，税收征收管理法治化改革趋势已不可逆转，当前涌动的税收征管国际化潮流不仅是明证，而且也

---

① 〔德〕拉德布鲁赫：《法学导论》，米健译，商务印书馆，2013，第170页。

② 根据2011年6月27日审计署办公厅公布的《2011年第34号：国家税务局系统税收征管情况审计结果》，显示受税收计划影响或地方政府干预，2009年至2010年，15个省区市有62家国税局通过违规批准企业缓税、少预征税款、多退税款等方式，少征287户企业当期税款，影响年度收入263亿元；9个省区市有103家国税局通过违规提前征收、多预征税款等方式，向397户企业跨年度提前征税33.57亿元。

③ 例如，《税收征收管理法（修正稿）》第90条带有浓重的"部门立法"色彩，有关"纳税人、扣缴义务人有权委托税务师事务所办理税务事宜"的规定，将导致注册税务师对税务代理市场的垄断，势必将限制律师、注册会计师以及其他代理人在税务代理领域的职业资格；而有关"注册税务师和税务师事务所的管理办法由国务院税务主管部门另行制定"，将与《行政许可法》第12、14、15条相冲突，涉及提供公众服务并且直接关系公共利益的职业、行业等资格的许可应制定法律或行政法规，税务总局应无权设定行政许可。

为《税收征收管理法》修订和税收征管的法治化提供了实践经验和宝贵契机。当然，如何借鉴本土与域外的税收征管经验，对《税收征收管理法》正当程序理念予以界定，对其价值维度进行深入挖掘并予以制度化的合理表达，都将是一项长期的系统工程，许多问题仍有待更为深入的分析和研究。

（本文原载于《中国人民大学学报》2014 年第 5 期）

丛书后记

受社会科学文献出版社谢寿光社长、恽薇分社长、芮素平主任的信任和邀请，我担任了本丛书的执行主编，统筹了本丛书的出版工作。

本丛书各卷的主编都是我非常尊重的前辈。事实上，就我这一辈法科学生来说，完全是在阅读他们和他们那一辈学者主编的教材中接受法学基础教育的。之后，又因阅读他们的著作而得以窥法学殿堂之妙。不知不觉，时光已将我推到不惑之年。我以为，孔子所讲的"而立""不惑""知天命""耳顺""从心所欲不逾矩"，都是针对求学而言。而立，是确立了自己的方向；不惑，是无悔当下的选择；知天命，是意识到自己只能完成这些使命；耳顺，是指以春风般的笑容迎接批评；从心所欲不逾矩，指的是学术生命的通达状态。像王弼这样的天才，二十来岁就写下了不可磨灭的杰作，但是，大多数人还是循着孔子所说的这个步骤来的。有意思的是，在像我这样的"70后"步入"不惑"的同时，中国的法律发展，也开始步入它的"不惑"之年。法治仍在路上，"不惑"非常重要。另一方面，法律发展却与人生截然不同。人生是向死而生，法律发展却会越来越好。尤其是法治度过瓶颈期后，更会越走越顺。尽管改革不易，但中国法治必胜。

当代中国的法治建设是一颗浓缩丸，我们确实是用几十年走过了别的国家一百年的路。但是，不管是法学研究还是法律实践，盲目自信，以为目前已步入经济发展的"天朝大国"，进而也步入法学和法律实践的"天朝大国"，这都是非常不可取的态度。如果说，改革开放以来的法律发展步入了"不惑"，这个"不惑"，除了坚信法治信念之外，另一个含义就应该是有继续做学生的谦逊态度。"认识你自己"和"认识他者"同等重要，由于学养仍然不足，当代人可能尚未参透中国的史与今，更没有充分认识世界的法学和法律实践。中国的法律人、法学家、法律实践的操盘手，面对世界法学，必须有足够的做学生的谦逊之心。

　　除了郑重感谢各位主编，丛书的两位特约编辑张文静女士和徐志敏女士，老朋友、丛书责编之一李晨女士也是我必须郑重致谢的。

董彦斌

2016 年早春

图书在版编目(CIP)数据

财税法治/刘剑文主编. — 北京：社会科学文献
出版社，2016.3
　（依法治国研究系列）
　ISBN 978 - 7 - 5097 - 8967 - 4

　Ⅰ.①财…　Ⅱ.①刘…　Ⅲ.①财政法 - 研究 - 中国
②税法 - 研究 - 中国　Ⅳ.①D922.204

　中国版本图书馆 CIP 数据核字（2016）第 059644 号

·依法治国研究系列·

财税法治

主　　编／刘剑文
副 主 编／侯　卓　耿　颖

出 版 人／谢寿光
项目统筹／芮素平
特约编辑／张文静　徐志敏
责任编辑／芮素平

出　　版／社会科学文献出版社·社会政法分社（010）59367156
　　　　　　地址：北京市北三环中路甲 29 号院华龙大厦　邮编：100029
　　　　　　网址：www.ssap.com.cn
发　　行／市场营销中心（010）59367081　59367018
印　　装／北京季蜂印刷有限公司

规　　格／开本：787mm×1092mm　1/16
　　　　　　印张：18.25　字数：241 千字
版　　次／2016 年 3 月第 1 版　2016 年 3 月第 1 次印刷
书　　号／ISBN 978 - 7 - 5097 - 8967 - 4
定　　价／79.00 元